教育部人文社会科学基金项目（13YJC630048）、国家自然科学基金项目（71401109）阶段性成果

教育部人文社会科学基金项目（13YJC630048）、国家自然科学基金项目（71401109）资助与支持

面向群组的局部评价环境理论与方法

侯芳 著

国防工业出版社

·北京·

内容简介

群组评价是近年来为描述复杂大群体、建立群组评价方法和处理多维度复杂评价问题发展起来的一种新的评价技术和决策工具。本书主要内容是构建局部评价环境并设计评价方法，分析局部评价环境成分和结构，在此基础上分析群组评价问题，为人们对各种管理决策工作提供相应的理论和方法。

本书可作为高等院校管理科学和信息科学等相关专业研究生和高年级本科生读本，也可作为相关专业教师、研究人员及机构和企业管理者的参考书。

图书在版编目(CIP)数据

面向群组的局部评价环境理论与方法/侯芳著. —北京:国防工业出版社,2015.7

ISBN 978-7-118-10180-5

Ⅰ. ①面… Ⅱ. ①侯… Ⅲ. ①管理学-研究 Ⅳ. ①C93

中国版本图书馆 CIP 数据核字(2015)第 123387 号

※

国防工業出版社 出版发行

(北京市海淀区紫竹院南路 23 号 邮政编码 100048)

北京嘉恒彩色印刷有限责任公司

新华书店经售

*

开本 710×1000 1/16 **印张** 11¼ **字数** 198 千字

2015 年 7 月第 1 版第 1 次印刷 **印数** 1—2000 册 **定价** 58.00 元

国防书店:(010)88540777 发行邮购:(010)88540776

发行传真:(010)88540755 发行业务:(010)88540717

前　言

网络性是复杂系统的结构共性,很多社会经济管理现象具有内在的网络维。面向群组评价问题的局部评价环境研究正是对群组评价问题网络结构的研究。除了一般意义上综合评价问题所面临的问题外,群组评价问题由于评价规则设置,评价群体的规模及组成差异,群体评价行动策略选择,群体评价信息集结标准和集结方式等的差异,使得经典的综合评价方法在解决群组评价问题时经常陷入困境,表现为群组评价问题本身的复杂性往往需要更广泛的评价者参与评价,评价者类别差异明显且相互之间关系复杂,评价者的行动和评价策略在评价过程中随评价环境变化实时变动,有趋势性特征的群体性评价行为提取困难;群体评价信息从不同角度对被评价对象进行描述,即存在多个不同的评价属性,这些属性之间以及评价者之间可能存在不同的关联关系,关联方式可能有线性关系、非线性关系、离散关系或模糊关系等。本书定义局部评价环境是以评价者为节点,评价者之间的评价关系为连接生成的社会网络,认为群组评价信息可以通过分析局部评价环境得到,通过局部评价网络结构特征描述评价群体规模、组成状况,由局部评价环境演化路径描述群体性评价行动策略,根据局部评价环境稳定状态网络拓扑特征选择群体评价信息集结标准和方式,为研究群组评价问题提供了新的思路和方法。本书主要研究工作有以下几个方面。

(1) 局部评价环境构建及群组评价方法研究。首先,研究了基础局部评价环境和具有导向性的局部评价环境,在此基础上分析了群组评价长效机制建立和实施的可能性。搁置群体一致性标准,以局部评价环境稳定状态作为群组评价信息集结的判断标准,证明了评价参与者以最优响应行动作为评价行为策略,选择评价流程路径,群体偏好和群体效用在适当长的时期内收敛。该方法适用于具有一定规模的群组评价问题,群体一致性判断标准不再是群组控制协商进程的唯一标准,根据群组信息稳定分布特征选择适应不同评价群体的评价方法,评价群体网络拓扑结构影响评价结论,暂时没有考虑时间因素,但可以通过仿真分析归纳基于局部评价环境的评价群体网络结构特征,根据结构对等性等原则设计评价流程路径,提高群组评价方法实际应用效率。其次,讨论了局部评价环境稳定条件下群组评价的长效机制设计问题,认为群组评价应以被评价对象为主,设置面向局部评价环境的长效评价机制,为了使评价群体关于被评价对象的群体性认知具有较好的客观性和稳定性,在评价过程中应允许关于被评价对象的新信息注入评价系统,同时优化评价目标的设置,即评价目标只具有阶段性效应,在群组评价的某一阶段,依据评价目标设置相应的约束条件和引导条件,完成评价目标的同时,关于被评价对象的群体性认知却不会发生偏移,进一步保障群组评价的稳定性和可预测性。

(2) 局部评价环境构成分析及群组评价方法研究。首先,认为评价关系是一类社会关系,评价关系是评价者之间基于评价问题提炼、整合的联结,是协商互动的基础;评价关系的产生及演化伴随着评价进程,对评价结论产生影响,当评价结束时,评价关系转化为参与者之间的社会关系,并以经验的形式进入其他问题;评价关系是复合关系,既包括评价参与者对相互之间关系的判断,也包括基于评价环境形成的结构性特征判断;评价关系不能还原为参与者个体属性,基于评价规则调整但不能复归为评价规则,不具备分离于个体和群体的行动之外的实体形态的特征。通过将评价关系引入综合评价问题,构建了局部评价环境,根据参与者主观经验、评价群体网络结构特征及参与者偏好判断相似性,讨论了评价关系构成及其转化形式,定义了评价关系优先序算子,讨论了算子权重向量的确定方法及算子的性质。考虑评价关系的群组评价问题能够差异化处理由于评价目标、评价规则设置及评价群体状况带来的变化。其次,尝试将权力作为关系属性(即作为评价关系的一种表现形式),与参与者节点信息共同构建局部评价环境。按照群组评价中可能的权力来源,将权力量化为能够通过评价者之间主观判断和根据群组评价网络结构表示的权力关系。再次,讨论了具有评价规则导向的局部评价环境构建及群组评价方法,将评价规则导向转化为一种群组评价的结构性安排,并将评价规则划分为规范评价规则和自主评价规则,讨论评价过程中评价规则组合设置,寻找能够被诱导的评价规则及其组成形式,并开发对应的群组评价方法。

(3) 局部评价环境结构分析及群组评价方法研究。首先,提出了区间数密度加权平均算子和平面密度加权平均算子,讨论了局部评价环境下基于两种算子的群组评价信息的集结方法。其次,讨论了评价群体网络结构稳定状态的协商控制模型,定义了评价者偏好信息相容性测度,根据网络结构稳定状态的控制条件设置定向反馈的节点及调节阈值,允许相应的评价者进行个体信息调整:建立、加强或取消评价者之间的信息沟通(表现为评价信息网络图中节点之间边长的改变,节点之间的加边或减边),达到促进评价者策略和评价偏好关系网络结构正向演化的目的,为进一步的信息集结提供依据。评价者可以根据反馈建议选择不同的策略及策略组合,根据偏好信息调整参考值或选择不同步长搜寻个体评价参与者的最优策略。最后，研究了局部评价环境稳定条件下群组意见的分布，定义了群组意见的核心区域、意见分布的序列，讨论了单一核心区域及非单一核心区域的局部评价环境下群组评价方法，根据评价参与者对群组评价效率、公平及满意的不同要求，讨论了相应的群组评价方法。

(4) 局部评价环境应用分析及群组评价方法研究。首先，定义了评价群体的合作型协同和竞争型协同，将节点结构信息与节点属性信息融合，应用平面密度加权平均算子，通过对评价群体类型是否具有一贯性或可变性区分，通过相应的群组评价双目标协同优化模型讨论局部评价环境下群组评价方法。其次，提出了局部评价环境下评价状态测评方法，参与者通过自身的网络结构位置判断影响力范围及对群体意见的影响程度，构建局部评价环境的群组评价状态测评指标，跟随协商进程，根据评价群体网络结构整合状况及联结状态对群组评价进行实时测评，辅助评价参与者对群组评价状况实时掌握并做出评价，了解群体协商状况及群体进一步协商的可能性，提高群组评价的必要性和可能性。

本书的出版得到了教育部人文社会科学研究项目(13YJC630048)及国家自然科学基金项目(71401109)的资助与支持，在此表达诚挚的谢意。

由于作者理论修养和自身能力的局限性，本书必然存在种种的不足与缺陷，敬请各位读者不吝指正。在本书写作过程中，曾参考和引用了国内外学者的相关研究成果和文献，在此一并向他们表示诚挚的感谢！

作 者

目　录

第 1 章　群组评价理论概述

1.1　研究背景及意义

群体一致性判断标准是经典群组评价方法设计的核心，是群体评价行为生成的基本判断标准，是群体评价信息集结的基本准则。

在群组评价框架设计层面，群体一致性判断标准主要被用来对评价信息进行筛选、对评价者评价行为进行限制或对评价过程进行控制，一般通过设置一套调节机制（如激励或惩罚规则）或强制评价者修改其评价策略以实现预先设定的一致性判断标准。大多数群组评价方法没有讨论群体一致性判断标准的设置原则或依据，一般认为是外生的。群体一致性判断标准设置敏感的依赖于方法设计者选择、评价目标设置和具体评价问题，目前面向群组评价问题的群体一致性判断标准的生成机制及标准化设置方法等基础研究已出现部分研究成果，但仍面临着诸多亟待解决和完善的问题与挑战。对应"群体选择"假说，群体之间的竞争可能使内部合作的群体最终胜出并淘汰那些内部不合作的群体。但评价者选择评价者的行为，而不是外生的群体一致性判断标准决定评价者的行为。评价方法设计过程中，群体一致性判断标准外生化否定了群体合作的意义，限制了群体评价一般性规则涌现的本质。

在群组评价方法技术分析层面，除关注偏好信息的测量方式及转化方法之外，有关从评价者个体评价行为向群体评价行为的生成或转化方式得到了广泛研究。在社会学领域，代表性理论集中于方法论集体主义[1-3]，如公共精神（General spirit）、公意（General will）或公知（Collective conscience）等概念及其相关理论体系，对于其来源及生成途径侧重于社会学、政治学或宗教伦理等，亦有理论认为遵从群体一致性标准是根植于人类大脑某区域的自然属性[4]。将集体主义行为技术化为群体一致性判断标准是目前群组评价方法设计中联结个体判断和群体行为的主要路径，但社会学的群体意识理念不等同于新古典经济学意义上的个体偏好加总，即个体评价者评价行为源自功利主义哲学指导下的个体效用优化，而评价群体意识通过个体效用的集结和群体一致性判断标准对照进而要求评价者让渡个体效用以实现该一致性标准。对于评价者而言，群体一致性判断标准是稀释个体效用的强制要求，评价者之间即使有充分互动也无法实现相互之间的有效制衡，更不可能通过互动协商涌现群体性评价行为，所有的群体性评价行为都已经被群体一致性判断标准事先规定了。目前群组评价方法设计着重于通过集结个体偏好并使其趋于群体一致性判断标准来完成评价，关于群体一致性判断标准来源又没有一般性的研究，在实际应用中，由群体一致性判断标准设置导致的“独裁”趋势直接质疑了评价问题中群体存在的意义。

局部评价环境与评价群体状态是共构的。群组评价是一个动态过程，需要由各种因素综合而成的局部评价环境的支持和推动，同时评价基本要素的交叉影响也会影响局部评价环境的基本结构。局部评价环境除内化了综合评价的基本要素外，还涉及评价者的心理、社会及评价问题所处具体环境等因素的影响，具有复杂系统的特征。实际应用过程中，群体中评价者之间存在复杂的相互作用，评价过程由于黏性下降加速复杂程度，作为群体行为的评价结论通过评价过程由具体评价者的评价行为和作用模式生成。评价者协商过程就是集合了经验、学习、认知、判断等一系列行为对偏好判断进行修正的过程，对应于局部评价环境体现为评价关系的建立、变更及叠加等网络结构的变化。因此，面向局部评价环境的群组评价方法设计就是将群组评价过程中分布、异构的多渠道，多模态异源信息转化为局部评价环境结构变化，由评价目标约束局部评价环境变化边界，使评价方法设计不再依赖群体一致性判断标准设置，面向被评价对象设计稳健关系发现评价规则，评价方法使用平台制作具有一定复杂性，但可以简化实际使用者的工作量，并且辅助长效评价机制设计。

复杂系统及复杂社会网络的出现一定程度上缓解了目前群体评价方法设计研究的困境，复杂网络理论可以解释系统微观主体行为及主体间相互作用所涌现出的整体动力学行为。网络拓扑特征成为连接微观主体行为与群体行为的途径。本书借鉴社会网络相关研究成果，从网络结构出发讨论其他的评价方法设计路径。复杂网络理论[5,6]研究具有普遍拓扑统计特征的大规模网络，其研究方法是将系统的微观行为和宏观“涌现”现象有机结合。大量有关社会系统的研究用复杂网络描述，研究[5,6]表明，他们具有普遍的拓扑统计特征。复杂网络的研究方法与评价者微观评价行为形塑宏观群组评价状态近似，对于局部评价环境生成及演化具有重要的借鉴意义。对于一个系统，若将系统内单个个体作为节点，个体之间与问题关联的相互关系作为连接(边)，则系统就成为一个网络。强调系统的结构并从结构角度分析系统的功能是复杂网络的核心思想。Kurt Annen[7]论证包容性的社会网络，而不是排他性的社会网络，更有利于通过社会资本积累的合作秩序的扩展，于是产生更大的经济绩效。Fridrich A Hayek[8,9]认为从大量的微观社会交往过程中涌现出什么样的宏观秩序，没有人可能预先知道。而“人类合作秩序”的不断扩展的社会结构特征就是结构洞和企业家的不断更新和扩展。面向群组的局部评价环境结构特征变化反映了评价群体合作秩序的演化，也提供了结构主义立场的群组问题解决路径。

现实世界中许多系统都可以用复杂网络描述[10]，如社会网络中的科研合作网络（Newman，2001a；Boyack 等，2005）、性关系网（Liljeros 等，2001）、公司董事网（Davis 等，1997），信息网络中的万维网（Albert 等，1999；Alvarez - Hamelin，2013）、科研引用网（Redner，1998）、语言网（Sigman，2002；Motter 等，2002；Dorogovtsev 等，2001），技术网络中的因特网（Faloutsos 等，1999）、电力网（Xu 等，2004）、航空网（Guimera 等，2004），生物网络中的代谢网（Jeong 等，2000）和蛋白质网络（Jeong 等，2001）。

社会网络理论研究在经济管理方面集中在制度经济学、组织理论及组织行为学等[11]（Windeperger 等，2014），如制度经济学中的代理理论（Blair 等，2000）、产权理论（Hart 等，1990；Baker 等，2008；Windsperger 等，2007，2009）、交易成本理论（Williamson，1991；Jap 等，2003；Marcher 等，2008），战略管理中的资源基础理论（Teece 等，1997；Nonaka 等，2000；Helfat 等，2007）、实物期权理论（Reuer 等，2007）和公司关系理论（Dyer 等，1998；Gulati，2007；Gulati 等，2008）等。Windeperger 等归纳社会网络理论在经济管理中的主要应用包括：契约设计、决策权和特许加盟网络中的所有权和局部决策问题；合作状态下基于网络连接的价值创造、创新和知识管理及合作状态下企业行为基础和社会资本作用等。

本书立足与群组评价问题匹配的广义局部评价环境结构分析，通过设计评价规则、评价目标及评价过程构建局部评价环境，试图从评价群体网络结构特征出发，分析评价基本要素在局部评价环境中的整合模式，建立适用于群体评价问题但不依赖群体一致性判断标准的评价方法设计路径。P Young[25-27]实验研究表明微观行为互动涌现的宏观秩序敏感地依赖于初始条件，而初始条件只需有最低程度的不确定性，就会导致最终秩序的显著差异。社会演化具有强烈的路径依赖性，并且宏观均衡可以有不同的形状，因此，本书研究的群体评价方法设计强调评价规则设置和评价均衡状态。由于评价方法涉及全部评价基本要素并与评价个体和群体行为相关，概念范围较大，将从特殊到一般，在截面局部评价环境研究基础上，通过评价目标优化设置构建长效局部评价环境，进而分析能够包络被评价对象基本特征和趋势性变化的广义局部评价环境及相应的多线群组评价方法设计路径。

1.1.1　面向群组评价的局部评价环境理论

网络性是复杂系统的结构共性，很多社会经济管理现象具有其内在的网络维,面向群组评价问题的局部评价环境研究正是对群组评价问题网络结构的研究。综合评价[12](Comprehensive Evaluation, CE)是指对被评价对象所进行的客观、公正、合理的全面评价,广泛应用于经济管理、工业工程及决策等领域,有着重大的实用价值和广泛的应用前景。群组评价问题是群决策问题和综合评价问题交叉结合产生的,是对综合评价问题基本要素(评价者、被评价对象、指标体系、权重及集结方法)进行拓展后形成的。相比于经典的综合评价理论与方法,群组评价问题具有群体效应(单一评价者不具备的评价特征)与评价结论直接相关的特点,例如,首先,评价群体规模、群体构成(群体结构状态)和群体在评价过程中形成的评价关系等直接影响评价结论,群组局部评价环境跟随评价群体状态变动。当不同类型的评价群体共同参与评价活动(如被评价对象群体、评价监督者也参与评价),能否形成稳定的群体性评价行为与评价群体类型及其评价过程相关。其次,群体内评价参与者之间的关系复杂,评价参与者的评价行为受其他参与者的评价策略、评价流程路径选择等影响,参与者之间形成的评价关系决定了评价群体状态及评价问题能否得出结论。再次,评价目标不能单纯表示为最大或最小的度量,实际的评价问题往往通过评价目标彼此串联,前一次评价目标及结论对下一次的评价目标制订有重要的参考价值。因此评价目标不但需要被还原为相应的约束条件,而且需要细化为评价流程路径每一阶段的约束条件,从而使得群组评价方法形成具有柔性的长效评价机制。由于上述群组评价问题的特点,经典综合评价理论与方法需要新的发展,重点是将评价群体效应对评价流程及结论的影响与评价方法有效集成。

长期以来,群组评价理论与方法广泛采用了群体一致性判断标准对评价信息进行筛选、对评价参与者评价行为进行限制并对评价进程进行控制,群体一致性判断标准一般通过设置一套调节机制(如激励或惩罚规则)或强制评价参与者修改其评价行为以实现预先设定的评价目标。基于群体一致性标准的群组评价方法设计可以看作 Thomas Hobbes[13]丛林战争在群组评价的微观再现,但"让人们的利益之间相互制衡"的设计原则在现有的方法设计上仅仅是自利甚至是自私驱动的个人效率改善,既无法体现第三类自利[13]的内涵,更无法在群体层面舍弃事前设置的群体一致性判断标准以实现群体效率。群组评价问题已经从开始涉及的个人选择理论上升到社会选择理论,甚至扩展到了公共选择理论。但群组评价方法设计尚没有显示方法设计本身如何兼顾评价者个体选择效率、局部子群选择原则和全局网选择原则。

方法论集体主义强调从群体层面出发分析群体行为,认为个体偏好既不能集结成为群体偏好,也不能由某个个人偏好直接上升为群体偏好。代表的学者如 Jean J Rousseau[1]认为的公意存在于集体利益之中,产生于立法者并通过表决成为法律。自由人通过互动产生公意,若公意存在,通过社会契约(Social contract),可达致并维持某种人类社会或社群之间的合作。因此存在合法的政治权威,契约人放弃天然的自由,取得契约自由。为了体现共同意志,公正会被稀释。个人只能表达个人意愿,因为公意不是简单的个人意愿相加之和。John Locke[2]的公共精神是超越个人荣辱的精神,是基于政府权威建立在被统治者拥有的基础上并支持社会契约论。Locke基于自然法的个体理性主张每个人都拥有自然权利,他们保护自己的权利并尊重其他人的同等权利。Emile Durkheim[3]的是公知,是由于社会分工在两个人或更多人之间创造出的一种连带感。Durkheim认为社会团结与社会整合为一种社会事实,并且该事实独立存在于个人之外,不等于个人现象加总,具有独特特征且可以被经验主义方法论者所观察。这种社会事实是基于公知的,优先于社会存在且具有传承性。John Rawls[14]认为社会可由意见一致的协议创新,是在一致同意(Consensus)情况下建立的。Frank Knight [15,16]认为行动就是求解问题,这是一般思想的原初归宿或不可定义的现实状况。社会行动平行于个人行动,是达成群体决策的过程。在集体行动的参与者当中通过自由讨论达成关于什么是问题的共识(Common sense)是集体问题的求解过程,而自由对话是问题求解的实质,是社会的主动过程,也是集体行动。Knight论证真正的集体行动需要人与人之间不带有利益关系的结合。此外,政治社会里外化的行动永远是个人行动,不是哲学意义上的群体行动,这一点受限于个人决策是否涉及外化的群体决策。George J Stigler[17]指出,Knight并不相信自由主义时代因人类不可能参与理性对话并依靠对话达成的共识来构建社会政策。Knight认为使得每一个人都被凸显为目的而非手段的法律社会秩序,并且只要与全体有关的议题就开放给全体参与讨论,自由社会的存在主要依赖于组成大众的每一个人最终通过自由讨论可以达到的道德和智力水平,基于自由讨论达成关于他们服从的宪法与法律的范围与一般内容的实质性全体一致同意。

Fridrich A Hayek[8]论证,人类的偏好来源于三重历史:种群演化的历史、社会与文化的历史和个人史。Kenneth J Arrow[18,19]在其博士论文开篇就提出区分每一个人在私人领域和公共领域决策时的偏好,其中私人领域里个人选择时的偏好为口味(taste),在公共领域参与群体选择根据的偏好是价值(value)。Arrow集社会选择理论与一般均衡理论之大成,对Rousseau的公意问题求解并且回答什么样的行为是合宜的,怎样确立行为。由此定义社会选择理论关注的问题是在公共选择的任何具体内容都被抽象掉之后,采取何种形式更合理。汪丁丁[20]认为能够做到“口味独立于价值”的无偏判断受情境制约,决策者无偏判断在特定情境下不可能实现。理论上,经典综合评价方法设计中评价者偏好判断是无法区分价值和口味的，当推广至群组评价方法时，评价者是否是由口味设置群组协商一致性阈值并调节群体每个人的口味以使群体偏好趋于价值尚不得而知，进一步群体偏好是否会涌现价值也不清楚。James M Buchanan[21]拒绝了从 Adam Smith 到 Frank Knight 再到 Kenneth Arrow 社会选择的不可能性定理，批评 Arrow 从全体逻辑可能的偏好当中给定不变偏好假设是违背或抽离了民主社会本质的假设，从而质疑了社会选择理论的出发点，由此 Buchanan 拓展了“Arrow 开端”，并确立了其公共选择学派，认为公共选择过程不必符合经济学的理性概念，也不必是无矛盾的，因为其实质就是协调各种冲突着的利益。人类必须为他们的行为选择相互之间可以同意的规则(consent)，同时为自己保留这些规则之下的其他可能选择。Buchanan 和 Knight 认为公共偏好内生，即公共偏好内生于一个没有正式组织的自由对话过程。对于公共理性更重要的是公共领域里的对话和通过对话改变公众的价值观。John Harsanyi[22,23]的规则功利主义将群体参与的民主条件表述为参与者在每一具体的利益冲突情境内多大程度上仍愿意服从他们初始赞同的一套抽象规则。风险情形下的最优决策理论使得每一个人相信他可能以某一概率处于任意的另一个人的生存状况中，因此，他最好的公共选择策略是最大化社会成员全体平均的福利水平。Friedrich Hayek[8,9]认为微观层次的行为主体不可能预见哪怕是服从最简单规则但数量极大的行为主体之间相互作用之后涌现出来的宏观秩序的样式，尽管他们可能事后理解这些样式。涌现秩序几乎是不能表达的，至少不能用统计方法来表达。人类社会秩序永远要应付两方面的威胁：其一是本能对秩序的反抗，其二是理性对秩序的反抗。法国启蒙运动的整体特征是试图理性设计公众偏好，由此法国式的理性演变为“致命的自负”。正因如此，制度经济学家才强调“制度”本身的重要性，社会制度是否鼓励一切人在一切可能方向上寻求独特的生活决定了社会整体在黑天鹅事件冲击下继续生存的或然率是否最大。H Peyton Young[24-27]认为在随机过程的作用下，两个具有完备理性的博弈参与者相互观察对方策略的“学习过程”可以不收敛或收敛于错误的均衡。我们不可能预先知道不确定性过程的均衡的具体形态，间断均衡不满足周期性，不可预期，随机出现并且不可重复。当决策环境含有不确定性时，完备理性可以不收敛而有限理性总是收敛到某种稳定状态，许多有限理性的行为主体相互作用，可以产生看起来完全符合理性的宏观秩序。Young 的研究结论意味着 Hayek 从大量微观社会交往过程中涌现出什么样的宏观秩序，没有人可以预先知道。

法国学者 Michel Crozier[28]认为人类群体性行为不能被视同为机械的服从，抑或是既有结构进行压迫的产物。人的行为始终是自由的表现和自由的产物，在反映出强加于行动者的各种制约的框架内，行动者做出各种选择，以利用能够获取的种种时机，由于这种原因，行为从来都是完全不可预见的，因为它不是被决定出来的，相反，它始终是依据环境条件而变化的。S. Levine 和P. White[29]认为，通过各种交换与相互影响的机制，群体对其环境进行建构，基本上相当于环境对群体所进行的建构，或者说，通过这些机制，群体在适应其环境的同时反过来有对于环境进行构建并使之呈现出结构化的形态。R. Hall 等[29]认为群体与环境的协商谈判意味着在一个群体的相关环境中，各种不同的行动者总是控制着对于群体来说各种不确定性的重要来源。群体，按照 Rawls[14]的概括，应是理性多元化(reasonable pluralism)，即首先承认群体的多元价值观和多元利益主体，其次不允许过分“多元”，因为自由社会如果允许每一个人有无限制的自由，最终将导致自由社会的瓦解。根据 Leon Festinger[30]的《认知不协调理论》(1957)，Albert Hirschman[31-33]指出人们的行为可以不是新古典经济学理性选择模型描述的那样，根据一套给定的偏好(信念或态度)在给定的约束条件下的行为选择；恰好相反，在许多情境里，人们的行为决定了或重塑了他们的偏好(信念或态度)。George Akerlof[34-36]承接 Hirschman 的思路，分析了认知冲突的经济学含义，他们都假设行为主体不仅可以在可选方案的集合上表现出理性选择的能力，而且可以在各种可能信念集合上表现出理性能力，并且行为主体选择的信念可能长期延续。汪丁丁[20]认为集体行动，首先是过程，其次是逻辑。社会行动是一群兴趣和利益或有冲突的个人的集体行动。集体行动过程是 Knight 所谓的主动过程[16](procedure)，而非 Comte[37]实证意义上的机械的和被动的过程(process)。经济学家研究的行为和过程[20]，是 Comte 意义上的被动行为和被动过程，相当于动物和植物对外界刺激的反应或条件反射。单纯追求行为的效率而不问行为的意义的，都是被动的过程而非主动的过程。社会演化的动力始终维系于少数人的精神及他们的努力，因为多数人保持对传统生活的满意，从而不怀疑传统。Alfred Whitehead[38]的历程哲学主张在主动过程中消解逻辑矛盾，紧迫地将世界视为一个具有相互关联历程的网络，而我们是不可或缺的部分，因此我们所有的选择和行动都影响我们周围的世界。逻辑的矛盾在过程中自然消解，因为相互冲突的事件在一个过程中可以有先后顺序，而逻辑框架则不能区分先后顺序，于是才有矛盾或冲突。因此，群组评价过程是评价群体的主动过程，是评价者互为主观性参照关于被评价对象的逻辑矛盾消解过程，并主要通过评价者互动实现。

社会互动理论可划分为两大类：第一类理论强调“动机驱动的”社会互动过程，以经济学的“理性选择”假设最为重要；第二类强调“规范驱动的”社会互动过程，以社会学的“价值诉求”假设最为重要。群组评价过程主要通过协商实现评价群体互动。协商互动是在群组评价过程中起决定性作用的一环，在群组评价进程中,协商互动从不构成点状事件。协商互动从一个群体运行功能的必要条件开始,构成了一种持续的交换过程的组成部分,对于协商互动发挥作用的关系系统,将趋向于长久存在。协商是一个相对独立自主的行动系统,它的逻辑既不能简化为各种初始的意图,也不能简化为一开始便生效的工具理性。Jürgen Habermas[40,41]的程序 - 协商思想路线以公平对话程序为核心,寻求一种广义的说服力使得不同文化传统的人都可以接受的规则即协商民主(deliberative democracy)和协商伦理(deliberative ethics)。Amartya K Sen[42-44]认为经济活动只能嵌入在法律和其他制度之内运行,而法律和其他制度是社会主动过程需要求解的社会问题的一部分,只能通过自由对话加以求解,并在外化行动中得以确立。Santa Fe 学派论证强对等性[45-48](strong reciprocity)是维系人类社会合作秩序的唯一重要的机制,根据其提出的社会学基本定理,如果在一个社会里完全没有维护强对等性的制度,则长期而言,这个社会必会瓦解。强对等主义者的行为特征是愿意降低自己的适存度来建立合作秩序,在遇到不合作行为的时候愿意惩罚不合作者,并独自支付惩罚的代价,不考虑是否有所补偿。Vernon L Smith[49,50]认为非合作行为不是惩罚对等性而是建设对等性的缺失,并且非合作行为不排除存在惩罚对等性。Buchanan[21]认为由于公共选择包含内在不确定性,参与选择的个人无法预测公共选择的结果是否违背他自己的利益。经典群组评价方法设计中,协商互动经常以群体一致性判断作为控制标准,并且具有强制评价者与该标准的对等性要求,实际应用更多的表明,以群体一致性为协商过程控制标准的群组评价方法在运用中经常陷入困境,个体层面和群体层面的评价行为被完全割裂。在参与者与评价规则之间已经建立的评价模型对于群体成员来说具有限制性,将这些规则作为控制着一定行动理性的组织化的集合能力来加以分析,并且在这样做的同时,提供甚至是强化一些参与者能够采用的行动手段,来建立他们之间的关系和互动,并且排除其他成员,所以群体评价行为总是具有互相矛盾的两方面,一方面,它允许参与者发挥作用及展开合作,并以它的方式解决在评价环境中遇到的客观问题,另一方面,它同时建构一种认知上的壁垒,即个体与群体相互了解的障碍,在正当的变化或者境遇之中的各种变化要求它这样做的时候,它就对参与者拥有的创造新的关系模式、新的评价规则以及诸如此类的能力进行条件限制。随着群组评价应用领域的不断拓展,越来越多的证据表明,群体一致性判断标准未必是群组评价方法设计的唯一标准。

本书在对群体一致性标准进行审视和反思的过程中,搁置所谓的群体一致性判断标准在政治学及道德哲学层面的含义,综合运用社会学、决策科学和形态学等学科的研究成果,来研究群组评价过程及评价参与者行为。社会学理论对于群体一致性的讨论可以被用于分析和设定评价参与者评价策略及行为,避免社会化不足和过度社会化倾向所引起的群组评价方法失效；将评价参与者的策略选择与评价群体状态相联系，借此分析个体到群体的评价行为，将参与者个体与评价群体整合，根据评价群体网络结构特征而不是群体一致性控制群组评价过程并给出评价结论。因此，在研究群组评价问题时考虑由评价参与者和评价参与者之间的评价关系共同构建的局部评价环境，是分析群组评价问题的一条可选途径。

1.1.2　局部评价环境的研究意义

面向局部评价环境的群组评价问题研究是将评价群体与其伴随生成的局部评价环境综合考察的综合评价问题研究。群组评价过程可以被解释为评价参与者之间互为主观性而使评价群体对被评价对象的认识趋近于客观的过程，也可以被解释为评价参与者从具体个人的群聚向一个拥有集体意识和独特识别的抽象实体变化的过程。参与者互为主观性强调了群组评价过程中协商互动的重要作用，从具体个人的群聚向一个拥有集体意识和独特识别的抽象实体转化是在协商互动过程中实现的，实质上为参与者之间建立了基于评价问题生成的评价关系。正是通过评价关系的建立、变更和叠加等才使得单一评价参与者聚集为具有群体性行为特征的评价群体。面向群组评价问题的局部评价环境研究正是在协商互动基础上，通过分析参与者和他们之间的评价关系形成的评价群体网络结构状态解决群组评价问题。目前，有关评价关系的研究还较少出现。

目前群组评价问题研究被细化为几个不同又相互联系的部分，如偏好理论、群体效用理论、社会选择理论、委员会决策理论、投票理论、一般对策论、专家评估分析、量化算子集结、模糊群体评价理论、经济均衡理论以及群组评价支持系统等。由于相关领域的局限性，如多目标评价理论和方法尚未完善，行为科学的研究对评价者行为还不能进行精确描述等，目前群组评价理论与方法研究多以学科背景为界进行某一截面问题的研究，提出的评价方法只适用于特定学科背景、特定评价环境或特定评价环节。

群组评价问题的解决方法可以被理解为从计算逻辑转换为建立在其基础上的系统推论。目前被广泛采用的解决方法[51-60]绝大多数是经验性的，存在于评价理性逻辑的接受过程之中，承认对其有效性的各种限制和调整，在经验上被确定的可容纳空间内部进行，任何来自环境的压力，都被认为属于价值与目标领域，并且这一压力将会与参与者被认定的自主领域相冲突。不仅如此，人们认定评价领域的创立抑或延伸超越了计算的范围。另一种应用广泛的解决方案[22-27]用于分析对选择的各种方法具体加以说明，这些方法的目标是将对问题的理解与选择的计算整合在一起，各个系统分析被用于划定行动领域，确认问题与各种指标,一旦划分完成,总体的问题就被分割成为各种项目与子项目,即将最初的任务简化为一系列简单的问题。Aaron Wildavsky[61-63]对这两种解决方案提出了批评,揭示出这些方案中不可避免的还原论的特征,他们将系统分析与成本-收益计算联系在一起的危险是,问题的解决方案因此被用于其采取最为任意专断的步骤,将任务分割为初级的行动单元。从总体上说,这样的研究方法使用一种非社会学类型的系统分析,忽略了参与者的自主性以及他们博弈的权变性特征。群组评价问题研究中,群体一致性研究即是第一种解决方案的典型代表。

此外,随着人类活动日趋复杂,分工合作日益紧密,群组评价广泛存在于社会生活的各个领域。群组评价能够集思广益、博采众长,评价信息更加丰富,分析更为全面;群组评价有利于调动多方利益,有利于评价进程顺序执行。通过上述分析可知,面向局部评价环境的群组评价研究在理论上具有广泛的社会学理论基础,在应用中具有科学管理的实际意义,不但为群组评价问题的解决提供了更为广阔的思路,而且有效整合了综合评价的诸多要素;加强了个体参与者与评价群体的有效联结,增强群体协商互动功能有效性。

1.2 面向群组评价的局部评价环境研究综述

群组评价是群决策与综合评价交叉而成的一个研究方向[12],目前其研究的核心内容是集结专家群体的偏好信息对被评价对象(或方案)进行排序、个体评价行为嵌入评价流程的方式及对评价结论的影响、根据评价群体结构特征对评价信息进行集结的方法等。

面向局部评价环境的群组评价问题是一个崭新的研究课题,因而与其直接相关的文献尚未出现。探讨面向局部评价环境的群组评价问题的理论渊源主要包括综合评价理论与方法、群组评价理论与方法和社会网络分析等。同时,面向局部评价环境的群组评价问题的相关研究主要为系统科学的群体行为协同研究,关于群体行为的数学描述及群体一致性的精确条件对于面向局部评价环境的群组评价问题研究具有重大的借鉴和参考价值。社会学关于群体一致性标准演化的探讨和反思、关系社会学关于社会关系的认识对于研究问题的提出和理论框架的形成具有理论指导价值。

由此,相关研究综述分别从综合评价及群组评价理论与方法中群体一致性问题的讨论、社会网络分析对于构建局部评价环境的作用及基于社会关系提取的评价关系等方面进行综述。通过文献综述,总结目前关于面向局部评价环境的群组评价问题研究的总体状况,为其他章节研究工作的展开奠定基础。

1.2.1　群组评价问题研究综述

评价和决策是一对既有区别又有联系的概念[12]，群决策理论和方法的发展不但是群组评价理论与方法的基础和思想来源[51-60]，也是群组评价理论与发展的重要参考。Daron Acemoglu[64-68]等认为群决策的动态过程的一项核心性质是主导着未来决策过程的规则以及政治权力在博弈各方之间的分配，是由目前决策确定的。

"群体决策"（简称群决策）作为一个确定意义的专有名词最早由 Duncan Black 在 1948 年首次提出的[70,71]，是集数学、社会学、政治学、经济学、行为科学、管理学及伦理学等多学科研究于一体的综合性学科，对应于不同学科门类，其含义有所不同。效用理论[22,23,73-75]认为决策是从人的主观行为导致的概率和期望理论方法，利用概率反应不确定性，构建效用函数并以期望效用值作为度量指标。von Neumann – Morgenstern[72]考虑一个兼具特定备选项和不同概率分布的偏好模式，存在线性变换下唯一的方式给不同概率分布指定效用函数以描述个人行为，且个体最大化其期望效用，进而在理性公理基础上，建立了群决策的效用理论框架，给出了效用公理的存在性证明，满足决策者对方案进行价值判断时的理性要求。Kenneth J Arrow[18,19]认为群决策问题实际上是集结个体偏好类型以产生由这些个体组成的社会唯一的偏好类型，通过构建社会福利函数框架，将社会选择问题归纳为两条公理基础上的五个条件[18]，证明无论采用什么方法来加总个人偏好而产生社会选择，在社会选择符合某些非自然条件下，一些个人偏好会让社会选择不具可传递性，即自由、效率和民主，不存在同时在这三个维度上占有最高排序的社会。Howard Raiffa[73,74]认为群决策即集结个体偏好以至于产生由这些个体组成的社会唯一的偏好。Yoon 和 Hwang[76]认为群决策就是把不同成员的偏好按照某种规则集结成群体的一致或妥协的群体偏好序，即群决策需要寻找一种对决策群体公平的规则，按照这种规则对个体的偏好信息进行集结。DeSanctis 和 Gallupe[77]认为群决策是由两个或多个人联合发现问题，阐述问题特征，生成可行解，评价可行解，构造执行解的策略。Acemoglu[111]等认为群决策的动态过程的一项核心性质是主导未来决策的规则以及政治权力在博弈各方之间的分配，是由目前决策确定的。George Shackle[69]认为 Arrow 定理意味着如果多数人的选择受到基本的尊重，群决策要么不再是理性的，要么不能容忍足够多元的个人价值。国内学者陈珽[51]认为群组评价即集中群中各成员的意见以形成群意见。邱菀华[78]认为群体决策是研究多人如何做出统一的有效抉择。李向军[79]认为群决策是各个决策成员通过交互影响和分享信息，按某种偏好集结方法形成群体一致偏好的特定的群体行为过程。郭春香等[80]认为群决策问题是集结一群决策者中每个决策者的偏好为群体偏好,然后根据群的偏好对一组方案进行排序,从中选择群体最偏好的方案。徐玖平[81,82]认为群决策是指决策者根据各自拥有的信息及其效用函数,通过协商互动对备选方案做出个体偏好判断,依据某种决策规则集结个体偏好信息为群体偏好,对方案排序并选择最优的决策活动过程,决策目标是群体利益最大化或群体一致性最大化。陈晓红[83]定义群决策是指各决策个体共同发现和讨论决策问题,提出备选方案做出个体偏好判断,决策群体依据某种决策规则将群体中各决策者的个体偏好集结成为群体偏好,并按照群体偏好对备选方案进行评价排序,选择对于群体最优或群体最满意的方案的决策。

群决策研究领域涉及范围甚广,目前是管理科学、组织行为学和公共管理等学科的研究重点,主要涉及群体决策公理、群体决策效用理论、群体行为和群体思维研究、群体决策方法、群决策支持系统等研究分支[77-100]。群决策公理[18,19]主要研究能够综合群体意见的群体效用函数的存在性及其存在形式, Arrow 不仅证明了在一套公理和基本假设下序数效用形式的社会福利函数不存在,并且为群决策的研究建立了公理体系基础,使得群决策的研究转向基数效用下的群体效用函数研究。Sen[19,43,44]、Fishburn[102,103]和 Gibbard 等[104-107]深入研究了 Arrow 定理及其变化形式,逐一放宽 Arrow 所给出的一项或几项公理,定义新的约束条件取代原不可能定理中的一项或几项并得出新的定理,对群体理性假设进行修改,不再要求所得到的群体选择规则具有自反性、传递性和连通性,放宽为拟传递的或非循环的,Sen 证明了一群人的集体决策,如果在“最小自由”的意义上顺从任何一个人的偏好,那么由 Pareto 条件,在任何一对可选方案上的群体选择与他的个体偏好相同;若群体在最小自由的意义上顺从任何两个人的偏好,则这一群体不可能得到符合最弱理性即非循环性的条件偏好。Sen 认为这些不可能性定理之所以成立,是因为其假设排除了一部分信息,如 Arrow 不可能性定理成立是因为假设任何两个人的偏好之间是不可比的。Robert Nozick[108-110]认为 Sen 的不可能性定理将许多原本是私人领域的可选方案纳入到公共领域里,从而导致个人的最小自由受到效率原则或独裁者的侵犯。

Bernoulli 和 Edgeworth[113]提出用等值曲线描述方案的优先次序,逐渐发展形成 19 世纪的经济效用理论。20 世纪 50 年代的效用理论所研究的个人效用函数是决策者对目标的偏好结构在形式上、数学上的表述,效用理论认为决策是从人的主观行为导致的概率和期望理论方法,利用概率来反映不确定性,构建效用函数并以期望效用值为度量指标。20 世纪 60 年代,作为以规范性决策身份出现的理性决策在决策研究中所取得的成果—决策分析得到了广泛应用。1966 年 R Howard[114]发表的《决策分析:应用决策理论》系统地概括总结了应用贝叶斯决策理论进行决策活动的步骤，使之逐渐成为一门学科。

群体行为理论主要采用行为科学的试验方法和心理学方法，研究群决策过程中的行为特征[87-115]。法国社会学家 Gustave Le Bon[115]早在1895年《乌合之众：大众心理研究》就系统地分析了群体行为的发生机制和产生原因，认为群体行为是一种社会一致化现象，是在群体中实际存在或想象存在的压力下，个人改变自己的态度，放弃自己原先的意见，从而产生和大多数人一致的行为。Gustave Le Bon 本质上分析的具有高度不确定性的非正式群体的从众行为，与群组评价中的群体行为有本质的不同。著名学者 Herbert A Simon[116]的有限理性假设是对经典决策理论理性人假设的重大突破，决策者的决策行为不再是知识完备、价值观念或偏好一致、具备遍历择优能力的，而是必须考虑人的基本生理限制以及由此而引起的认知限制、动机限制及其相互影响的限制。基于 Simon 的有限理性原则，Goldstein 和 Einborn(1987)，Tversky 和 Simonson(1993)，Faure (1990)，Clazer(1992)等分别研究了群体的非理性行为。对应于 Max Weber[117]解释社会学，社会分析不是去对人们进行价值评估，而是去理解是什么驱动了人们，将人放在他的位置上去理解他为什么这么做，为什么会以这种方式去做，行为理论分析仍存在对人性的假设，如 Daniel Kahneman 和 Amos Tversky[118]基于行为学研究给出的关于偏好逆转及其产生情境的相关结论；John W Payne[119]等的适应性决策理论等，但基于行为学的决策理论研究已经具有解释决策理论的意味，通过对决策情境的描述、解释和预测理论，用实证方法对决策行为进行归纳，描述在概率判断、效用估计、修正判断意见和方案选择过程中可能出现的限制理性行为，得出建立在实验证据基础上的观点和理论。近年来，Deborah[87]从行为理论角度研究了群体成员的角色和决策过程中的信息分配对决策结果的影响；Bonnie 和 Robert[88]通过实验方法分析了群体决策成员的文化背景对决策效果的影响，证明了文化差异更有利于达成稳妥、有效的决策；Utpal 和 David[89]比较了群体决策过程中，面对面交流方式与交互式交流方式的优缺点，指出利用群体决策支持系统的交互式交流方式更能改善群体决策的一致性；之后 Kimberly C. Gleason，Ike Mathur，Mark A. Peterson，Calvo G. 和 Mendoza E. 等[90,91]从不同角度对非正式群体的从众行为进行了研究。

群体思维是群决策中一种非常普遍的现象，美国学者 Irving Janis[120]研究了决策问题中群体思维和群体交互机制的概念和理论框架，认为一般的群体思维现象是一种过程损失，不但导致群决策不能按理性程序进行而产生决策失误，还会使群体决策失去相对于个体决策在效果方面的优势。Mullen B，Anthony T 和 Salas E 等[121]验证性研究则表明群体思维对群决策质量没有显著影响，在命令式领导方式下，高的群体思维将产生更低质量的群决策。席西民等[122]从群体思维的本质、前提条件、表现形式、对群体决策过程及结果的影响以及如何防范等方面综述了群体思维的研究现状。Bikhchandani[123]等在理性经济人的基本假设下,研究了序列决策过程中先作决策者行为所传达的信息对后作决策者得行为的影响,结果表明群体行为的形成高度依赖于先作决策者的行为。上述研究的研究对象多以小群体为主,Agrawal 和 Gibson[124]的研究则表明,群体规模对群体行为有显著的影响。董玉成等[125]证明了当专家数量足够多的时候,加权集合平均综合判断矩阵与加权算术评价综合判断矩阵都依概率收敛到客观排序向量,从而在数学上解释和验证了群体思维具有收敛性。陈晓红和刘蓉[83]借助改进的聚类算法解决了600个成员以上的复杂大群体决策问题,定义了群体偏好向量和群体一致性指标,提供了一种解决复杂大群体决策中的群体决策的理论与方法,并通过实验证明了方法的有效性和稳定性。陈晓红等进一步研究了复杂大群体决策方法及应用,其复杂大群体主要指处于互联网或社会组织的内部网上群体,在网络环境下群体成员进行相对异时、异地决策,群体成员个数大于或等于20且群体包含多个不同利益、偏好一致的子群体,群体具有复杂性且决策问题存在不确定性信息。

自20世纪80年代以来群体决策方法研究拓展为几个不同又有相互联系的研究领域[42-56]:群决策信息表示和信息集结方法研究、群体一致性研究、模糊群决策方法研究及贫信息条件下的群决策方法研究。群决策信息表示主要集中在语言转化、语义识别等方面,解决方法主要是设计新的语言算子或将语言形式的属性转化成其他形式再进行决策。Herrera - Viedama 等[126-128]运用语言变量讨论了群决策的信息集结问题,提出基于语言变量的群决策信息集结算子。Delgado 等[129]设计了新的语言算子来解决偏好信息为数字和语言两种形式的群决策问题。徐泽水[130]研究了属性权重、属性值以及专家权重均以语言形式给出的纯语言多属性群决策问题,定义了语言评估标度的运算法则,给出了基于语言评估标度及其运算法则的算子,提出了纯语言多属性群决策方法。王洪利和冯玉强[131]研究了基于云模型的决策专家个体偏好表示、偏好集结和方案优选方法,根据云模型的相对距离进行方案的排序和优选。樊治平等[132]针对基于语言判断矩阵的群决策逆判问题,通过对语言判断矩阵进行量化,将其转化为互反判断矩阵,提出一种依据数理统计的分析方法。

决策问题的复杂性以及人思维的模糊性使得模糊群决策方法有广泛的实际应用背景,Tanino[133]较早提出了基于模糊偏好单调群决策信息集结方法。Hwang 等[134]研究了多目标和多属性群决策问题,提出了多目标和多属性情况下的群决策集结规则。Kacprzyk 等[135,136]采用模糊偏好关系、模糊语言变量和直觉模糊距离等方法研究了模糊环境下的群决策问题,提出了模糊群决策信息集结算子和算法。Umano 等[137]从模糊变量的表示方法、计算程序和决策准则三个方面对基于模糊优先关系的成对群决策方法进行了改进。Olcer 和 Odabasi[138]提出一种基于等级划分的模糊群决策方法等。邱菀华等[139]在模糊集上研究了不确定性动态冲突决策的模糊熵模型,建立了不确定性动态决策的极小熵包络模型,得到了用模糊距离测量冲突决策优劣的满意结果。李登峰等[140]对具有模糊信息的群决策问题,对原多维偏好分析线性规划法进行了改进,定义群体一致度和不一致度,利用语言变量评价指标值和模糊数距离等方法,开发了具有模糊信息的多人决策方法。陈守煜等[141]从模糊模式识别出发,建立决策方案对全体级别加权广义欧几里得权距离平方和最小的非线性规划模型,导出决策信息不完全的多目标模糊决策集成模型。徐玖平[81]定义了模糊数的 Hausdorff 度量和乐观 - 悲观效用函数,求出模糊多指标群决策问题的理想点和负理想点,在模糊多指标群决策中拓展了理想点逼近方法。周珍[142]将专家判断矩阵中的三角模糊数转化成精确数,利用精确数互补判断矩阵的排序方法排序。贫信息条件下信息可能是完全未知或部分未知的,最近研究主要有 Yager[143-146]开发了 OWA 算子,在此基础上,徐泽水[147-148]研究了不确定语义环境下群决策语义信息集结算子。王坚强[149]提出一种信息不完全的多准则层次分类决策方法。何亚群和胡寿松[150]对有偏好信息但信息不完全的多属性决策给出一种基于拓展粗糙集的决策分析方法。黄兵等[151]通过引入信息量和条件信息量,定义了不完备信息系统中属性的重要性,提出一种基于信息量和条件信息量的属性约简启发式算法。

群决策支持系统主要应用专家系统对群体决策过程提供知识、模型和方案分析的技术支持。国内外对群决策支持系统的研究主要分三大类:即群决策支持系统开发、群决策支持系统参考模型与构架研究以及群决策支持系统实验/案例研究。Desanctis 和 Gallupe[77]开发了一个群决策支持系统基本框架;Johansen[152]根据群决策环境的不同,将群决策支持系统划分为四种类型。20 世纪 90 年代后,基于互联网的群决策支持系统成为研究和开发的热点。诸葛海等[153]研究了有认知合作的、动态的、连续的、具有冲突性的群体决策训练,提出了一个基于认知的群体决策训练框架模型,用模拟法研究群体决策过程中成员之间的相互依赖行为,分析了群体决策的认知过程和行为协调,阐述了群体行为的动态特征;Beroggi[154]研究了不同交流方式对群体决策结果一致性的影响,指出基于互联网的群体决策支持系统能够有效地提高决策效率和参与者满意程度。

经典群组评价方法设计研究主要围绕一致性判断标准,从标准设置和标准实施两方面展开,标准设置研究通过更广义的柔性一致性判断标准设置,进一步加强对评价信息的刻画,同时增强评价方法的适用性,如通过模糊理想点法的软协商一致性判断标准，基于 ELECTRE 的新直觉偏差指数，面向区间数犹豫偏好关系的新判断标准和偏好驱动的异质评价群体的一致性生成系统，将协商过程扩展为二次互动过程，第一次以协商一致性阈值设置标准作为讨论对象，在群体关于一致性阈值达成共识基础上再进行二次协商，使得评价群体对被评价对象的判断符合一次协商的结果等。标准执行研究大多通过优化协商过程实现，如建立协商一致性生成和偏好一致性生成的双协商过程、群体一致性偏离度优化模型、双模混合模糊群决策支持框架和基于模糊相似性测度的群体一致性搜索算法等进行，或基于协商一致性标准和相似性测度讨论了异质评价群体协商互动的异质性准则，根据评价者对被评价对象的认知水平设置评价者重要性水平，协商过程不再需要协调者（moderator），评价过程更具有柔性，评价结论根据模糊多数原则给出，但群体评价结论不一定收敛；并且讨论了基于模糊本体的群决策协商互动模型，通过模糊本体设置协商过程中的参考点，当群体协商一致性水平未达标时根据参考点计算适当建议以进入反馈机制进而反馈意见给对应评价者，方法主要特征是通过模糊本体方式精炼方案集并由评价者偏好关系集结属性信息。

归纳起来，目前群决策研究主要以面向实际应用的群体决策方法为主，研究多因素对群体决策行为的影响日益受到重视，研究多因素与群体决策行为间相互影响和相互作用及与最终决策状态的研究较少出现。

1.2.2 群体一致性判断标准研究综述

Hannah Arendt[166]指出“常识”（common sense）的拉丁文 sensus communis 词根意思是“社群感觉”（sensus commune），同时有“共识”（consensus）的意思。共识，是公民意识，是每一个人在公共领域里的偏好。Hans Gadamer[167]在《真理与方法》解释“共通感”（sensus communis）是共同的感觉以及人文主义的雄辩（eloquentia）理想，即古代传授智慧概念里已具有的要素。共通感并非指那种存在于一切人之中的普遍能力，而是导致共同性的感觉。造就这种共同感觉对于生活来说具有决定性的意义。人文主义者把共通感理解为对共同福利的感觉，同时也是一种对共同体或社会、自然情感、人性、友善品质的爱。人们处于同情（sympathy）这样一种精神状态，以某种共同的东西为准则，不把一切归到自身的功利之上，而是注意到它所追求的东西，并有节制地谦虚地从自身进行思考。在 Adam Smith 的《道德情操论》中 sympathy 是道德哲学层面看不见的手。对 Giambattista Vico[168]而言，共通感是一群人当中关于合理事物和公共福利的感觉，是通过生活的共同性而获得并为这种共同生活的规则和目的所限定的感觉，Stoicism 学派称之为“共同观念”（common notice），相当于某种天赋的人权。日常感觉或常识在苏格兰哲学中具有核心位置。常识与社会联系,触及社会环境并影响人与人之间的关系,即健全感觉(bon sens 或 good sense),根据 Henri Bergson[169],是一种使一般原则适应于现实以实现正义的活动,一种对于实际真理的机智,一种产生于公正心灵的正确判断。如果以健全感觉作为思想和意愿的共同源泉,就是一种社会感(sense social)。Immanuel Kant[170]认为我们每一个人有一种共通感,即“我们全体共同的感觉”这一观念是一种判断力。这种判断力是反思的,先天地将“我们全体共同的感觉”表达于每一个人的思想中,为了将它的判断与人类的集体理性相比较。Hannab Arendt[166]将康德普遍主义方法概括为:基于这一社群感公设,想象一个人自我,想象自我置于每一个他人位置,并且一致性公设与一个人的自我取得同意。由此可以定义共通感为一种不需要概念的中介就可普遍实现的蕴含在给定表达而非统觉之内的情感交往的判断力。

Knight [15,16]和 Arrow[18,19]的理论共享“公民意识”假设,认为参与公共选择的个人,更多地应当基于道德考虑而非私人偏好。Buchanan[21]认为不同于每一个人在市场里的选择过程,在公共领域里,个人无从得知投票结果是否符合自己的初衷。因此博弈论假设的“共同知识”不可能收敛,即人与人相互之间的行为预测具体一种逻辑不可能性(等价于 Knight 内在不确定性),公共决策不可能依靠概率论来求解。因此,在公共领域里的个人选择与在私人领域里的个人选择之间的本质差异在于公共领域的个人选择是 Knight 定义的不确定性情境理性选择。因此,在涉及公共选择时,个人必须假设公共选择的结果可能反对他自己的利益,而且如果他不服从,将面临法律的强制。而“全体一致同意”是规避上述强制性的有效方法,虽然基于全体一致同意的决策成本过于高昂。Agnes Heller[171]认为在常识视角下的正义原则,无非就是个体之间关系的一种性质。然而,经典群组评价方法设计的群体一致性判断标准是否是基于被评价对象的常识或共识并没有体现在方法设计过程本身,协调者(moderator)强制使用的外生一致性判断标准反而破坏了评价群体基于被评价对象在协商过程中建立起来的评价关系。

根据 Herrera - Viedma[126-128]等的研究,群组评价问题一般通过设置具有强大信息收集及运算功能的监督者/智能体(monitor 或 agent)及阈值,根据定义的群体一致性测度控制评价过程,群体一致性测度是群组评价的首要控制要素。一致性判断问题的定量研究大致始于 20 世纪 60 年代在管理科学及其统计学领域的研究。Islam 等[172]研究了由区间数来表示的专家判断矩阵,通过累积频率分布来表示群体的一致性意见;Hsu 和 Chen[173]使用基于一致性的度量方法来定义专家之间的重要性和一致性指标;Takehiro[174]构造了群体决策意见集成模型,将决策者的个人意见与他人意见进行基于群体一致性的整合,有效地提高了决策过程的灵活性;Shih,Wang 和 Lee[175] 利用相似性测度方法,建立一套解决专家意见模糊性的程序步骤,在定义最优一致性准则的基础上,构造了一种迭代方法来寻求群体决策的一致解。Jadbabaie 等[176,177] 用严格数学方法给出群体一致性问题的数学描述,应用线性及非线性动力系统描述个体行为,并给出实现群体一致性的精确条件。Sun 等[178] 在随机网络条件下考察了群组一致性问题,认为个体间的信息交流通信过程中会有外部不确定的白噪声影响,利用控制系统中建立滤波器的方法,以期能使群体系统达到一致性,并进一步地将交流网络拓扑结构拓展到随机图或小世界网络的情况。Tsitsiklis 等[179-181] 研究了离散时间群体在时变网络条件下的一致性问题,提出了联合连通性概念。Li 等[182] 分析了时不变网络条件下群体行为的一致性,得出只要通信网络是连通的,群组行为即能实现一致性,个体的动态性质若更复杂,则网络的连通性不再是充分条件,若群体间通信信息是数字网络,则系统为实现一致性,除了网络的连通性,还需要其他条件。

陈晓红[83] 提出的基于参与者聚类的一致性指标的方法,即在参与者聚类并形成若干聚集的前提下提出了群体中各个聚集的一致性指标以及整个群体的一致性指标;安利平等[183] 提出的基于粗糙集理论的方法,提出将不同决策者的不一致决策对象进行合并分析,得到更加直观的规则,对规则集进行构成分析以解释决策者之间的冲突所在;江文奇和华中生[184] 给出了基于交互的方法,提出依据相对加权一致度的一种计算方法,当群体决策的结果不一致时,依据相对加权一致度对决策者进行聚类,并给出了每一类决策者决策结果的综合方法。汪小帆[185] 认为一致性是指随着时间的演化,一个多主体系统中所有主体的状态趋于一致。一致性协议是主体间相互作用的规则,描述了主体与其相邻主体间的信息交换过程。

纵观国内外学者的研究,一致性在群组评价研究中被赋予重要的意义[186-189],群组评价在一定程度上可以认为是寻求一致性的过程。一致性[70] 概念源于社会学的标准功能主义(neofunctionalism),被看作是一个人社会化到文化一致同意之中的必然结果。但标准功能主义者已经公正地批评了对一致同意的价值的过分强调,批评一致性是对采用一种个人"过度社会化"的观点(Lopez and Scott[189])。一个强有力的社会群体可能能够利用其对不一致行为进行制裁的权利,从而将其偏好强加给弱势群体(Ralf Dahrendorf[190]),那么,任何可能存在的一致性,都将仅仅反映占支配地位的意识形态的成功确立。社会制度可能仅仅由一个社会中"居于优势地位结构的轮廓"组成(Parsons[189])。实际上,一个社会中一致同意的程度可能非常低,类推于群组评价问题,一致性的达成往往通过剔除意见离群的参与者,设置阈值强制参与者调节偏好判断等方式实现。

1.2.3 社会网络分析研究综述

社会网络分析[191-193]由英国人类学家 Brown 于 1954 年首次提出，被认为是一种能够有效连接微观和宏观层次理论的研究工具，是当代西方主流社会学的一个重要研究方向。

社会网络分析起初主要被用于组织结构和管理机制的研究[194-209]，后来社会网络分析的理论研究由欧洲转移到美国，研究领域拓展到经济学、地理学和信息科学等，近年来，社会网络分析研究再次对社会学主流研究工作产生重要影响，涌现出众多代表性理论成果，学者 Granovetter[209]、Wasserman[191,193] 和 Bramoulle[197,198] 等应用社会网络分析解析社会生活中诸如找工作、技术扩散、时尚传播、科学合作和产业贸易形成等现象。作为一种研究范式，社会网络分析的产生和发展是在当代社会学研究重视结构性和系统性的背景下产生的，从具体的社会关系开始研究社会结构和人的行为，指出人的行为是嵌入到社会结构之中的，而不是孤立的、片面的行为选择。

Bandiera[210]，Krackhardt[211,212] 和 Djebbari[213,214]，Freeman[203,204] 和 Calvo - Armengol[215] 等关于社会网络效应的研究和实证研究表明个体行为由社会互动的模式决定，社会关系的区别会影响个体的行为。目前，有关社会网络的策略研究已取得了广泛的成果，Fudenberg 和 Tirole[216] 给出并证明了一个策略组合是网络 $G(n,t)$ 的一个纳什均衡的条件，Bramoulle 和 Kranton[197,198] 对网络状态下参与者的策略进行了实证研究，得出任意社会网络都存在完全搭便车现象、群体福利会因为网络结构洞的存在而提高；Balleste 和 Calvo - Armengol[217] 通过对在犯罪行为水平形成上互动效应角色的研究得出邻居的行动具有策略互补效应、所有其他参与者的行动具有策略替代效应等重要结论。Kovacs[195,199] 提出了基于社会网络关系相似性的广义模型，通过关系相似性的两条基本原则定义广义代表相似性概念，根据 Pearson 相关和结构均衡及相似性之间的一致性构建模型，通过仿真验证广义模型适用于相似性测度不相关、数据稀疏或聚类边界不清晰的情形。汪丁丁[227] 从社会网络视角解释社会资本，社会资本被定义为社会网络里全部有利于发生囚徒困境合作解的事物的总和。且社会资本在社会网络中分布不均匀，借助于社会资本而产生的合作，根据规模收益递增原理，带来了远高于不合作时的利润，这些利润向着企业家节点聚集并从那里被或多或少是公正的分配给其他节点。在社会网络中，一个节点企业家能力或它填补结构洞的职能是否被满意地履行，可以证实地通过纽带聚集的程度（节点度数）来测量，因此，节点度数的幂律可以刻画和预测社会资本的分布状况。

社会网络由两个基本组成部分——节点（参与者）和关系，相应的研究方向也分为结构取向和关系取向。结构取向研究参与者位置的影响，主要包括中心性研究、凝聚力、结构对等和角色对等和结构洞等。Bavelas[218]通过研究不同交流结构对交流结果的影响提出中心性概念，Freeman[203,204]对中心性研究方法给出较全面的解释。Burt[205]认为关系强弱和社会资源、社会资本的多少没有必然的联系，起决定作用的网络中的位置，谁占据连接两个无关系的点的位置，谁就拥有信息和控制优势，从而提出结构洞的概念，用以分析劳动力市场的变迁问题。Simpson[219]通过对美国一个孤立修道院中人际关系数据的收集，对人际关系进行了案例研究，界定了四类关系：喜欢关系、尊重关系、影响关系和命令关系。Brandes [220]运用结构对等性对科学共同体进行研究。Snyder 等[207]应用结构对等性对世界经济体系和组织问题的研究以及大量的小群体研究。Knoke 和 Kukklinski[208]从 Knoke 和 Wood 在 1978 年收集到的美国中西部一个城市中印第安纳波利斯市的 95 个组织之间的 13 类关系数据中选择 10 个组织以及两种关系进行分析，一种是资金交换关系，一种是信息交换关系。Breiger 等[221-223]讨论了各个家庭扮演的角色；Scott[189]通过结构对等性对日本商业体系中的商业财团进行分析，发现存在具有结构对等性的主导产业和次属产业，并发现该网络中有 7 个集合，每个集合都是有等级划分的，可划分为支配性企业和被支配性企业。刘军[224]利用“块模型”分析黑龙江省的一个村落的社会支持网，是针对费孝通教授提出的“差序格局”理论进行社会网络意义上的一种量化研究。

关系取向主要对关系属性进行研究，研究节点和联结关系，包括节点规模、关系的强弱、密度、关系内容、规模、关系对称性、直接性和间接性等。Homan[225]认为两个人接触的频率越高，他们的关系越强。Granovetter[209]认为强关系在人际关系和组织关系中具有重要作用，强关系容易导致个人或企业间建立和发展信任，便于高质量信息和隐含经验知识的交换。弱关系的重要意义在于创造了局部桥梁，可以获取新的信息、新的观念，通过弱联结，参与者之间可以形成网络。具有网络最佳结构的博弈方，往往能获得较高的回报。Krackhardt[211,212]证明当一个组织具有跨组织界限的强联结，这种联结将帮助其应对环境的变化和各种不确定性的冲击，因此强联结对于组织处理危机可能是重要的。林润辉等[226]认为虽然强关系可以通过传递影响力和信任感为企业获取资源提供条件，但强关系往往形成信息循环，造成信息通路上的重叠和浪费，弱关系可以传递新鲜或异质性信息和知识。

归纳起来，目前社会网络分析的相关研究主要集中于关注网络的“嵌入”对于理解社会经济现象的重要性，较少有研究关注社会网络本身的构型受社会经济现象动态的影响，缺少对引起社会网络拓扑结构演化的个体行为微观基础的表述，对社会经济复杂网络结构演化解释力不强。

复杂社会网络中有关网络结构、网络传播过程、网络演化分析以及虚拟计算环境的分布自治资源的自主协同问题研究为局部评价环境构建、结构及演化分析提供了有益的借鉴。有关社会网络机制模型研究发现网络(自组织)特征取决于个体决策制定过程中的协商及个体交流的网络结构(网络规模和网络中的中枢节点)。参与者在社会网络中所起的作用是创造某种环境,通过不同参与者在网络空间中交流的动力学机制,推动其他要素进入评价过程,在参与者互动的网络交流中,评价效用通常以关系形式出现。社会网络演化模型应用统计物理及生物学等分析网络结构及扩散机制与评价行为的关系,如应用动态遗传算法在自组织网络中解决动态负载平衡聚类问题,分析可能的网络节点聚类结构并根据网络负载平衡测度评价聚类结构的适应性,使得网络聚类结构能够保持网络稳定性并减少消耗。还有基于贝叶斯网络、马尔科夫网络等的多准则或多属性决策中决策者信息不完全或群体参与程度低的研究,特点是决策过程不需要决策者偏好信息。

1.3　群组评价研究的技术哲学含义

群组评价方法本身具有技术哲学的含义,评价方法拥有多种潜能,根据实际评价目的、评价环境及应用要求有多种应用方向,可以用来实现不同的目的,服务于不同的人群。实际应用中,政府多机构协同参与的绩效评价、多企业协作的效率评价等问题,均可以使用有针对性的群组评价方法实现群组评价的目的。群组评价方法本身具有中介属性,但目前为止,基本上是以传统意义上的中介属性为主,即评价方法是评价目标和评价群体的中介。将社会网络分析引入群组评价问题,可以进一步拓展群组评价方法的中介属性,即更多的成为人与人之间、群体与群体之间的中介。

群组评价理论与方法目前仍采用技术哲学中的还原方法,即根据简单性原则把整体、系统拆分为部分、要素加以认识,再把对部分、要素的认识作为评价群体对被评价对象的认识,最终使模型达到数量化、精确化和标准化。还原方法是技术哲学诞生之时的主导方法,其本质是机械化、简单化、定量化、标准化和统一化、线性化、齐一化。群组评价问题本身是具有一定复杂性的,评价参与者之间的关系变动、评价参与者对被评价对象的判断之间的相互影响、评价群体的构成、评价群体与评价环境的信息交换等,都要求以系统的观点对评价群体行为进行有层次的分析,即个体分析与整体分析。群组评价方法不同于一般的综合评价方法之处正是基于群组的整体性,评价群体作为整体应该具备涌现的特征,而不仅仅只是还原为单个评价参与者的行为而进行一个简单加总。面向群组评价的局部评价环境研究既可用以说明微观的评价参与者互动关系模式,也可说明评价群体的社会关系模式。也就是说,社会网络分析保障了群组评价方法能够从单个参与者到整个群体都实现结构关系分析,从而提高了群组评价方法的适用性和有效性。

所谓集体意向就是个体意向与集体行为有机统一、相互融合的模式。表现在两个方面:一是集体行为在根本上是由个体行动者实现的,他的个体意向是其行为的原因,该行为既是他自己的个体行为,也是其所在集体行为的有机部分。二是个体心灵是集体意向性的根源,其行为是相应心理意向的表现,个体的这些行为和意向表达了集体意向性。因此,可把集体意向性看作个体意向与个体集体行为的内在表征。在群组评价方法中,对被评价对象的认知、判断决定了参与者的评价行为,实际上是以"意向 - 行为"的模式为前提背景的,以实际存在的心理偏好判断为前提,把认知意向作为对象的解释的充分条件;群体协商一致性、群组评价规则等外部变量是影响偏好判断的因素,暗含着"行为 - 意向"的模式,外在的规范和约束力量促使个体形成相关的群体意向。群组评价过程中,存在个体参与者"搭便车"的现象,只有外在的评价规则能够使个体产生意识状态,改变其行为。Searle[228]认为,不存在没有意向的行动,甚至不存在没有意向的无意向行动,因为每一项行动都有一种行动中意向作为其构成成分。行动与意向不可分割,意向是行动的内在组成部分,行动的意义就在于它是特定行动意向的表现和满足。

面向局部评价环境的群组评价方法建构过程符合 Andrew Feenberg[229]提出的"技术编码"理论,体现了这种建构主义的技术哲学思想。Feenberg 认为"技术编码结合了工具理性和价值理性两种类型的因素,它本质上是规则"。技术编码表明,技术设计并非由技术的内在"效率"标准唯一决定,而是由具体语境下的政治、经济、文化、宗教等多种标准共同决定的。同样的,在群组评价方法建构阶段,它是由评价群体所有参与者共同协商互动的结果,在这一过程中,各种参与者,包括评价者,允许参与协商的被评价对象,具有信息传导作用的评价监督者等都参与对评价问题的协商讨论,通过协商互动,对评价进程及评价方法施加影响。通过社会网络分析,群组评价方法可以通过对网络结构的演化和平衡状态对影响因素进行筛选、屏蔽、分析等,使得群组评价方法在社会网络框架下表现为一种确定的过程。

社会网络分析的理论根基是结构主义,目前仍具有较浓厚的"形态学"特征,得益于信息技术和社会计量学等学科的发展,研究社会结构"发生学"性质的模型也得到了巨大发展。Barry Wellman[230]总结了社会网络分析的方法论特征:根据结构对行动的制约来解释人们的行为,而不是通过其内在因素(如对规范的社会化）进行解释，后者把行为者看作以自愿的、有时是目的论的形式去追求所期望的目标；关注于对不同单位之间的关系分析，而不是根据这些单位的内在属性（或本质）对其进行归类；集中考虑的问题是由多维因素构成的关系形式如何共同影响网络节点（成员）的行为，故它并不假定网络成员间只有二维关系；把结构看作网络间的网络，这些网络可以归属于具体的群体，也可不属于具体群体。它并不假定有严格界限的群体一定是形成结构的阻碍；分析方法直接涉及的是一定的社会结构的关系性质，目的在于补充——有时甚至是取代——主流的统计分析方法，这类方法要求的是独立的分析单位。

面向群组评价问题的局部评价环境研究能够根据评价群体对评价目标的判断形成具体的群组评价网络结构，网络结构跟随评价进程演化，当评价群体达到某种均衡状态时对应的群组评价网络结构达到稳定状态。对网络结构的演化及状态分析可以将结构对评价参与者的行为和对评价群体的行为影响进行量化。复杂的群组评价问题可以应用社会网络分析进行分层关系分析，将多维影响因素对评价群体的行为进行分层量化分解，提取一般性群组评价问题的特征，提高群组评价方法应用的有效性。

目前，成熟的综合评价方法有上百种，根据评价目的和具体评价问题，评价方法各有其针对性。本质上评价方法是理论与实践并重的学科，在理论方面，标志性的研究主要是 L. A. Zadeh[232-235] 建立的随机、模糊和粗糙等概念基础上，根据评价参与者的行为特征，对不确定变量进行随机、模糊或粗糙度量，构筑随机、模糊或粗糙统一的综合评价模型，讨论模型的广义及恰当有效解，有效性条件，存在性、几何性以及解集的性质；结合 Genetic Algorithms、Neural Networks、Simulations 等算法，形成新型求解不确定多目标综合评价的方法；在抽象空间上建立不确定综合评价理论体系与一般算法。理论研究的主题是建立必要合理的公理体系，定义综合评价的基本概念，根据已有的原则与原理，建立评价概念模型、物理模型、数学模型；通过有效的方法对评价模型展开基础性研究，主要是数学方法和统计工具，讨论模型的实际应用和现实意义，代表性人物有 V. Pareto、von - Neumann、O. Morgenstern、Gerard Debreu、K. J. Arrow[7,18,19,79,236] 等。在实践中，综合评价方法广泛应用于不确定型群组评价、不确定交通问题、多效益生成计划、资源的投入产出和不确定作业工序等，研究的主题是问题的框架，充分利用已有的和创造的知识、理论、方法、技术，分析问题框架的结构，运用模型群技术建立必要的集成模型群，通过研究问题框架与模型框架的同构或同态性展开应用基础研究，用计算机模拟实现具体应用，由实践或实际效果或效率来展示其先进性、实用性来验证应用研究的有效性，为形成新的理论、方法与技术做个案准备，代表性人物有 Frederick W Taylor、钱学森、华罗庚等[237-239]。

群组评价方法理论上主要是基于对综合评价基本要素的拓展,实践中则是基于对综合评价方法的进一步需求而产生的。面向群组评价问题的局部评价环境研究可以组合社会网络分析与综合评价方法,从社会网络视角对综合评价方法在群组条件下的应用给出分析,进一步增强群组评价方法的适用性。

正如数学家所言,一个设计完好的问题本身,就包含了它的答案。面向群组评价问题的局部评价环境研究正是基于将群组评价问题设计得更接近实际,更具有用性。群组评价方法存在着一种发展趋势,那就是从对已有综合评价方法的改进,转向与其他学科相结合,利用其他学科的研究成果展开对具体的、实用的经验层面的研究。面向群组评价问题的局部评价环境研究打开了群体性综合评价分层行为的黑箱,为群组评价方法的经验转向提供了基础。Kroes 认为,导致技术哲学研究"经验转向"的理论根据是技术人造物具有二元本性[231]。这个研究纲领指出,技术人造物具有二元本性,即一方面它是人所设计的物理结构,另一方面这个物理结构是为了实现承载着某种意向的功能。前者说明技术人造物作为自然对象,适合关于世界中物理的或物质的观念,后者则说明它们作为具有一定功能的对象,更属于意向性的观念。面向群组评价问题的局部评价环境研究的二元本性一方面是评价流程和评价方法的人为设计,另一方面是能够更好地实现评价群体意向,符合当代技术哲学的"经验转向"。

现有研究存在的问题如下:现有研究大多关注偏好信息表达方式及对应的一致性判断标准形式,没有触及一致性判断标准基本理论分析,该标准的设置一般性方法尚不完善。能够弥合由群体一致性判断标准带来的方法设计过程中个体与群体的差异分析有待进一步深入。评价规则设置大都以基本假设形式出现,其规则设置依据和规则筛选方法缺乏一般性解释。评价目标以外生变量形式存在,评价目标设置依据和方法有待进一步研究。评价规则与评价问题、评价目标和评价方法选择还需进一步讨论。同一评价问题应用不同经典评价方法的评价结论不一致,即经典评价方法敏感性问题。现有解决思路主要是多评价方法或多评价结论组合,单一评价方法适用性或有效性分析等,尚未出现评价方法敏感性问题的一般性解决方法。基于网络的群组行为分析多集中在复杂网络背景下运用仿真研究手段自底向上从微观到宏观地研究群体行为,仿真假设依据来源解释尚不充分。社会网络分析以较小规模网络和案例分析为主。但大部分研究都是事先设定网络结构,然后运用计算机仿真计算的方法进行研究的,同样存在事先设定网络结构依据来源的问题。与网络结构变化过程共构的群体行为分析还较少见。

结合群组评价研究现状及相关研究基础,不难推断基于广义局部评价环境的多线群组评价方法将为评价方法设计提供新途径。本研究将为面向多主体的创新可持续性评价方法开发、群组评价长效机制设计、评价目标优化设置及多线群组评价方法设计等提供理论支持。

1.4　研究内容、逻辑框架与研究方法

1.4.1　研究内容

群组评价问题的本质是一种交互认知论，即评价群体中参与者互为主观性而使评价群体对被评价对象的认识趋近于客观性的过程。群组评价过程可划分为协商互动和选择两个步骤（Herrera – Viedma 等[126-128]），评价参与者在协商互动过程中，根据经验和对周围参与者行动的观察，选择评价行动，跟随评价流程，形成阶段性群组评价状态。具体而言，评价参与者通过对被评价对象的偏好判断表达主观性，指导其进一步的评价行为，同时也通过行动对自身主观性进行基于对其他评价参与者观察的可参照的修正。评价参与者的行动是局部评价环境建立的基础，也是影响群组评价结论的因素之一，参与者对其行动的调整是基于评价进程中某种可识别的个体收益（Kossinets　和 Watts[196]），根据实际评价问题、群组及个体评价目标等的差异，这种收益有不同的表现形式，如涉及经济利益时可以是经济收益、利润等，涉及公众权益时可能是评价参与者的社会价值实现、权利影响力累积等，正是这种可识别的个体收益指导评价参与者产生进一步的评价行为。评价参与者对被评价对象的偏好判断的调整一方面耦合为评价群体的偏好判断，跟随评价流程产生阶段性的群组评价效用，使评价群体可以据此与评价目的进行匹配判断；另一方面实现评价参与者对评价流程路径的选择，形成参与者的评价流程路径集合，表现为评价群体网络结构演化。

由本章的分析可知，本书研究的主要内容包括：局部评价环境构建，即根据评价状态及评价参与者评价行为，构建局部评价环境，分析局部评价环境稳定状态对评价结论的影响，讨论实现具有长效机制的群组评价方法的可能性和可行性；分析局部评价环境构成，解析并量化评价关系，讨论基于评价关系的具有权力导向和具有规则导向的群组评价方法；探寻局部评价环境结构特征，群组评价问题信息集结方式、评价群体网络结构稳定状态和对应的拓扑特征；讨论局部评价环境应用，具体包括以下几个部分。

第1章，绪论。以综合评价理论、群决策理论、社会网络理论和相关社会学理论研究成果为基础，提出选题背景、研究意义、研究内容和研究方法，构建全文逻辑框架，阐明本书的研究方法、特色和创新点。对群组评价及群决策理论和方法、群体一致性理论和社会网络理论进行文献综述，结合本书主要研究内容，从

群决策理论对群组评价理论和方法的借鉴，群体一致性理论对群组评价方法研究的意义、社会网络分析产生的理论基础以及迄今为止的主要研究成果等方面，评述了相关的国内外文献，总结现有研究的研究特点，为进一步研究面向群组评价问题的局部评价环境研究提供了一个较好的理论平台和铺垫。

第 2 章，局部评价环境构建分析及群组评价方法研究。通过剖析群组评价过程，分析评价参与者的评价行为及模式，讨论评价群体的趋势性特征是如何在构成其部分的评价参与者的，有理性、有目的的评价行为下内生形成和发展的，进而分析参与者评价行为如何影响评价群体网络结构。建立群组评价过程概率空间，在此基础上给出局部评价环境构建的条件，证明了评价参与者在最优响应行动基础上构建的局部评价环境具有稳定分布，且在长期内群体效用收敛。在此基础上构建了面向局部评价环境的导向性群组评价流程和评价方法。分析并讨论了群组评价长效机制的可行性和可能性。

第 3 章，局部评价环境构成分析及群组评价方法研究。讨论了局部评价环境重要组成部分——评价关系，通过评价关系界定了群组评价过程中参与者的关联方式，力图寻找引起评价群体拓扑结构变动的参与者评价行为微观基础的表述，进而为群组评价问题的解决寻找新的路径。通过理论分析定义了具有柔性特征的能够综合评价参与者在协商互动过程中形成的对评价关系主观认知，根据评价群体网络结构特征形成的对评价关系客观认知和根据评价参与者自身偏好相似性测度的三元评价关系，讨论了评价关系转化、评价关系集结算子和评价关系集结算子基本性质。讨论了基于评价关系的群组评价方法应用——具有权力导向和具有规则导向的局部评价环境群组评价方法。

第 4 章，局部评价环境结构分析及群组评价方法研究。由于评价参与者进行基于最优响应行动的评价行为而引起了群体网络结构的动态演化，使一些网络结构模式显现出来。评价参与者的评价行为导致评价群体网络结构变化，群体网络结构对参与者评价行为的同样具有影响，两者相互依赖、互为补充。由此讨论了三种具有基本网络结构特征的局部评价环境及相应的群组评价方法，开发了面向局部评价环境的群组评价信息集结算子，在局部评价环境稳定状态下分析了具有可控评价参与者数量的群组评价协商控制模型，讨论了稳定状态下评价群体网络拓扑结构基本特征——群组意见分布核心区域。

第 5 章，局部评价环境应用分析及群组评价方法研究。提出了基于局部评价环境的双目标协同优化的群组评价方法，分析了局部评价环境状态测评指标和方法。

第 6 章，结论与展望。分别总结了本书的主要研究成果与结论、研究的局限性以及进一步研究的设想。

1.4.2 研究方法

本书研究主要采用的是跨学科的思想和分析方法，针对不同的研究内容研究方法各异，具体采用的研究方法包括综合评价方法、多属性决策方法、优化方法、经济社会学、社会网络分析等。利用了一般分析、历史分析和实例分析相结合的论述方式。

1.5 创新性工作说明

对面向群组评价问题的局部评价环境进行了探讨，针对评价参与者评价行为与评价群体网络结构相互依赖、相互影响的现象，挖掘引起评价群体网络结构演化的微观基础，讨论评价参与者之间评价行为的相互影响作用，在参与者之间的联结既不是完全确定也不是完全随机的条件下分析评价参与者评价行为选择及所引起的评价群体网络结构演化路径和稳定状态。开展了以下主要创新性工作。

(1) 定义并构建了局部评价环境，证明了基于局部评价环境的群组评价方法应用的可行性，给出方法应用的条件。

(2) 定义并量化了评价关系，将关系数据引入群组评价问题。在此基础上讨论了具有权力导向和评价规则导向的群组评价方法。

(3) 讨论不同评价群体网络结构下评价参与者的评价行为及群组评价方法，探寻评价群体网络拓扑结构特征。

1.6 数学符号及用语说明

由于本书使用的符号、变量和参数较多，在全文撰写过程中，对每章不同的研究问题用到的参数和变量均重新定义。在同一章节的同一研究问题中，表示各参数和变量的数学符号含义一致。

第2章　局部评价环境构建分析及评价方法

2.1　局部评价环境概述

群组评价是实现评价科学化、民主化的有效手段,其应用背景广泛。由于群组评价问题本身的复杂性,评价参与者在知识背景、信息获取和思维判断等方面存在一定的主观性和模糊性,评价参与者的偏好信息通常是模糊的,甚至是不完全的,充分挖掘评价信息是科学解决群组评价问题的重要途径。群组评价问题的本质是参与者互为主观性而使评价群体对被评价对象的认识趋近于客观性的过程。评价参与者对被评价对象的偏好判断的调整一方面耦合为评价群体的偏好判断,跟随评价流程产生阶段性的群组评价效用,使评价群体可以据此与评价目的进行匹配判断;另一方面实现评价参与者对评价流程路径的选择,形成参与者的评价流程路径集合,表现为评价群体网络结构演化,其中评价参与者在现有评价群体网络结构下对被评价对象偏好判断的最满意行动选择就是评价参与者的最优响应行动。

Bandiera[210], Krackhardt[211,212] 和 Djebbari[213,214], Freeman[203,204] 和 Calvo - Armengol[215] 等关于社会网络效应的研究和实证研究表明个体行为由社会互动的模式决定,社会关系的区别又会影响个体的行为。局部评价环境是以评价参与者为节点、参与者之间的某种关系为联结的局部社会网络,不同的联结方式对应不同的网络结构,而网络结构拓扑特征和演化途径会对评价参与者之间的互动识别模式评价进程、个体及群体行为等产生影响,对评价结论的影响也不容忽视。

群组评价目的之一是使群体性的行为保持稳定和可预见。传统综合评价方法将评价视为每一步骤的逻辑延续,即评价参与者根据指标体系对被评价对象表达偏好判断,选择适当的方法对评价信息进行集结并给出评价结论,该过程的基本特征之一是关于被评价对象的由现有指标体系提供的信息量与该阶段评价目的相匹配,但目前还没有判断匹配的相关方法或规则。尽管目前综合评价方法种类繁多,但几乎每一种评价方法都以实现某个评价目标为最高准则,虽然目前还没有出现评价方法对评价目标的可执行性的分析,但是评价方法受到评价目标的制约,使得对被评价对象的群体性认知存在偏差,以致较小的冲击都有可能从根本上改变群组评价结论。由 Calvo - Armengol[217],如果个体参与者都没有动因形成新的关联或者去除现有的关联,网络不再变化,那么这个网络被认为处于稳定状态,称此时对应的局部评价环境是稳定的。

具体而言,首先,由于评价结论很可能包含了评价规则、权威和专业知识之间的持续张力,群组评价过程达到局部评价环境稳定时,现有评价信息分布状态和局部评价环境网络结构拓扑状态不能使评价群体形成稳定的群体性认知,则评价群体不能将此状态下评价状况与评价目标相匹配,在现有局部评价环境下,群组评价目标不可执行;其次,从群组评价水平维度看,群组评价是兼具阶段性和连贯性的统一过程,评价行动的行进过程产生了选择的机会,并且选择的范围受到此时已经发生的行为以及行为中所包含的承诺的限制;长期而言,评价参与者从具体个人的群聚向一个拥有集体意识和独特识别的抽象实体变化,关于被评价对象的群体性认知和行为呈现出某些趋势性特征,当这些基本特征与现阶段评价目标不一致时,评价目标难以执行;再次,传统综合评价方法一般要求评价过程开始后,评价行为与外界环境相互独立,即不允许有关被评价对象的新信息注入,当评价进程无法前进时,为了评价目的往往设置所谓的控制阈值,达到即使不需要评价群体参与也可以执行评价目标的目的。

综上所述,群组评价问题应当围绕被评价对象构建长效的评价机制,设立阶段性或具有侧重的评价目标,使得评价群体关于被评价对象的群体性认知具有基本特征,在评价的不同阶段,根据现有评价目标的要求,设置相应的约束或引导条件,这样,一方面关于被评价对象的认知可以实现较高的客观性,从而使得评价群体行为具有稳定性和可预见性;另一方面,可以对评价目标可执行的方法进行分析,量化现有局部评价环境下评价目标的实现程度,从而为进一步的评价目标设置提供依据和参考。

2.1.1　基础局部评价环境构建

群组评价除了分析方案的属性数据外,还应该对评价参与者之间及属性间基于群组评价问题发生的关系数据进行相应处理,评价参与者根据他们对属性的偏好信息形成评价参与者的关系结构并系统化其行为,属性间同样通过不同专家对属性的判断形成属性关系结构。对于方案属性权重未知的群组评价问题,R. R. Yager 提出的 OWA 算子[240]给出根据评价参与者对被评价对象的偏好判断 λ 与某一方案的一组属性值权重的关系为 $\lambda = \sum_{j=1}^{n}(n-j)w_j/(n-1)$,评价参与者通过对方案的偏好判断($\lambda$)形成群组评价问题中评价参与者和属性间的发生矩阵(见表2.1),对应的两个邻接矩阵见表2.2和表2.3,其中,$E=\{e_1,\cdots,e_m\}(m>1)$是评价参与者集,$X=\{x_1,\cdots,x_n\}(n\geqslant 2)$是属性集,表2.2的行和列都代表评价参与者,具体的矩阵元素是对应一对评价参与者之间是否由于对属性的偏好判断而关联起来(由相关偏好测度可得相应关联强度),即群组评价问题中评价参与者的关系结构;表2.3的行和列对应评价属性,每个具体元素代表一对属性是否由于拥有共同的评价参与者偏好而关联起来,与表2.2类似也可计算相应的关联强度。

表2.1 群组评价的发生矩阵

E \ X	x_1	x_2	…	x_n	
e_1	w_{11}	w_{12}	…	w_{1n}	λ_1
e_2	w_{21}	w_{22}	…	w_{2n}	λ_2
⋮	⋮	⋮		⋮	⋮
e_m	w_{m1}	w_{m2}	…	w_{mn}	λ_m

表2.2 评价者关系的邻接矩阵

E \ E	e_1	e_2	…	e_m
e_1	—	α_{12}	…	α_{1m}
e_2	α_{21}	—	…	α_{2m}
⋮	⋮	⋮		⋮
e_m	α_{m1}	α_{m2}	…	—
注:"—"表示不产生关系数值				

表2.3 属性关系的邻接矩阵

X \ X	x_1	x_2	…	x_n
x_1	—	β_{12}	…	β_{1n}
x_2	β_{21}	—	…	β_{2n}
⋮	⋮	⋮		⋮
x_n	β_{n1}	β_{n2}	…	—

评价者重要性权重和对被评价对象偏好判断是影响群组评价结论集结的重要方面,评价者权重一般根据评价参与者声望、地位等直接给出,或通过层次分析法(AHP)法、Delphi法等确定。文献[126-129]通过评价者之间的互评确定评价者重要性权重,此类方法要求评价参与者群体具有较高的熟知程度,确定评价参与者权重的影响因素大多为外生变量。文献[133-138]根据评价参与者偏好信息一致性程度确定权重,通过交互反馈过程不断调整,但不能明确影响偏好一致性的主要属性,从而群组评价进一步协商或调整时缺乏针对性,影响评价效率。考虑评价者针对具体评价问题的判断建立的联系,称此状态下群组评价

参与者处于局部评价环境,具体包括评价者之间对任意一对属性由于偏好信息相似性建立的联系及确定的评价参与者权重,属性之间由于评价参与者偏好信息一致性建立的联系及其权重。根据局部评价环境下个体评价参与者局部重要性为评价参与者赋权,评价者对属性判断的一致性对属性权重进行调节,在此基础上对方案权重信息进行二次调整并最终集结,根据评价问题,给出相应的建议策略并得出评价结论。

为叙述清晰,以数字 1,2,…随机标记节点表示不同评价者。

2.1.2　局部评价环境相关测度

群组评价问题是根据评价参与者集 $E=\{e_1,\cdots,e_m\}(m>1)$ 提供的偏好信息,对方案集 $S=\{s_1,\cdots,s_k\}(k\geqslant 2)$ 进行的排序和选择问题,令每个方案有 $\{x_1,x_2,\cdots,x_n\}$ 个属性。评价参与者 e_h 对被评价对象的偏好判断是 $\lambda^h(h=1,\cdots,m)$,$\lambda\in[0,1]$,$w_j\in[0,1]$ 是属性权重,且 $\sum\limits_{j=1}^{n} w_j=1$。

定义 2.1[12]　对于评价参与者对 $(e_h,e_l)(h\neq l)$,定义偏好相似性矩阵 $\boldsymbol{\alpha}^{hl}=(\alpha_{ik}^{hl})$

$$\alpha_{ik}^{hl}=1-|\lambda_{ik}^{h}-\lambda_{ik}^{l}| \tag{2.1}$$

式中:$\lambda_{ik}^{h}(\lambda_{ik}^{l})$ 为评价参与者 $h(l)$ 关于属性 x_i,x_k 的对被评价对象的偏好判断参数;$i,k=1,2,\cdots,n$ 为不同的属性。

定义 2.2　群组评价参与者 $E=\{e_1,\cdots,e_m\}(m>1)$ 关于属性对 (x_i,x_k) 的偏好一致性测度为

$$\beta_{ik}=1-\sum_{\substack{h=1\\ h\neq l}}^{m}|\lambda_{ik}^{h}-\lambda_{ik}^{l}| \tag{2.2}$$

式中:$\lambda_{ik}^{h}(\lambda_{ik}^{l})$ 为评价参与者 $h(l)$ 关于属性 x_i,x_k 的对被评价对象的偏好判断参数;$i,k=1,2,\cdots,n$ 为不同的属性。

定义 2.3　令评价参与者关系邻接矩阵

$$\boldsymbol{\alpha}=\begin{bmatrix} — & \alpha_{12} & \cdots & \alpha_{1m} \\ \alpha_{21} & — & \cdots & \alpha_{2m} \\ \vdots & \vdots & & \vdots \\ \alpha_{m1} & \alpha_{m2} & \cdots & — \end{bmatrix}_{m\times m}$$

则评价参与者局部重要性测度

$$l_i=\sum_{j=1}^{m}\alpha_{ij}/\sum_{i=1}^{m}\sum_{j=1}^{m}\alpha_{ij} \tag{2.3}$$

式中：$\alpha_{ij}=\alpha_{ji}$，$\alpha_{ij}=1-|\lambda_i-\lambda_j|$，$i\neq j$；$\boldsymbol{\alpha}$ 为对称矩阵。

评价参与者关系邻接方阵任意行和（或列和）$\sum_{j=1}^{m}\alpha_{ij}$（$\sum_{i=1}^{m}\alpha_{ij}$）表示对应评价参与者偏好信息与其他所有评价参与者偏好信息关系的总距离，偏好信息重要性越高的评价参与者与其余评价参与者偏好信息的关系距离越短，从而重要性高的评价参与者居于关系网络的核心位置，群组评价中具有较高的局部战略重要性。加强对此类评价参与者信息的处理能够提高群组评价问题的评价效率。

定义 2.4 令属性关系邻接矩阵

$$\boldsymbol{\beta}=\begin{bmatrix} — & \beta_{12} & \cdots & \beta_{1h} \\ \beta_{21} & — & \cdots & \beta_{2h} \\ \vdots & \vdots & & \vdots \\ \beta_{h1} & \beta_{h2} & \cdots & — \end{bmatrix}_{h\times h}$$

每一矩阵格值 β_{ij} 表示一组评价参与者 $h(h\in[1,n])$ 对两个属性 x_i,x_j 偏好信息的一致性测度，当 $h<n$ 时，存在评价参与者对某对属性偏好信息缺失的情形；$\beta_{ij}=\beta_{ji}$，$\boldsymbol{\beta}$ 为对称矩阵；属性关系方阵任意行和（或列和）$\sum_{j=1}^{h}\beta_{ij}$（$\sum_{i=1}^{h}\beta_{ij}$）表示对应属性与其余所有属性群体偏好一致性变化的距离，通过量化每个属性的群体偏好一致性波动程度可以确定影响群体一致性的相关属性，确定可能引起冲突的属性，群体偏好一致性不相容的属性等，为进一步处理评价信息提供依据，比如据此可以进行属性协商，指标筛选等。

定义 2.5 群组评价中某一属性的局部偏好一致性强度

$$k_i=1-\frac{\left(\sum_{j=1}^{h}\beta_{ij}-\frac{1}{h}\sum_{i=1}^{h}\sum_{j=1}^{h}\beta_{ij}\right)^2}{\sum_{i=1}^{h}\left(\sum_{j=1}^{h}\beta_{ij}-\frac{1}{h}\sum_{i=1}^{h}\sum_{j=1}^{h}\beta_{ij}\right)^2} \tag{2.4}$$

式中：群组评价参与者 $h(h\in[1,n])$。

定义 2.6 群组评价属性偏好一致性测度

$$\zeta=1-\sqrt{\frac{\sum_i(k_i-\sum_i k_i/n)^2}{n-1}} \tag{2.5}$$

2.1.3 基础局部评价环境构建

设评价参与者是相互独立的，属性也相互独立。对具体群组评价问题，评价参与者由其对方案的偏好信息生成某一评价问题的局部评价环境——群组评价发生矩阵及相应的两个邻接矩阵，发生矩阵即评价参与者对属性的偏好信息矩阵，评价参与者基于对属性偏好信息的相似性形成评价参与者关系邻接矩阵，属性基于评价参与者偏好信息的一致性形成了属性的关系邻接矩阵。

评价步骤主要有 3 步，以文献[12]算例为例，计算评价参与者偏好参数，$\lambda_1=0.6229$，$\lambda_2=0.3252$，$\lambda_3=0.5781$，$\lambda_4=0.5321$，评价参与者邻接关系矩阵

$$\boldsymbol{\alpha}=\begin{bmatrix} — & 0.7026 & 0.9554 & 0.9094 \\ 0.7026 & — & 0.7471 & 0.7931 \\ 0.9554 & 0.7471 & — & 0.9539 \\ 0.9094 & 0.7931 & 0.9539 & — \end{bmatrix}$$

步骤 1　构建评价参与者关系邻接矩阵 $\boldsymbol{\alpha}$，由式(2.1)和式(2.3)计算评价参与者局部重要性，即评价参与者重要性权重 $l_i(i=1,2,\cdots,m)$。

算例评价参与者重要性权重：

$$\boldsymbol{l}=[0.2536 \quad 0.2214 \quad 0.2625 \quad 0.2625]^{\mathrm{T}}$$

$$\boldsymbol{\beta}=\begin{bmatrix} — & 0.6901 & 0.5801 & 0.5968 & 0.5323 & 0.5323 \\ 0.6901 & — & 0.7686 & 0.7529 & 0.7784 & 0.8352 \\ 0.5801 & 0.7686 & — & 0.7911 & 0.8444 & 0.8696 \\ 0.5968 & 0.7529 & 0.7911 & — & 0.7701 & 0.7491 \\ 0.5323 & 0.7784 & 0.8444 & 0.7701 & — & 0.8714 \\ 0.5323 & 0.8352 & 0.8696 & 0.7491 & 0.8714 & — \end{bmatrix}$$

步骤 2　构建属性关系邻接矩阵 $\boldsymbol{\beta}$，用评价参与者重要性权重对相应的属性权重进行调整，再由式(2.2)计算群组评价参与者对属性偏好信息的一致性测度 $\beta_{ij}(i,j=1,2,\cdots,n)$，由式(2.4)计算属性的局部偏好一致性强度 $k_i(i=1,2,\cdots,n)$，即有

$$\boldsymbol{k}=[0.1999 \quad 0.9553 \quad 0.9392 \quad 0.9999 \quad 0.9689 \quad 0.9368]^{\mathrm{T}}$$

步骤 3　群组局部评价环境分析及处理。

由属性局部偏好一致性强度确定需要进一步处理的属性偏好信息，例如，若属性不宜删除且群组评价存在协商交互过程，则评价参与者需要根据协商一致性阈值对相关属性进行再协商并调整相应的偏好信息；若属性可删除且群组评价问题目标是极大化群组评价偏好一致性，则可以删除一致性较低的属性，或以其他备选属性代替；若群组评价目标是筛选最优的某些方案，例如若算例的目标是筛选最优的前三个方案，由表 2.4 ~ 表 2.7 可知，属性 x_1 的偏好一致性对方案 s_1、s_2 和 s_3 的排序没有实质性影响，则不需要进行交互、协商或评价参与者重要性调整等；若群组评价目标是方案排序，由步骤 2 知属性 x_1 的偏好一致性较低，对除 s_1、s_2 和 s_3 方案的排序有影响，群组评价参与者应对该属性的偏好一致性阈值进行协商，并调整或删除该属性。

由评价参与者局部重要性测度确定群组评价问题是否出现分群或独裁现象，据此选择相应的群组评价处理方法。若群组评价参与者出现独裁现象，根据实际问题可以弱化相应评价参与者信息实现民主或以代表性评价参与者偏好解决问题以提高评价效率；若评价参与者出现分群现象，则根据群体内部差异极小化和群体间差异极大化确定评价稳定状态并对评价信息进行相应处理；若群组评价问题是多阶段交互的，考察协商交互对评价参与者聚类的作用及群组评价学习方式、演化过程等。由于算例评价参与者数目较少，未出现明显的这类现象，但由步骤 1 可知，评价参与者 3、4 重要性权重相同且超过评价参与者重要性的 50%，则这两个评价参与者可以作为整体考察其评价重要性。

评价参与者局部重要性与属性局部偏好一致性不一定吻合，存在评价参与者对某些属性偏好信息缺失现象，即使属性偏好信息完全也有可能存在评价参与者偏好信息不相容的现象，因此需要分别对评价参与者关系邻接矩阵和属性关系邻接矩阵进行分析处理。

通过交互，算例中评价参与者对属性信息进行了调整，在局部评价环境下相应评价结论见表 2.5，调整后的参数：$\lambda_1' = 0.6167$，$\lambda_2' = 0.4602$，$\lambda_3' = 0.5988$，$\lambda_4' = 0.5124$

$$\boldsymbol{\alpha}' = \begin{bmatrix} — & 0.8435 & 0.9821 & 0.8957 \\ 0.8435 & — & 0.8614 & 0.9478 \\ 0.9821 & 0.8614 & — & 0.9137 \\ 0.8957 & 0.9478 & 0.9137 & — \end{bmatrix}$$

$$\boldsymbol{l}' = [0.2499 \quad 0.2436 \quad 0.2532 \quad 0.2532]^{\mathrm{T}}$$

$$\boldsymbol{\beta}' = \begin{bmatrix} — & 0.8773 & 0.8911 & 0.8443 & 0.83 & 0.895 \\ 0.8773 & — & 0.8546 & 0.9209 & 0.9053 & 0.936 \\ 0.8911 & 0.8546 & — & 0.897 & 0.9194 & 0.9071 \\ 0.8443 & 0.9209 & 0.897 & — & 0.9142 & 0.8867 \\ 0.83 & 0.9053 & 0.9194 & 0.9142 & — & 0.9108 \\ 0.895 & 0.936 & 0.9071 & 0.8867 & 0.9108 & — \end{bmatrix}$$

$$\boldsymbol{k}' = [0.2919 \quad 0.9572 \quad 0.9984 \quad 0.9999 \quad 0.9878 \quad 0.7647]^{\mathrm{T}}$$

对算例进行处理后，属性 x_1 的局部一致性偏好强度有所提高，但属性 x_6 的局部偏好一致性强度却显著降低，其余属性一致性变化不明显。相应排序结论见表 2.6，可见在局部评价环境下原文的群组评价方法对排序结论影响不显著。

作为对比，由步骤 2，设属性 x_1 是描述评价问题的重要属性，不能删除，群组

评价参与者经协商要求对属性 x_1 的偏好一致性为0.9时,群组评价问题的集结

表2.4 局部评价环境初始数据

方案	各评价参与者								群组评价	
	评价值	排序	评价值	排序	评价值	排序	评价值	排序	评价值	排序
s_1	89.66	2	87.76	2	86.64	2	87.71	2	87.95	2
s_2	78.03	3	78.88	3	77.66	3	77.51	3	78.02	3
s_3	92.48	1	92.71	1	90.04	1	91.81	1	91.76	1
s_4	44.53	6	31.82	11	44.02	6	46.17	6	41.64	6
s_5	21.04	11	33.05	10	26.62	11	26.58	11	26.83	11
s_6	27.29	10	34.82	9	29.86	10	31.12	10	30.78	10
s_7	31.38	8	38.53	7	33.68	9	33.89	8	34.37	8
s_8	42.09	7	42.98	6	43.98	7	35.11	7	41.05	7
s_9	54.28	4	54.47	4	54.75	4	46.86	5	52.59	4
s_{10}	46.03	5	49.51	5	51.59	5	52.96	4	50.03	5
s_{11}	28.52	9	38.09	8	36.91	8	32.19	9	33.93	9

结果可以接受。令 $k''_1=0.9$,计算得 $\lambda''_1=0.6116$,$\lambda''_2=0.6076$,$\lambda''_3=0.5934$,$\lambda''_4=0.5936$,计算结果见表2.7。

$$\boldsymbol{\alpha}''=\begin{bmatrix} — & 0.9751 & 0.9876 & 0.9529 \\ 0.9751 & — & 0.9875 & 0.928 \\ 0.9876 & 0.9875 & — & 0.9405 \\ 0.9529 & 0.928 & 0.9405 & — \end{bmatrix}$$

$$\boldsymbol{l}''=[0.2526 \quad 0.2504 \quad 0.2525 \quad 0.2444]^{\mathrm{T}}$$

$$\boldsymbol{\beta}''=\begin{bmatrix} — & 0.9553 & 0.9589 & 0.9435 & 0.954 & 0.886 \\ 0.9553 & — & 0.9664 & 0.9234 & 0.9358 & 0.883 \\ 0.9589 & 0.9664 & — & 0.9243 & 0.9575 & 0.9044 \\ 0.9435 & 0.9234 & 0.9243 & — & 0.9474 & 0.9162 \\ 0.954 & 0.9358 & 0.9575 & 0.9474 & — & 0.9288 \\ 0.886 & 0.883 & 0.9044 & 0.9162 & 0.9288 & — \end{bmatrix}$$

$$\boldsymbol{k}''=[0.9096 \quad 0.9999 \quad 0.8842 \quad 0.9975 \quad 0.8762 \quad 0.3325]^{\mathrm{T}}$$

算例结论排序对比分析如下：

（1）群组评价参与者对属性 x_1 的偏好一致性对方案 s_1、s_2 和 s_3 的排序没有实质影响，但对其余方案排序影响明显。当群组评价目标是最优方案选择时，属性 x_1 不会引起冲突，群组评价问题没有进入协商交互的必要。当群组评价目标是方案排序时，群体对属性 x_1 的偏好一致性对评价结果有影响，且属性群体偏好一致性也发生相应变化。

（2）群组评价参与者对属性 x_1 与属性 x_6 的偏好一致性的相容性较低，表现在提高属性 x_1 的一致性测度会明显降低属性 x_6 的偏好一致性。但属性 x_1 和 x_6 的偏好一致性对方案 s_1、s_2 和 s_3 的排序都没有实质影响，即描述方案 s_1、s_2 和 s_3 的主要属性为 x_2、x_3、x_4 和 x_5。

（3）考虑局部评价环境，在评价进程中可以找出引起冲突或需要协商的指标和分析指标对方案排序的影响，根据属性对的偏好一致性强弱有针对性的调整对结论排序有明显的作用，且群组评价属性偏好一致性测度发生了相应变化，由算例，属性 x_1 初始偏好一致性 0.1999，属性群体偏好一致性 0.6888，当属性 x_1 按要求调整至 0.9 以后，指标 x_6 的偏好一致性由 0.9368 降至 0.3325，此时群组评价一致性偏好测度 0.7478，其余指标在调整前后偏好一致性均大于群体偏好一致性，即此群组评价问题的属性 x_1 和 x_6 是影响群组评价问题解决效率的主要因素。

表 2.5　局部评价环境下群组评价调整后的数据

方案	各评价参与者								群组评价	
	评价值	排序	评价值	排序	评价值	排序	评价值	排序	评价值	排序
s_1	92.55	2	88.61	2	85.84	2	87.52	2	88.63	2
s_2	78.53	3	79.40	3	76.76	3	77.16	3	77.96	3
s_3	93.93	1	93.75	1	88.18	1	92.17	1	92.01	1
s_4	39.16	6	25.27	11	50.97	6	51.56	5	41.74	6
s_5	19.13	11	39.04	9	23.01	11	26.92	10	27.03	11
s_6	26.74	9	41.21	8	26.25	10	33.47	8	31.92	9
s_7	29.44	8	41.71	7	30.12	9	34.81	7	34.02	8
s_8	49.82	5	43.67	5	46.05	7	26.07	11	41.40	7
s_9	61.79	4	54.46	4	56.12	4	38.24	6	52.65	4
s_{10}	35.78	7	43.44	6	53.72	5	54.54	4	46.87	5
s_{11}	23.04	10	36.46	10	37.24	8	28.75	9	31.37	10

表 2.6　局部评价环境下根据对属性 x_1 一致性要求调整后的评价数据

方案	各评价参与者								群组评价	
	评价值	排序	评价值	排序	评价值	排序	评价值	排序	评价值	排序
s_1	90.85	2	90.67	2	89.98	2	88.98	2	90.12	2
s_2	76.45	3	75.82	3	76.95	3	76.95	3	76.55	3
s_3	93.12	1	91.52	1	91.76	1	90.48	1	91.72	1
s_4	49.88	4	54.16	4	46.28	5	53.64	4	50.99	4
s_5	26.59	10	22.69	10	27.95	10	20.09	11	24.33	10
s_6	33.81	7	29.85	8	34.82	8	28.63	9	31.78	8
s_7	29.75	9	25.92	9	31.19	9	29.24	8	29.03	9
s_8	33.37	8	39.06	7	41.25	6	41.05	7	38.68	7
s_9	43.93	6	48.81	5	50.91	4	51.79	5	48.86	5
s_{10}	44.42	5	43.78	6	40.66	7	43.67	6	43.13	6
s_{11}	20.55	11	20.59	11	24.25	11	25.07	10	22.61	11

表 2.7　几种群组评价方法的结论排序对比

方案	算例原始结论	局部评价环境下算例原始数据结论	局部评价环境算例调整后结论	局部评价环境针对性调整后结论
s_1	2	2	2	2
s_2	3	3	3	3
s_3	1	1	1	1
s_4	7	6	6	4
s_5	9	11	11	10
s_6	8	10	9	8
s_7	10	8	8	9
s_8	5	7	7	7
s_9	4	4	4	5
s_{10}	6	5	5	6
s_{11}	11	9	10	11
ζ	—	0.6888	0.7179	0.7487

2.2　具有导向性的局部评价环境构建

评价参与者根据具体评价问题的某种联结形成的网络结构称为局部评价环

境，在实际应用中，评价参与者不仅仅包括评价群体，被评价对象也可能参与评价（如民主协商，人事考核等），当不允许被评价对象参与评价时，局部评价环境退化为评价群体的网络结构。对某一具体的群组评价问题，不考虑基于社会背景的联系，参与者在评价过程中是通过对属性的判断来耦合他们的行为。当参与者属性数据不可得或属性权重不明确时，转向群组关系分析是一条可行的途径（Balazs Kovacs[241]）。

2.2.1 具有导向性的局部评价环境分析

Kurt Lewin[242,243]认为群体行为是由行为所处的社会力量场决定的。场是由群体及其所处周围环境构成的社会“空间”。对群体成员来说，场作用的环境称为臆想的环境（perceived environment）。场论（field theory）的目的就是探索在一个关系系统中群体及其环境的互依性。关系广泛存在于社会生活的各个方面，是解释群体行为的主要特征数据之一（John Scott[189]）。在群组评价问题中，称评价参与者（即节点集）及参与者之间的某种关系的联结为群组局部评价环境，即评价群体网络结构。

本章研究目的之一是讨论群组局部评价环境与评价群体的相互作用，具体表现为：首先，对评价参与者而言，局部评价环境下参与者进行偏好判断的可观察的参照是与其有联结的节点，即局部评价环境结构对参与者评价行动选择有直接影响；其次，跟随参与者对评价流程路径的选择不同，局部评价环境网络结构的演化途径各异，影响局部评价环境最终状态；再次，评价群体网络结构的拓扑特征对群组评价信息集结方法选择的影响。

群组评价过程中，评价参与者是基于知识背景使用以往的经验，同时从他的邻居那里收集信息，在评价过程中对自身的偏好判断进行调整，随后参与者通过自身收益和再次对邻居的观察评价自身效用，转化为本次的经验，实质上是评价参与者互为主观性参照的过程。同时，个体效用汇集成群体效用，可以从群体性角度对评价行为进行判断，从而考察与评价目标的距离及对被评价对象的认识。群组网络结构跟随评价流程集合产生不同的演化途径，对应参与者的流程路径选择，并最终使评价群体网络结构达到均衡状态（如果个体参与者都没有动因形成新的关联或者去除现有的关联，网络不再变化，那么这个网络被认为处于均衡状态（Calvo - Armengol[215]）），即群组局部评价环境稳定。此时，通过对评价群体网络结构的拓扑特征分析，可以根据评价目标的要求得出相应结论，即具有某种特征的关系结构即满足了 Max Weber[265]所谓的某种形式权利，可以达成组织的目标却不要求群体完全的协调一致（Simmel Georg[108]），同时对被评价对象的认识相比于单个评价参与者具有较高的客观性。

2.2.2　群组评价过程的概率空间

群组评价问题除了具有阈值控制的一致性的信息集结标准外，可以从评价参与者关系结构和评价信息的分布状态着手，在群组评价过程概率空间上，跟随不同的评价流程路径分析群组评价信息的结构演化过程。首先建立群组评价的概率空间。

在评价过程中，设群组评价进程以离散步伐前进，以 $t=1,2,\cdots$ 为索引。令评价参与者集，即节点集 $M=\{1,2,\cdots,m\}$，其中 m 是一个有限整数且达到使 M 具有统计意义的规模。令 $g_{ij}\in\{0,1\}$ 是节点 i 和 j 之间的关系，若 i 和 j 之间存在某个联结，变量 g_{ij} 值为1，否则值为0。g 是节点集合与它们之间关系一起定义的网络。令 α_{ij} 是节点间偏好相似性测度，$\alpha_{ij}=1-|\lambda_i-\lambda_j|$。其中，$\lambda_i(i=1,2,\cdots,n)$ 是群组偏好判断意见，$\lambda=\int_0^1 Q(y)\mathrm{d}y$，$Q:[0,1]\to[0,1]$ 是具有下列性质的函数：$Q(0)=0$；$Q(1)=1$；若 $x>y$，则 $Q(x)\geqslant Q(y)$；当 $Q''(y)<0$ 时，评价参与者是风险规避心态，即为悲观态度，当 $Q''(y)>0$ 时，评价参与者是风险偏好心态，即乐观态度。集合 $M_i^{\alpha_{ij}}(g)=\{j\in M|g_{ij}=1\}$ 是节点 i 与之有联结的偏好相似性为 α_{ij} 的所有节点，即为 i 的邻居。评价参与者用以对指标赋权的偏好判断信息集 $\Lambda=\{\lambda_{i,t}\}(i=1,2,\cdots,m;t=1,2,\cdots)$，序列 $\{\lambda_{i,t}\}$ 独立同分布，$\boldsymbol{w}=(w_1,w_2,\cdots,w_n)^{\mathrm{T}}$ 为指标 $X=(x_1,x_2,\cdots,x_n)$ 权重向量，$S=\{s_1,\cdots,s_n\}$ 是被评价对象集。令 $c_{i,t}$ 为评价参与者在时期 $t(t=1,2,\cdots)$ 的最优响应行动，评价群体最优行动集合 $C(\lambda)$。

概率空间记为 (Ω,F,P^{θ})，其中，Ω 是评价状态空间，F 为 σ－域，P^{θ} 为群组偏好判断意见 $\lambda_i(i=1,2,\cdots,n)$ 的分布状态为 θ 时的概率测度，$\theta\in\Theta$，Θ 为所有可能的状态集合。

对于任一评价参与者 $i\in M$，$\lambda\in\Lambda$，及时期 $t=1,2,\cdots$，以 $Y_{i,t}^{\lambda}$ 为可能的评价值集，参与者 i 选择偏好判断 $\lambda\in\Lambda$，则以条件密度 $\phi(y,\lambda;\theta)$ 观察到评价值 $y\in Y$，获得收益 $r(\lambda,y)$。对于每一个 $t=1,2,\cdots$，以 $\Omega_t=\prod\limits_{i\in M}\prod\limits_{\lambda\in\Lambda}Y_{i,t}^{\lambda}$ 为第 t 时期里所有参与者、所有偏好判断状态的结果空间。为简单起见，设 $Y_{i,t}^{\lambda}=Y$。Ω_t 赋有积拓扑。令 $H_t\subset\Omega_t$ 的型为

$$H_t=\prod_{i\in M}\prod_{\lambda\in\Lambda}H_{i,t}^{\lambda}$$

式中：对于 $\forall i\in M$ 及 $\lambda\in\Lambda$，$H_{i,t}^{\lambda}$ 都是 Y 的一个博雷尔（Borel）子集。

定义2.7　对于 $\forall\theta$，评价参与者 $i(\forall i\in M)$ 的偏好判断为 λ，则在评价进程中参与者的效用 u 为

$$u(\lambda) = \sum_{\theta \in \Theta} \lambda(\theta) \sum_{Y} r(\lambda, y) \phi(y, \lambda; \theta) \tag{2.6}$$

式中：$r(\lambda, y)$为评价参与者的收益；$\phi(y, \lambda; \theta)$为评价参与者观察到评价值$y \in Y$的条件密度。

评价进程中，效用u应是评价参与者可识别的，是评价参与者基于评价目的给出偏好的判断λ产生的评价效用，用以指导进一步的评价行为，在实际应用中，根据评价问题可以量化为评价参与者的经济效益、权利或影响力程度及社会福利或公共权益等。令U是评价群体在时期t基于最优响应行动的对被评价对象的偏好判断带来的效用，$U_t = u(c_{i,t}, \lambda)$，称$U$是评价群体在$t$时期的群组评价效用。群组评价有别于个体评价的根本原因之一就是个体效用与群体效用的不一致，群体效用一般是基于评价目的的群体性属性，而个体效用除了评价目的外，参与者还会掺杂诸如收益、利益或权利的因素。

目前，大多数综合评价方法研究并不涉及评价进程中的评价参与者效用问题，个体评价行为只通过评价参与者对被评价对象的偏好判断进行描述，而评价参与者选择评价进程和评价策略的依据被简化为是以评价目的做出的，实际应用中，尤其对群组评价问题，常常出现个体目标、群体目标和评价目的不吻合现象，分析评价流程路径中参与者的阶段性效用有助于分析影响群组评价行为产生和形成的相关因素，细化可能造成与评价目的偏离的影响因素，是进一步提高群组评价方法有效性的途径之一。

定义 2.8 评价参与者i根据t时期对被评价对象的偏好判断和对邻居$M_i^{\alpha_{ij}}(g)$的观察，$t+1$时期其偏好判断调整为

$$\lambda_{i,t+1}(\theta | g) = \frac{\prod_{j \in M_i^{\alpha_{ij}}(g) \cup \{i\}} \phi(y_{j,t}, \lambda_{j,t}; \theta) \lambda_{i,t}(\theta)}{\sum_{\theta \in \Theta} \prod_{j \in M_i^{\alpha_{ij}}(g) \cup \{i\}} \phi(y_{j,t}, \lambda_{j,t}; \theta) \lambda_{i,t}(\theta)} \tag{2.7}$$

式中：$\phi(y, \lambda; \theta)$为评价参与者观察到评价值$y \in Y$的条件密度。

评价参与者i选择偏好判断$\lambda \in \Lambda$，以条件密度$\phi(y, \lambda; \theta)$观察到评价值$y \in Y$，获得收益$r(\lambda, y)$继而对评价流程路径ω调整，此时状态为θ_1，则评价参与者的偏好判断也可以写为

$$\lambda_{i,t}(\theta_1) = \frac{\lambda_{i,1}(\theta)}{\lambda_{i,1}(\theta) + \sum_{\theta \neq \theta_1} \prod_{j \in M_i^{\alpha_i} \cup \{i\}} \prod_{c \in C} r_{j,t}^{\lambda, \theta_1} \lambda_{i,1}(\theta)} \tag{2.8}$$

式中：$\theta \neq \theta_1$以及所有的$c \in C$。

定义 2.9 集合H_t的概率P_t^{θ}定义为

$$P_t^{\theta}(H_t) = \prod_{i \in M} \prod_{\lambda \in \Lambda} \int_{H_{i,t}^{\lambda}} \phi(y, \lambda; \theta) \mathrm{d}y \tag{2.9}$$

式中：P^{θ}为独一地扩展至由型 H_t的集合产生的 Ω_t上的 σ - 域，以 $\Omega = \prod_{t=1}^{\infty} \Omega_t$。

对于柱集 $H \subset \Omega$，有

$$H = \prod_{t=1}^{T} H_t \times \prod_{t=T+1}^{\infty} \Omega_t$$

将 $P^{\theta}(H)$定义为 $P^{\theta}(H) = \prod_{t=1}^{T} P_t^{\theta}(H_t)$。以 F 为由式(2.9) 给出的集合产生的 σ - 域，P^{θ} 独一的扩展至 F 里的集合。

让 Θ 赋有离散拓扑性质，并设 β 是这个空间的 Borel σ - 域。对于型 $\Gamma \times H$ 的长方形，$\Gamma \subset \Theta$，H 为 Ω 的一个可测子集，则对于每个评价参与者 $i \in M$，令 $P_i(\Gamma \times H)$为

$$P_i(\Gamma \times H) = \sum_{\theta \in \Theta} \lambda_{i,1}(\theta) P^{\theta}(H) \tag{2.10}$$

每个 P_i独一的扩展至所有的 $B \times F$。由于每个评价参与者的偏好判断位于 $P(\Theta)$内部，测度$\{P_i\}$就为两两双向绝对连续的。所有的评价流程路径 ω 都在可测空间$(\Theta \times \Omega, B \times F)$予以定义。

群组评价过程(令 $t=0$)开始时，评价参与者 i 评价信息的 σ - 域为 $F_{i,1} = \{\varnothing, \Theta \times \Omega\}$。对于每个时期 $t \geqslant 2$，定义 $F_{i,t}$为由评价参与者 i 观察到的自己和邻居 $M_i^{\alpha}(g)$ 的评价行动和偏好判断的历史，$(C_{j,1}, \lambda_{j,1})_{j \in M_i^{\alpha ij}(g) \cup \{i\}}, \cdots, (C_{j,t-1}, \lambda_{j,t-1})_{j \in M_i^{\alpha ij}(g) \cup \{i\}}$所产生的 σ - 域。评价参与者只使用他们邻居行动和结果的信息，因此，集合组 $F_{i,t}$为研究有关的 σ - 域。定义 $F_{i,t}$为包含所有 $t \geqslant 2$ 的 $F_{i,t}$的最小 σ - 域。设评价群体中任意两个评价参与者之间可能存在联结，尽管实质上不一定存在联结。

2.2.3　具有导向性的局部评价环境性质分析

定理 2.1　群体 M 的群体偏好判断 λ'在长期内具有稳定分布。

证明　综合评价问题在可测空间$(\Theta \times \Omega, B \times F)$，指标集 X 外生，易知存在关于评价群体偏好判断的映射，使得$[\Lambda; C(\lambda)] = \{\omega \mid \omega$是 $\Lambda \to C(\lambda)\}$的评价流程路径，即存在常数 $z > 0$，由稳定分布[244-248]，对评价群体偏好判断信息进行集结

$$\lambda_1 + \lambda_2 + \cdots + \lambda_m \overset{\omega}{=} z\lambda'$$

式中：$\lambda' \in [0,1]$为状态 θ 时评价群体基于最优响应行动 $C(\lambda)$的关于被评价对象 S 的整体性偏好判断；$\overset{\omega}{=}$为评价群体偏好判断信息依路径 ω 收敛，则评价群

体 M 的偏好判断 λ'在长期内具有稳定分布。

若 ε 是任意常数，则 $\lambda_1+\lambda_2+\cdots+\lambda_m\overset{\omega}{=}z\lambda'+\varepsilon$；若 $\varepsilon=0$，则 λ'服从严格稳定分布。

群体 M 的群体偏好判断 λ' 在长期内具有稳定分布，即 $f(\lambda';\alpha,\beta,c,\mu)$ 其中：α 为特性指数[244-246]，$\alpha\in[0,2]$，保持其他参数不变，跟正态分布相比，α 越小，稳定分布尾部越厚峰部越尖，对应群组评价群体意见分布随评价进程稳定性变差，厚尾表示存在极端意见的评价参与者，对偏好判断的调整远离群体意见期望，尖峰表示评价流程中参与者的偏好判断意见分布在群体意见期望附近，α 越小群体意见协商一致性难度越大；β 为偏度参数，$\beta\in[-1,1]$，保持其他参数不变，$\beta=0$ 则稳定分布是对称分布，$\beta<0$ 则分布左偏，此时评价群体大多数参与者偏好判断 λ 趋近于 0，即大多数参与者对被评价对象的偏好判断具有“悲观”倾向，但存在少量参与者偏好判断 λ 趋近于 1 的极端值，$\beta>0$ 则分布右偏，评价群体意见分布集中在对被评价对象的偏好判断“乐观”倾向，但存在 λ 趋近于 0 的极端偏好判断，出现偏态分布降低了评价群体的“偏同性[244-248]”程度，增加了群体“偏极性”的程度。当 $\alpha=0.5$，$\beta=1$ 时，群体意见稳定分布退化为柯西(cauchy)分布，当 $\alpha=1$，$\beta=0$ 时，群体意见稳定分布退化为雷维(Levy)分布，当 $\alpha=2$ 时，群体意见稳定分布退化为 $N(\mu,2c^2)$ 正态分布。c 为尺度参数，表示稳定分布的分布宽度；μ 为位置参数，是稳定分布的均值位置。

定理 2.2 群体 M 的群体偏好判断 λ'在适当长期内收敛。

证明 由鞅的定义，易知随机变量序列$\{\lambda_{i,t}\}$是鞅，对于每个 $\theta\in\Theta$，时期 t 开始时，参与者 i 的偏好判断 $\lambda_{i,t}(\theta)$可以被看作条件期望 $E[I_{\theta\times\Omega}|F_{i,t}]$，这里的期望是对于测度 P_i计算的，I 是单位阵。由于随机变量序列$\{\lambda_{i,t}\}$是有关 σ－域增序列的一个一致有界的鞅[249-252]，应用鞅收敛定理，因此 $\lambda_{i,t}$几乎必然地向可测稳定偏好判断 $\lambda_{i,\infty}$ 收敛。由于测度是两两双向地绝对连续的，而评价参与者集合可数，即群体 M 的群体偏好判断 λ'在适当长期内收敛。

推论 2.1 评价者适当长期内选择的一个偏好判断对于稳定分布的群体偏好判断一定是最优的。即以 $\Lambda_i(\omega)$为参与者 i 沿着评价流程路径 ω 无穷次修正的偏好判断 λ_i集合，θ 为群组偏好判断实际分布状况，假设 $Q\in B\times F,\omega\in Q^{\theta}$，则如果 $\lambda_i'\in\Lambda_i(\omega)$，那么 $\lambda_i'\in\arg\max\limits_{\lambda\in\Lambda}u(\lambda_{i,\infty}(\omega))$。

证明 由于 $\lambda_i'\in\Lambda_i(\omega)$，那么存在一个序列$\{t_k\}$使得

$$u(\lambda'_{i,t_k}(\omega))\geqslant u(\lambda_{i,t_k}(\omega))$$

取极限值，且使用 u 在集合 $P(\Theta)$上的连续性，得

$$u(\lambda'_{i,\infty}(\omega))\geqslant u(\lambda_{i,\infty}(\omega))$$

有 $u' = \mathrm{Max}\{u(c'(\theta),\lambda'(\omega)) \mid c' \in C(\theta)\}$，由 Claude Berge[235] 的最大值定理(Maximum Theorem)，$C'(\theta) = \mathrm{argmax}\{u(c',\theta) \mid c' \in C(\theta)\} = \{c' \in C(\theta) \mid u(c',\theta) = u'\}$。对应最优行动 c'，参与者 i 沿评价流程路径 ω 存在偏好判断 $\lambda'_i \in \Lambda_i(\omega)$，使得 $\lambda'_i \in \arg\max\limits_{\lambda \in \Lambda} u(\lambda_{i,\infty}(\omega))$ 成立。

定理 2.3　对于所有的 $i \in M$，基于最优响应行动 c' 的评价群体效用收敛：$\lim\limits_{t \to \infty} U_t(\omega) = U(\omega)$。

证明　假设存在 $\theta \neq \theta_1$ 和 $\theta \in \mathrm{supp}(\lambda_{j,\infty}(\omega))$。

对所有的 $\theta \in \mathrm{supp}(\lambda_{j,\infty}(\omega))$，$U(\omega) = u(c',\lambda(\omega)) = u(c',\lambda(\theta_1)) = u(c',\lambda(\theta))$，若 $\lambda_{j,\infty}(\omega) = \lambda(\theta_1)$，由推论 2.1 可直接得证。

设 $u(c',\lambda(\theta_1)) < u(c,\lambda(\theta_1))$，由于 $\theta \in \mathrm{supp}(\lambda_{j,\infty}(\omega))$，$c' \in C(\lambda)$，有 $u(c',\lambda_{j,\infty})(\omega) < u(c,\lambda_{j,\infty})(\omega)$。然而这与推论矛盾。从而证明如果 $c' \in C(\lambda)$，那么对于所有的 $c' \in C(\lambda)$，$u(c',\lambda(\theta_1)) \geqslant u(c,\lambda(\theta_1))$。由于基于最优响应行动的评价参与者具有相同的长期效用，对评价群体，依评价流程路径 ω，存在一个实数 U，具有 $\{U_t(\omega)\} \to U(\omega)$，且 $U(\omega) = u(c',\lambda(\omega))$，$c' \in C(\lambda)$。即群组评价参与者个体效用可以集结为群体效用。

2.2.4　面向局部评价环境的导向性群组评价方法设计

面向局部评价环境的导向性群组评价方法(见图 2.1)主要有以下三步。

① 局部评价环境状态判断，在评价目标未实现时，根据具体评价问题生成的评价群组评价信息网络结构状态判断，评价参与者对相互之间关系的判断、评价流程路径的选择都对局部评价环境状态有直接影响，即网络联结状态、网络结构整合程度及网络结构演化途径的变化。

② 群组评价协商过程，当局部评价环境状态不稳定，评价群体进入协商互动阶段。评价参与者根据经验和对邻居节点的观察指导自身采取的行动，调节偏好判断并基于最优响应行动选择流程路径，获得个体效用并集结为群体效用，评价群体将群体效用与评价目标比较以判断是否实现了群组评价目的。

③ 当局部评价环境状态稳定，分析评价群体意见分布状态及局部评价环境网络结构拓扑特征，据此选择评价信息集结方法，并计算评价群体效用使得评价群体判断是否实现了评价目标。

表 2.8 列举了评价群体意见分布状态与网络拓扑结构对应的群组评价信息集结方法，其中群体意见稳定分布特征参数只考虑了特性参数 α 和偏度参数 β，参数 c，μ 暂未分析，同时，稳定分布特征参数连续变化条件下的群组局部评价环境特征及对应的评价信息集结方法还有待于进一步的研究。其次，局部评价环

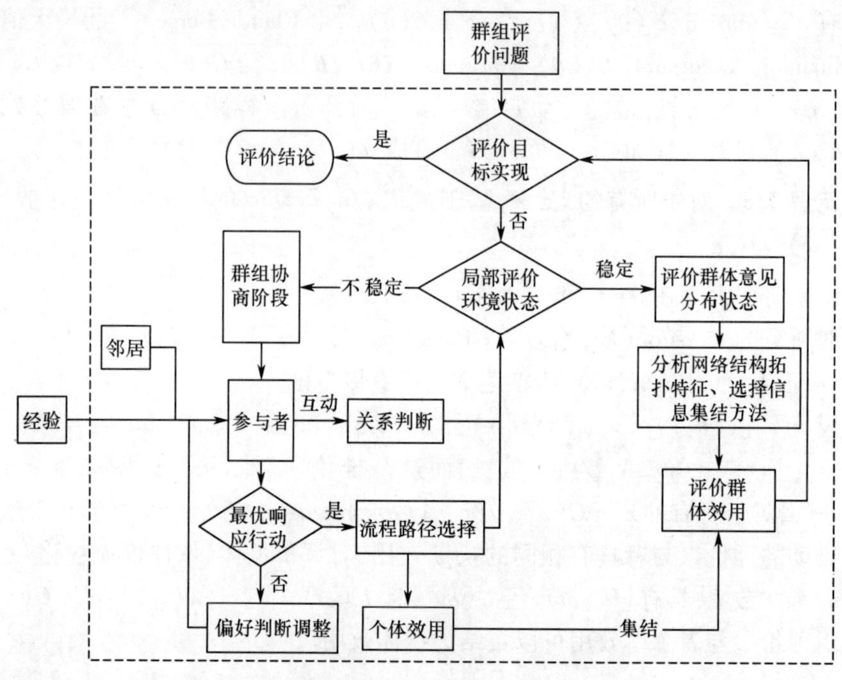

图 2.1　面向局部评价环境的导向性群组评价方法

境对应的网络拓扑结构特征只考虑了信息分布具有核心区域及结构洞，进一步的结构特征还有待挖掘。最后，群组评价信息集结方法主要应用的是密度信息集结算子，参见文献[254,255]，进一步的方法还有待研究。

表 2.8　评价群体意见分布状态与网络拓扑结构对应的群组评价信息集结方法

评价群体意见分布	网络拓扑结构特征		群组评价信息集结方法
$\alpha=2$ $\beta=0$ (正态分布)	信息分布的核心区域	单一信息核心区域	具有达成协商一致性可能，传统综合评价方法
		非单一信息核心区域	二维平面密度算子[240]及扩展
	结构洞	联结关节点(剔除后网络会分解)	基于网络结构位置形成的具有权利导向的评价方法
		联结中间点(起协调、联络、代理等作用)	具有 monitor 的传统综合评价方法
$\alpha=1$ $\beta=0$ (Cauchy 分布)	信息分布的核心区域	信息分布具有单一的核心 - 边缘结构	多源密度集结算子[254]及扩展
		信息分布具有非单一的核心 - 边缘结构	广义实型密度加权评价中间算子[255]及扩展

（续）

评价群体意见分布	网络拓扑结构特征		群组评价信息集结方法
$\alpha=0.5$ $\beta=1$ （Levy 分布）	信息分布的核心区域	信息分布的核心区域相交	待开发
		信息分布的核心区域分层结构	待开发
注：暂未讨论参数 c,μ，令 $c=1,\mu=0$			

2.2.5　算例分析

这里转引文献[12]中所引实例对方法进行说明。有 500 人评价群体对 10 个备选投资项目进行评选。方案集 $S=\{s_1,s_2,\cdots,s_{10}\}$，假设评价群体意见分布稳定状态是正态分布（见图 2.2）能够实现评价目标。

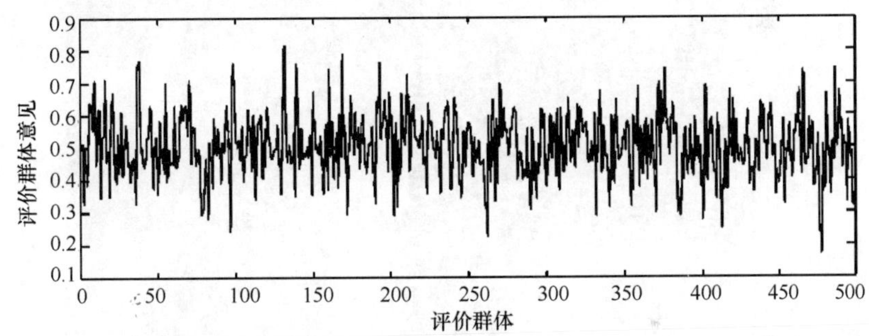

图 2.2　群体意见分布是正态分布

选取一致性控制阈值 0.65，通过协商互动调节实现一致性的群组评价方法首轮协商互动仅有 6% 的参与者能够达成协商一致，通过 300 轮协商互动后，剔除的不满足控制阈值的参与者总数达到 164 个。导向性群组评价方法，评价群体意见分布初始图如图 2.3 所示，稳定状态群体意见分布如图 2.4 所示，评价参与者协商互动 96 轮，形成意见分布核心区域 3 个，评价结论见表 2.9。

表 2.9　评价结论

S	s_1	s_2	s_3	s_4	s_5	s_6	s_7	s_8	s_9	s_{10}
一致性控制阈值 0.65，去除离群点的群组评价方法	7	8	4	6	9	10	5	2	3	1
导向性群组评价方法	8	9	10	5	6	7	3	2	4	1

与具有一致性控制阈值的评价方法相比较：首先，导向性群组评价方法在协商环节柔性较大，以所有的参与者不再调节对被评价对象的偏好判断作为协商过程终止条件，实际应用中，要求评价参与者成百上千次的对信息进行调节需要

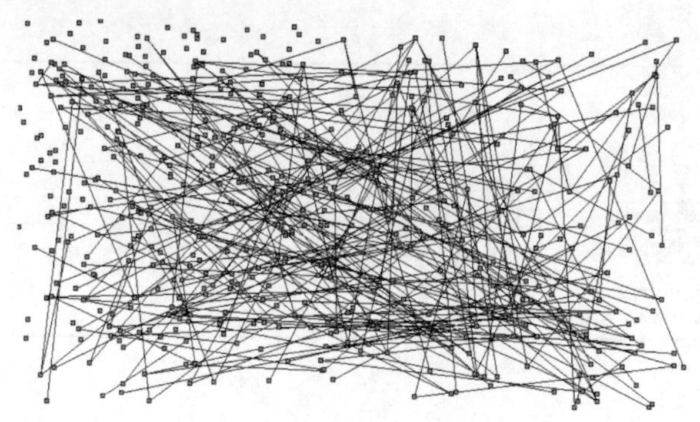

图 2.3　评价群体意见分布初始图

图 2.4　评价群体意见分布稳定图

参与者付出巨大的时间和精力，因而，理论上能够满足一致性控制阈值要求的协商一致性过程往往不能实现；其次，导向性群组评价方法在评价信息集结环节信息丢失相对较少，不存在剔除参与者，不限定评价参与者必须向某个标准值调节自身对被评价对象的判断信息；再次，导向性群组评价方法直观方便，评价参与者通过群体意见分布图即可实时掌握评价进程状况，最终的评价结论也可以从分析稳定的群体意见分布图得出。

2.3　群组评价长效机制分析

面向局部评价环境的群组评价方法是基于"社会构建"视角的：将群组评价看作是发生在一定的环境当中由评价参与者所构造和维持的，在此环境下评价群体可能对采用哪些评价流程路径，以及遵循哪种评价模式做出选择。因此，评价是一个建构行为（Colebatch H K[256]）而不是仅仅是描述行为。问题被构建的方式是与谁会对评价结论负责相关,以及评价结果会产生什么样的资源主张(Bourdieu P 和 Wacquant L[257])。一个评价群体就是一种看待问题的方式和解决问题的方式,群组评价本身不是一个中立过程,因为其中包含对资源分配的暗示。群组评价具有两个维度,垂直的和水平的。垂直的维度强调了评价的工具性行动、理性选择和权威性评价规则;水平的维度是在行动的构建过程的意义上来理解评价的,关注的是不同小群体的评价参与者之间的关系。评价规则是对“重要资源的结构化承诺(Schaffer U[258])”。评价操作既是横跨了小群体界限而发生的,也在这些小群体之内发生,存在于不同小群体的参与者直接形成的默契和承诺的结构,以及在任何一个群体被权威性决定的垂直传达。群组评价与过程有关,也与结果有关;与结构、流程路径和实施有关,也与目标有关。

评价目标是评价方法设计的关键要素,既定评价目标牵引评价规则设置,当评价环境和问题特征变化时,评价目标决定了评价范式、评价过程和评价方法的选择。但是对于开放环境下的可持续性评价方法,评价目标不再是既定外生的,可持续性要求牵引评价目标设置进而决定评价问题基本特征。

面向局部评价环境的评价方法是多线的。截面评价行为对应于某种评价状态,不同评价状态序贯联结并且以对应的评价目标为约束,即达成某种评价状态的评价过程不受具体评价者评价方法选择的影响,评价者评价策略备选集合在评价目标约束下存在合理范围。从而面向局部评价环境的评价方法是可持续性的评价方法,经典综合评价方法关于评价方法敏感性的分析可以转化为可持续性评价方法评价策略的有效边界分析。通过构建长效局部评价环境对多元主体可持续性评价方法设计进行分析,该方法具有如下特点:评价目标设置对局部评价环境构建和结构演化具有基础性作用;可持续性评价行为受到评价目标的约束和引导;局部评价环境稳定状态结构特征影响评价结论。

可持续性评价方法是综合评价方法基于长效评价机制设计的应用,是综合评价方法对政治－经济－社会改革发展要求的适应性表现,是评价方法设计有效性的重要测度,也是各类评价主体可持续协调运作的重要表现。可持续性评价是在特定情境下多元主体实现评价目标过程中,评价行为与其产出的绝对水平和相对水平的协调性,本质上体现了民主化、信息化和集约化的要求。能够契合多元主体可持续性评价要求的评价方法至少需要满足如下两点:一是反映评价主体的多元结构。评价行为的实现往往需要多个主体协调运作,可持续性评价的主体可以由地方政府、相关部门、科技企业、社会公众、高等院校以及科技人员、管理人员等相关人员构成,多元评价主体根据评价方法设计标准和决策层次差异,可以由评价个体、凝聚子群、评价群体和评价关系复合而成,评价方法能够整合多元评价主体协调运作是可持续性评价内涵和外延一致性的要求;二是规范化可持续性评价过程。基于局部评价环境的评价方法设计本质上是以评价主体评价关系及其整合为基本依据的,评价结论的生成也依据评价群体网络结构特征得出,即多元评价主体整合形成局部评价环境,并对应于局部评价环境稳定状态结构特征。已经形成的关于可持续性评价结论[268-270]认为,可持续性评价不仅通过评价行为的绩效进行评价,还必须包含评价结论的产生、转化过程的评价。可持续性评价方法的有效性要求相应的由结论有效延伸至整个评价过程有效,评价过程规范化程度是衡量评价方法有效性的主要测度之一。

可持续性评价方法是兼具阶段性和连贯性的综合评价统一过程,阶段性是指多元主体截面评价行为是通过协商过程,使得群体内评价者互为主观性参照从而使得群体关于被评价对象的认知趋于客观的过程,截面评价行为以本次评价目标为边界,评价目标的实现即是截面评价行为完成的标志;连贯性是指可持续性评价方法关于被评价对象的认知具有趋势性引导作用,从而要求经典评价方法中以外生变量出现的评价目标内化为评价行为可持续的约束条件和引导条件,进而使得以评价目标为指向的经典评价方法转向以被评价对象为指向的可持续性评价方法。一般地,可持续性评价方法具有如下特征:不同阶段的评价目标可以转化为约束条件和引导条件进入对应的协商过程;不同阶段评价目标依时间顺序具有序贯合理性;以被评价对象为指向的可持续性评价方法评价目标设置具有方向性。

进一步地,可持续性评价方法是多线的。截面评价行为对应于某种评价状态,不同评价状态序贯联结并且以对应的评价目标为约束,即达成某种评价状态的评价过程不受具体评价者评价方法选择的影响,评价者评价策略备选集合在评价目标约束下存在合理范围。从而对于可持续性评价方法,经典综合评价方法关于评价方法敏感性的分析可以转化为可持续性评价方法评价策略的有效边界分析。通过构建长效评价机制对可持续性评价方法设计进行分析,该方法具有如下特点:评价目标设置对局部评价环境构建和结构演化具有基础性作用;可持续性评价行为受到评价目标的约束和引导;局部评价环境稳定状态结构特征影响评价结论。

目前有关可持续性评价研究多集中于理论探讨阶段,主要通过演化经济学、制度经济学或政治生态学等相关学科理论与方法的引入进行分析,具体评价方法设计开发较少见到。可持续性评价分析目前也大多集中于创新理论的探讨。Hansen 等[271]认为许多创新活动的失败通常是由于没有认识到创新是一个链条,需要加强每一个子过程的管理以获取成功。Roper 等[272]认为创新生产是一系列功能性创新活动和实施运营的总和,被认为是一个连续的过程,且有多个相关联的子过程组成。我国学者王焕祥等[273]提出了地方政府创新可持续性的问题,通过对中国地方政府创新的案例分析,定义并分析了政府创新可持续性的概念,认为地方政府创新实质是一个制度变迁过程,地方政府创新的可持续性是地方政府作为创新主体,通过控制、协调各创新要素,从而维持和增进创新的长期公共利益的过程。韩福国等[274]分析了地方政府创新持续力的九个影响因素,并以此构建评价指标体系对政府创新持续力进行评价。包国宪等[275]认为地方政府创新的本质不仅在于提高成功解决问题的创新案例,而在于通过局部创新引发全局性的创新,推动整个政治和社会的发展,即地方政府创新蕴含了创新可持续性的问题。肖仁桥等[276]基于规模报酬可变假设将高技术产业创新系统分解为知识创新和科技成果转化两个相互关联的链型子过程,建立链式关联型网络 DEA 模型对我国高技术产业创新效率进行评价。多元主体创新的研究以协同创新理论为代表,饶扬德[277]阐述了市场、技术及管理三维创新协同的内涵,分析了三维创新协同的效能、结构及其内容。认为政府创新是探索政府行政的新方法、新模式,以适应新环境的变化和新现实的挑战,从而不断改善政府公共服务和增进公共利益的过程。陈萍萍[278]从战略协同系统的构架、组织实施策略和协同绩效评价角度对企业集团的知识协同、技术资源协同及组织结构的协同进行了分析和研究。李志强等[279]基于耗散结构论和熵理论,构建技术创新与商业模式创新协同的熵变模型。上述研究阐释了多元主体协同创新和创新可持续性评价方法研究的基本问题,为多元主体创新可持续性评价方法设计开发提供了参考。目前尚未出现将创新可持续性评价方法与多元主体协同置于同一框架下的研究。

2.3.1　群组评价长效机制分析概述

群组评价过程可划分为协商和选择两个步骤(Herrera - Viedma[101]),在协商过程中,评价参与者根据经验和对周围参与者行动的观察,选择行动,跟随评价流程,形成阶段性群组评价状态。群组评价过程是有选择的完成当务之急的目的,其最终状态是对于评价群体寻求局部评价环境稳定状态时关于被评价对象的群体性认知是否与现阶段的评价目的相匹配,若是,则本次群组评价过程结束,否则,再次进入群组评价协商阶段,通过参与者对最优响应行动(见 2.2 节)及评价流程路径的选择建构处于稳定状态的局部评价环境,在此基础上对评价信息进行集结以便再次与现阶段评价目进行匹配判断;对于评价参与者,要么群体效用与个体效用能够协调,参与者处于满意的个体效用状态;要么群体效用与个体效用不协调,参与者没有满意的个体效用。当有关被评价对象的新信息注入群组评价系统,若参与者对被评价对象的认知在上一阶段还保留意见时,可以据此对被评价对象进行重新判断;若参与者处于满意的个体效用状态时,可以通过局部评价环境将其所获得的新信息传递给予自己有联结的其他参与者。由此,将局部评价环境看作一个有限状态、不可约且非周期性马尔可夫过程,将群组评价问题水平维度的局部评价环境基于时间维度进行拓展,允许有关被评价对象的新信息注入群组评价系统,在长期分析评价群体的群体性评价行为的趋势特征,据此构建面向局部评价环境的群组评价方法,分析评价目标的可执行性,以期使群组评价行为具有稳定性和可预见性。

群组评价长效机制设计要求对应的评价方法是可持续的。面向局部评价环境的评价方法与经典动态评价方法的主要区别在于评价目标是否内化为评价要素。相比于动态评价方法,可持续性评价方法不仅要求某一状态的评价目标能够实现,而且要求不同时期的评价目标具有连贯性和设置序贯合理性。动态评价方法作为一种经典评价方法,方法设计指向评价目标,评价目标实现即可判断评价过程结束。可持续性评价方法指向被评价对象,提供评价群体对被评价对象的无缝化客观认知,评价目标只是对与其所对应的评价问题的限制条件,如评价指标体系所覆盖的信息量是否能够完成此次评价目标。因此在评价方法设计上,可持续性评价方法要求将评价目标与经典评价基本要素整合,且对被评价对象认知具有指向性。有关动态评价方法研究,对被评价对象变化速度状态与趋势的角度对变化速度进行建模,变化速度与变化趋势融合的动态整合评价模型。考虑综合评价值的整体波动局限性的三次差异驱动动态综合评价方法,从差异驱动的角度对评价信息进行线性集结,对一定时间区间内的被评价对象进行整体综合评价,避免直接线性相加每个时刻综合评价值后出现排序相同的状况。具有速度特征的动态综合评价模型[13]综合考虑被评价对象变化速度的状态与趋势,以变化速度状态测度模型描述被评价对象变化速度状态,以变化速度趋势测度模型描述被评价对象变化速度趋势,从信息集结角度对多时段内被评价对象的变化速度进行整合研究。

2.3.2 局部评价环境构建

本节研究的目的是在局部评价环境下,考察评价群体关于被评价对象的群体性行为或认知的趋势性特征,在此基础上讨论群组评价的长效机制设计以及当评价目标与评价群体的群体性特征行为不一致时,评价目标的可执行性及相应措施。

在评价过程中,设群组评价进程以离散步伐前进,以 $t=1,2,\cdots$ 为索引。令评价参与者集,即节点集 $M=\{1,2,\cdots,m\}$,其中 m 是一个有限整数且达到使 M 具有统计意义的规模。令 $g_{ij}\in\{0,1\}$ 是节点 i 和 j 之间的关系,若 i 和 j 之间存在某个联结,变量 g_{ij} 值为 1,否则值为 0。g 是节点集合与它们之间关系一起定

义的网络。令 α_{ij} 是节点间偏好相似性测度，$\alpha_{ij}=1-|\lambda_i-\lambda_j|$。集合 $M_i^{\alpha_{ij}}(g)=\{j\in M|g_{ij}=1\}$ 是节点 i 与之有联结的偏好相似性为 α_{ij} 的所有节点，即为 i 的邻居。评价参与者用以对指标赋权的偏好判断信息集 $\Lambda=\{\lambda_{i,t}\}(i=1,2,\cdots,m;t=1,2,\cdots)$，序列 $\{\lambda_{i,t}\}$ 独立同分布，$\boldsymbol{w}=(w_1,w_2,\cdots,w_n)^{\mathrm{T}}$ 为指标 $X=(x_1,x_2,\cdots,x_n)$ 权重向量，$S=\{s_1,\cdots,s_q\}$ 是被评价对象集。令 $c_{i,t}$ 为评价参与者在时期 $t(t=1,2,\cdots)$ 的最优响应行动。

概率空间记为 (Ω,F,P)，时期 t 结束时，一个评价参与者要么具有满意效用，令 $\mathrm{sa}_{i,t}=1$，要么没有满意效用，令 $\mathrm{sa}_{i,t}=0$，集合 $\mathrm{Sa}_t=\{\mathrm{sa}_{1t},\cdots,\mathrm{sa}_{mt}\}$ 是时期 t 结束时某个评价参与者的评价状态，令 $\mathrm{Sa}=\{\mathrm{Sa}_1,\mathrm{Sa}_2,\cdots,\mathrm{Sa}_m\}$ 是评价群体的评价状态向量。时期 t 开始时，关于被评价对象的新信息开始出现，一个评价参与者以概率 $a\in(0,1)$ 掌握新信息，所有评价参与者的概率呈独立同分布。若评价参与者没有达到满意效用，则参与者根据新信息对被评价对象的偏好判断进行调整；若评价参与者已经达到满意效用，则参与者将信息传递给予他有联结的某个评价参与者，由此，群组局部评价环境 g 发生变动。每个时期内最后的事件是某个参与者的效用未达到满意状态，令以 $b\in(0,1)$ 概率发生，且不同参与者之间仍是独立同分布的。设 $\mathcal{D}_k^{\mathrm{sa}}=\mathcal{D}_{\mathrm{sa}_1,\cdots,\mathrm{sa}_k}$ 是随机变量 $\mathrm{sa}_1,\mathrm{sa}_2,\cdots,\mathrm{sa}_k$ 诱导的分割，而 $\mathcal{B}_k^{\mathrm{sa}}=\alpha(\mathcal{D}_k^{\mathrm{sa}})$，其中 $\alpha(\mathcal{D})$ 是 Ω 子集的一个代数，则 $P\{\mathrm{sa}_{k+1}=c_{k+1}|\mathrm{sa}_k=c_k,\cdots,\mathrm{sa}_1=c_1\}=P\{\mathrm{sa}_{k+1}=c_{k+1}|\mathcal{B}_k^{\mathrm{sa}}\}=P\{\mathrm{sa}_{k+1}=c_{k+1}|\mathrm{sa}_k\}$。定义长效群组评价问题的局部评价环境可以被视为一个有限状态不可约且非周期性的马尔可夫过程 $\mathcal{M}(g,a,b)$。令 T 为一个时期，由 Billingsley(1985)，存在一个唯一的不变分布 μ，使得该马氏过程可以通过除以 T 被分割为单个评价阶段，然后产生一个相应的新阶段 $\mathcal{M}^{\mathrm{T}}=(g,a/T,b/T)$，相应地，一个唯一的长期分布由 $\boldsymbol{\mu}^{\mathrm{T}}$ 定义。令 $\boldsymbol{P}^{\mathrm{T}}$ 是 $\mathcal{M}^{\mathrm{T}}$ 中时期 T 的转移矩阵。$\boldsymbol{P}_{\mathrm{sa\,sa'}}^{\mathrm{T}}$ 则是在 $\mathrm{sa}_{t-1}=\mathrm{sa}$ 的条件下，$\mathrm{sa}_t=\mathrm{sa}'$ 的概率。定义 $\boldsymbol{P}_{\mathrm{sa}\,E}^{\mathrm{T}}=\sum_{\mathrm{sa}'\in E}\boldsymbol{P}_{\mathrm{sa\,sa'}}^{\mathrm{T}}$ 为从状态 sa 向集合 E 的转移概率。

定义 2.10　令 μ 是 Sa 上的一个联合概率分布，若对于任何的一对非递减函数 $f:\{0,1\}\to R$ 和 $g:\{0,1\}\to R$，都存在 $\mathrm{Cov}_\mu(f,g)\geqslant 0$，则 μ 的任意两个随机变量 f 和 g 是正相关的，称联合概率分布 μ 是相关的。若 $\mathrm{Cov}_\mu(f,g)>0$，则称联合概率分布 μ 是强相关的。

其中，$\mathrm{Cov}_\mu(f,g)=E_\mu[f(\mathrm{sa})g(\mathrm{sa})]-E_\mu(f(\mathrm{sa}))E_\mu(g(\mathrm{sa}))$。

定义 2.11　对于 $\forall\theta$，评价参与者 $i(\forall i\in M)$ 的偏好判断为 λ，则在评价进程中参与者的效用 u 为

$$u(\lambda)=\sum_{\theta\in\Theta}\lambda(\theta)\sum_{Y}r(\lambda,y)\phi(y,\lambda;\theta)\tag{2.11}$$

式中：$r(\lambda,y)$ 为评价参与者的收益；$\phi(y,\lambda;\theta)$ 为评价参与者观察到评价值 $y\in Y$

的条件密度。

评价进程中,效用 u 应是评价参与者可识别的,是评价参与者基于评价目的给出的偏好判断 λ 产生的评价效用,用以指导进一步的评价行为,实际应用中,根据评价问题可以量化为评价参与者的经济效益、权利或影响力程度及社会福利或公共权益等。令 U_t 是评价群体在时期 t 基于最优响应行动的对被评价对象的偏好判断带来的效用,$U_t = u(c_{i,t}, \lambda)$,其中 $c_{i,t}$ 为评价参与者在时期 $t(t=1, 2,\cdots)$ 的最优响应行动,称 U_t 是评价群体在 t 时期的群组评价效用。群组评价有别于个体评价的根本原因之一就是个体效用与群体效用的不一致,群体效用一般是基于评价目的的群体性属性,而个体效用除了评价目的外,评价参与者还会掺杂诸如收益、利益或权利的因素。

2.3.3 局部评价环境性质分析

定义 $\mathcal{E}$ 是一个集族,满足:若一个状态 sa 位于一个集合 E 里,那么每个占优 sa 的状态 sa′也在集合 E 里,即 $\mathcal{E} = \{E \subset \{0,1\}^n \mid \mathrm{sa} \in E, \mathrm{sa}' \geqslant \mathrm{sa} \Rightarrow \mathrm{sa}' \in E\}$。

定理 2.4 对群组评价问题,局部评价环境网络结构密度的增加促进了评价群体的稳定性。

证明 令 $\eta_i(g) = |M_i(g)|$,即为节点 i 的邻居数。由 Bramoulle Y[259-261],网络密度是现有联结与所有可能联结之比,可知局部评价环境 $\mathcal{M}(g,a,b)$ 密度的增加可简化为联结的增加。定义

$$\Delta U_i(g - g_{ij}) \equiv U_i(g) - U_i(g - g_{ij}) \tag{2.12}$$

式中:g 为局部评价环境网络结构;g_{ij} 为与节点 i 和 j 有关的网络,$i,j = 1, 2,\cdots,m$。

由

$$W_i(g - g_{ij}) \equiv \lambda_0 + m\lambda_i\eta_i(g - g_{ij}) - \lambda_i \sum_{l \neq i} \eta_l(g - g_{ij})$$

则网络 g 中参与者 i 的效用

$$U_i(g) = \left[\frac{\lambda_0 + (m-1)\lambda_i\eta_i(g) - \lambda_{-i}L(g_{-i})}{m+1}\right]^2 - \eta_i(g)r(\lambda_i, y_i)$$

式中:g_{-i} 为将与参与者 i 及其所有有联结的关联从 g 中去掉后的网络;$r(\lambda_i, y_i)$ 为评价参与者 i 的收益;$L(g_{-i}) = \sum_{j \neq i} \eta_j(g_{-i})$;$\lambda_0$ 为初始时参与者 i 关于被评价对象的偏好判断。

假设 $k \neq i,j$,存在 $\eta_k(g - g_{ij}) \geqslant \eta_j(g - g_{ij})$,且 $g_{ik} = 0$。对网络 $g + g_{ik}$,定义

$$\Delta U_i(g) = U_i(g + g_{ik}) - U_i(g)$$

$$\Delta U_k(g) = U_k(g + g_{ik}) - U_k(g)$$

则

$$\Delta U_i(g)+\Delta U_k(g)=\frac{2(m-1)(\lambda_i+\lambda_k)}{(m+1)^2}\left[W_i(g)+W_k(g)+\frac{(m-1)}{2}(\lambda_i+\lambda_k)\right]$$

又由于

$$\eta_l(g)=\eta_l(g-g_{ij})+1\quad(l=i,j)$$
$$\eta_k(g)=\eta_k(g-g_{ij})\geqslant\eta_j(g-g_{ij})$$
$$\eta_l(g)=\eta_l(g-g_{ij})\quad(l\neq i,j,k)$$

则

$$\begin{aligned}\Delta U_i(g)+\Delta U_k(g)&=\frac{2(m-1)(\lambda_i+\lambda_k)}{(m+1)^2}\Big[W_i(g-g_{ij})+\\&\quad W_j(g-g_{ij})+\frac{(m-1)}{2}(\lambda_i+\lambda_k)\Big]\\&=\Delta U_i(g-g_{ij})+\Delta U_j(g-g_{ij})+\\&\quad\frac{2(m-1)(\lambda_i+\lambda_k)}{(m+1)^2}\left[\frac{(m-1)}{2}(\lambda_i+\lambda_k)-(\lambda_i\eta_i+\lambda_k\eta_k)\right]\end{aligned}$$

由于 $m>0,\lambda\in[0,1]$，若存在任意评价参与者 i，满足当评价参与者 i 与 k 建立联结后使得$\frac{\lambda_i}{\lambda_k}=\frac{2\eta_k-m+1}{m-1-2\eta_i}$成立，则评价参与者 i 新增与 k 的联结没有必要，局部评价环境 g 稳定；否则，若评价参与者 i 新增与 k 的联结，满足$\frac{\lambda_i}{\lambda_k}>\frac{2\eta_k-m+1}{m-1-2\eta_i}$，则此时增加联结是严格有利可图的，评价群体有进一步协商互动的必要。证毕。

定理2.5　对局部评价环境 $\boldsymbol{M}(g,a,b)$，长期看，具有联结的评价参与者的状态是正相关的。

证明：对于任何的概率转移矩阵 $\boldsymbol{P}$，以及 $P_{\mathrm{sa}\,ij}=\sum_{\mathrm{sa}'}P_{\mathrm{sasa}'}\mathrm{sa}'_i\mathrm{sa}'_j$，$P_{\mathrm{sa}i}=\sum_{\mathrm{sa}'}P_{\mathrm{sasa}'}\mathrm{sa}'_i$，定义

$$\mathbf{Cov}_{ij}^{\mathrm{T}}=\sum_{\mathrm{sa}}\boldsymbol{\mu}^{\mathrm{T}}(\mathrm{sa})\boldsymbol{P}_{\mathrm{sa}ij}^{\mathrm{T}}-\sum_{\mathrm{sa}}\boldsymbol{\mu}^{\mathrm{T}}(\mathrm{sa})\boldsymbol{P}_{\mathrm{sa}i}^{\mathrm{T}}\sum_{\mathrm{sa}'}\boldsymbol{\mu}^{\mathrm{T}}(\mathrm{sa}')\boldsymbol{P}_{\mathrm{sa}'j}^{\mathrm{T}}$$

由 Shiryaev[262,263]，定义一个紧密相连的转移矩阵

$$\underline{\boldsymbol{P}}_{\mathrm{sa},\mathrm{sa}'}^{\mathrm{T}}=\begin{cases}\boldsymbol{TP}_{\mathrm{sa},\mathrm{sa}'}^{\mathrm{T}}, & \mathrm{sa}\neq\mathrm{sa}'\\1-\sum_{\mathrm{sa}''\neq\mathrm{sa}}\boldsymbol{TP}_{\mathrm{sa}''}^{\mathrm{T}}, & \mathrm{sa}=\mathrm{sa}'\end{cases}$$

则

$$\mathbf{Cov}_{ij}^{\mathrm{T}} = \sum_{\mathrm{sa}} \boldsymbol{\mu}^{\mathrm{T}}(\mathrm{sa}) \underline{\boldsymbol{P}}_{\mathrm{sa}ij}^{\mathrm{T}} - \sum_{\mathrm{sa}} \boldsymbol{\mu}^{\mathrm{T}}(\mathrm{sa}) \underline{\boldsymbol{P}}_{\mathrm{sa}i}^{\mathrm{T}} \sum_{\mathrm{sa}'} \boldsymbol{\mu}^{\mathrm{T}}(\mathrm{sa}') \underline{\boldsymbol{P}}_{\mathrm{sa}'j}^{\mathrm{T}}$$

且在 $\boldsymbol{P}^{\mathrm{T}}$ 下,跨时间的转移仍是独立的。则从任意 sa 出发,分布 $\underline{\boldsymbol{P}}_{\mathrm{sa}}^{\mathrm{T}}$ 是相关的,有 $\underline{\boldsymbol{P}}_{\mathrm{sa}ij}^{\mathrm{T}} \geqslant \boldsymbol{P}_{\mathrm{sa}i}^{\mathrm{T}} \boldsymbol{P}_{\mathrm{sa}j}^{\mathrm{T}}$,即

$$\mathbf{Cov}_{ij}^{\mathrm{T}} \geqslant \sum_{\mathrm{sa}} \boldsymbol{\mu}^{\mathrm{T}}(\mathrm{sa}) \underline{\boldsymbol{P}}_{\mathrm{sa}i}^{\mathrm{T}} \underline{\boldsymbol{P}}_{\mathrm{sa}j}^{\mathrm{T}} - \sum_{\mathrm{sa}} \boldsymbol{\mu}^{\mathrm{T}}(\mathrm{sa}) \underline{\boldsymbol{P}}_{\mathrm{sa}i}^{\mathrm{T}} \sum_{\mathrm{sa}'} \boldsymbol{\mu}^{\mathrm{T}}(\mathrm{sa}') \underline{\boldsymbol{P}}_{\mathrm{sa}'j}^{\mathrm{T}}$$

$$\lim_{T\to\infty} \mathbf{Cov}_{ij}^{\mathrm{T}} \geqslant \sum_{\mathrm{sa}} \boldsymbol{\mu}^{\mathrm{T}}(\mathrm{sa}) \underline{\boldsymbol{P}}_{\mathrm{sa}i}^{\mathrm{T}} \underline{\boldsymbol{P}}_{\mathrm{sa}j}^{\mathrm{T}} - \sum_{\mathrm{sa}} \boldsymbol{\mu}^{\mathrm{T}}(\mathrm{sa}) \underline{\boldsymbol{P}}_{\mathrm{sa}i}^{\mathrm{T}} \sum_{\mathrm{sa}'} \boldsymbol{\mu}^{\mathrm{T}}(\mathrm{sa}') \underline{\boldsymbol{P}}_{\mathrm{sa}'j}^{\mathrm{T}}$$

当 $g_{ij}=1$ 时,$\underline{P}_{\mathrm{sa}i}$ 对于 sa_i 和 sa_j 都是递增函数,$\underline{P}_{\mathrm{sa}j}$ 对于 sa_j 也是递增函数,由 Szekli[264],得 $\mathbf{Cov}(\underline{P}_{\mathrm{sa}i}, \underline{P}_{\mathrm{sa}j}) > 0$,则 $\lim_{T\to\infty} \mathbf{Cov}_{ij}^{\mathrm{T}} > 0$。证毕。

定理 2.6 对局部评价环境 $\mathcal{M}(g,a,b)$,具有不同状态的参与者会随着保持原有状态持续时间的增加产生分群。

证明: 对于 $t > t' \geqslant 0$,以 $h_{i0}^{t',t}$ 为 $\mathrm{Sa}_{it'} = \cdots = \mathrm{Sa}_{i,t-1} = \mathrm{Sa}_{i,t} = 0$ 事件,以 $h_{i1}^{t',t}$ 为 $\mathrm{Sa}_{it'=1}$ 但是 $\mathrm{Sa}_{it'+1} = \cdots = \mathrm{Sa}_{i,t-1} = \mathrm{Sa}_{i,t} = 0$ 的事件。

由贝叶斯法则,有

$$P(\mathrm{Sa}_{i,t+1}=1 \mid h_{i0}^{0,t}) = \frac{P(\mathrm{Sa}_{i,t+1}=1, h_{i0}^{0,t})}{P(\mathrm{Sa}_{i,t+1}=1, h_{i0}^{0,t}) + P(\mathrm{Sa}_{i,t+1}=0, h_{i0}^{0,t})} \tag{2.13}$$

$$P(\mathrm{Sa}_{i,t+1}=1 \mid h_{i1}^{0,t}) = \frac{P(\mathrm{Sa}_{i,t+1}=1, h_{i1}^{0,t})}{P(\mathrm{Sa}_{i,t+1}=1, h_{i1}^{0,t}) + P(\mathrm{Sa}_{i,t+1}=0, h_{i1}^{0,t})} \tag{2.14}$$

由 μ^* 是唯一的稳定态(Billingsley[266]),对于任何的时期 x,以 E_{i0}^{x} 为 $\mathrm{sa}_{i,x}=0$ 状态集合,以 E_{i1}^{x} 为 $\mathrm{sa}_{i,x}=1$ 状态的集合,对式 (2.13),由

$$\begin{aligned}\frac{P(\mathrm{Sa}_{i,t+1}=1, h_{i0}^{0,t})}{\mu^*(E_{i0}^{0})} &= \sum_{\mathrm{sa}^0\in E_{i0}^{0}} \sum_{\mathrm{sa}^1\in E_{i0}^{1}} \cdots \sum_{\mathrm{sa}^{t+1}\in E_{i0}^{t+1}} \frac{\mu^*(\mathrm{sa}^0)}{\mu^*(E_{i0}^{0})} P_{\mathrm{sa}^0\mathrm{sa}^1} P_{\mathrm{sa}^1\mathrm{sa}^2} \cdots P_{\mathrm{sa}^t\mathrm{sa}^{t+1}} \\ &= \sum_{\mathrm{sa}^0\in E_{i0}^{0}} \sum_{\mathrm{sa}^1\in E_{i0}^{1}} \cdots \sum_{\mathrm{sa}^{t+1}\in E_{i0}^{t+1}} \mu^*(\mathrm{sa}^0 \mid E_{i0}^{0}) P_{\mathrm{sa}^0\mathrm{sa}^1} P_{\mathrm{sa}^1\mathrm{sa}^2} \cdots P_{\mathrm{sa}^t\mathrm{sa}^{t+1}}\end{aligned}$$

$$\frac{P(\mathrm{Sa}_{i,t+1}=1, h_{i1}^{0,t})}{\mu^*(E_{i1}^{0})} = \sum_{\mathrm{sa}^0\in E_{i1}^{0}} \sum_{\mathrm{sa}^1\in E_{i1}^{1}} \cdots \sum_{\mathrm{sa}^{t+1}\in E_{i1}^{t+1}} \mu^*(\mathrm{sa}^0 \mid E_{i1}^{0}) P_{\mathrm{sa}^0\mathrm{sa}^1} P_{\mathrm{sa}^1\mathrm{sa}^2} \cdots P_{\mathrm{sa}^t\mathrm{sa}^{t+1}}$$

以及由 Aliprantis 和 Border[267],可知 $\mu^*(\mathrm{sa}^0 \mid E_{i1}^{0})$ 占优 $\mu^*(\mathrm{sa}^0 \mid E_{i0}^{0})$,且对于某些状态 sa^0,严格不等式成立。在时期 $1,2,\cdots,t+1$ 反复应用定理 2.5,有

$$\frac{P(\mathrm{Sa}_{i,t+1}=1, h_{i0}^{0,t})}{\mu^*(E_{i0}^{0})} < \frac{P(\mathrm{Sa}_{i,t+1}=1, h_{i1}^{0,t})}{\mu^*(E_{i1}^{0})}$$

对式(2.14),类似的有

$$\frac{P(\mathrm{Sa}_{i,t+1}=0, h_{i1}^{0,t})}{\mu^*(E_{i1}^{0})} < \frac{P(\mathrm{Sa}_{i,t+1}=0, h_{i0}^{0,t})}{\mu^*(E_{i0}^{0})}$$

则

$$\frac{P(\mathrm{Sa}_{i,t+1}=1,h_{i0}^{0,t})}{\mu^*(E_{i0}^0)}\frac{P(\mathrm{Sa}_{i,t+1}=0,h_{i1}^{0,t})}{\mu^*(E_{i1}^0)}<\frac{P(\mathrm{Sa}_{i,t+1}=1,h_{i1}^{0,t})}{\mu^*(E_{i1}^0)}\frac{P(\mathrm{Sa}_{i,t+1}=0,h_{i0}^{0,t})}{\mu^*(E_{i0}^0)}$$

式(2.13)两边同时乘以 $\mu^*(E_{i0}^0)\mu^*(E_{i1}^0)$，整理得

$$\frac{P(\mathrm{Sa}_{i,t+1}=1,h_{i0}^{0,t})}{P(\mathrm{Sa}_{i,t+1}=1,h_{i0}^{0,t})+P(\mathrm{Sa}_{i,t+1}=0,h_{i0}^{0,t})}<\frac{P(\mathrm{Sa}_{i,t+1}=1,h_{i1}^{0,t})}{P(\mathrm{Sa}_{i,t+1}=1,h_{i1}^{0,t})+P(\mathrm{Sa}_{i,t+1}=0,h_{i1}^{0,t})}$$

即

$$P(\mathrm{Sa}_{i,t+1}=1\mid h_{i0}^{0,t})<P(\mathrm{Sa}_{i,t+1}=1\mid h_{i0}^{1,t})$$

对任意评价参与者 i，不满意效用状态持续时间的增加降低了其达到满意效用状态的概率，则长期看，具有不同状态的参与者会随着状态持续时间的增加产生分群现象。证毕。

2.3.4　面向局部评价环境的群组评价目标可执行性分析

在群组评价过程中，以被评价对象为主设置群组评价方法，允许关于被评价对象的新信息注入评价系统，允许评价目标的更替，某阶段评价目标可执行的关键问题在于当局部评价环境稳定，现有评价群体的群体性行为或认知趋势与评价目标是否匹配。以实现现阶段评价目标为目的设置现阶段针对评价目标的约束条件或相关规则。影响评价目标的可执行性因素众多，既与小群体间的联结有关，也与他们之间如何形成和维持有关，以及参与者理解评价问题的解释框架有关，还包括这些联结得以调动的制度形式，直接以现阶段评价目标设置约束条件可以保证评价目标实现的同时避免对被评价对象群体性认知的偏离。

在局部评价环境 g 下，若存在任意一对评价参与者 i 和 k，增加联结 g_{ik} 使得 $\lambda_i+\lambda_k=2/(m-1)$ 成立，由定理 2.5 可知此状态下的局部评价环境 g 状态稳定，此时对应的是传统综合评价方法，即评价系统相对独立于外界环境，不允许参与者临时进入或退出评价过程，不允许关于被评价对象的新信息注入评价系统，评价规则及评价目标外生，若此时评价目标不可执行，则在局部评价环境 g 下，终止评价过程。此时可以采取的措施包括允许有关被评价对象的新信息注入群组评价系统，设置具有较强的约束作用的评价规则，根据评价目标对参与者策略给出参考建议，约束评价流程路径选择等重新进入群组评价过程。

对局部评价环境 $\mathcal{M}(g,a,b)$，评价参与者根据注入的关于被评价对象的新信息重新进行协商互动，由定理 2.5，长期看，具有联结的评价参与者状态是正相关的，评价群体关于被评价对象的群体性行为或认知产生了群聚现象，可以预期评价参与者规模，评价信息量及参与者局部或整体搜集信息的程度是影响群组评价目标可执行的主要因素。若规模较大的评价参与者群体拥有大的信息基

础并且整体性互动，则若初始该评价群体的群体性行为或认知与评价目标发生偏差，则演化的力量可能永远也无法改变大趋势而使评价目标不可执行，此时应对群体规模进行干预，设置加强不同类参与者互动协商的条件，增加参与者之间的局部互动并允许关于被评价对象新信息大量注入评价系统。若评价参与者群体以相对较少的信息量进行评价且主要是与邻居进行的局部互动，若群体性行为或认知与评价目标吻合，则评价群体将以较短的时间实现评价目标，但也可能因为新信息的注入使群组评价行为与评价目标发生偏离，此时应设置灵敏的评价目标执行判断标准，且对注入的关于被评价对象的新信息进行流量控制。

对局部评价环境 $\mathcal{M}(g,a,b)$，长期看，由定理 2.6，评价群体关于被评价对象的群体性行为或认知产生了分群状态，预期可能出现局部趋同、整体多样化的评价状况，即处于分群状态的评价参与者相对而言规模都较小，信息基础具有不同的偏向，以局部互动为主，整体性互动可能处于缺失状态，则加强整体性互动是在此类局部评价环境下的首要措施。此类局部评价环境条件稍显复杂，参与者在评价过程中的偏好判断调整策略、适应性学习状况，参与者之间的局部交互作用、关系结构，评价规则对局部评价环境演化的引导、关于被评价对象新信息注入对评价系统的冲击的等都会对最终的分群状态产生影响，进而影响评价目标的可执行性。此时应以评价目标为分析起点，考察评价目标可执行的条件，并对评价目标执行的程度进行量化，在此基础上细化对参与者行为、互动形式，网络联结状况、演化路径的约束及在评价目标引导下的关于被评价对象新信息的注入流量、频率的限制。

评价目标可执行性问题涉及面广，且影响因素交错，局部评价环境只是其中影响因素之一，事实上，即使局部评价环境下评价群体对某一评价目标是可执行的，评价目标本身也应该满足一定的条件，与评价目标可执行性条件对应，评价参与者的行为约束条件、信息调整策略、局部评价环境演化策略等都不是单方面分析局部评价环境能够给出的。给定一个群组评价问题，它的稳定集合 $B(g)$ 依赖于其局部评价环境 g，至少满足 $B(g)$ 是群组评价目标 $F(g)\subset U(g)$ 集合的一个非空子集时，评价目标 F 能够执行。目前，有关评价目标可执行性的分析讨论较少，深入此类问题的研究是增加综合评价方法设计的科学性和有效性的途径之一。

局部评价环境是评价群体通过协商互动过程形成的关于被评价对象判断的群体性意见分布。群组评价过程可以被解释为评价者之间互为主观性参照而使评价群体对被评价对象的认识趋近于客观的过程，也可以被解释为评价者从具体个人的群聚向一个拥有集体意识和独特识别的抽象实体变化的过程，即多元主体整合是通过协商互动过程实现的。协商互动是局部评价环境构建的决定性一环,在群组评价进程中,协商互动从不构成点状事件。协商互动从一个群体运行功能的必要条件开始,构成了一种持续的交换过程的组成部分,对于协商互动发挥作用的关系系统,将趋向于长久存在。评价者互为主观性参照强调了群组评价过程中协商互动的重要作用,从具体个人的群聚向一个拥有集体意识和独特识别的抽象实体转化是在协商互动过程中实现的,实质上为评价参与者之间建立了基于被评价对象的评价关系。正是通过评价关系的建立、变更和叠加等评价行为才使得单一评价者聚集为具有群体性行为特征的评价群体。从而局部评价环境的构建过程同构与多元评价主体整合过程,局部评价环境状态测度了多元评价主体的整合程度。

结合目前可持续性评价方法及相关创新协同理论研究现状及相关研究基础,不难推断多元主体可持续性评价方法研究将为完善基于局部评价环境的长效评价机制标准设置、长效评价引导机制和转化机制设置提供可选择的新途径。综上所述,可持续性评价方法研究将为评价行为(诸如创新行为等)向集约型方式转变,评价行为效率测量、评价目标合理设置等问题提供理论支持和方法设计基础。

2.3.5　长效局部评价环境构建

令评价群体 $M=\{1,2,\cdots,m\}$,其中,m 是一个有限整数且达到使 M 具有统计意义的规模。令 f_{ij}是参与者 i 和 j 之间的评价关系。G 是评价群体与他们之间评价关系一起定义的网络。评价者用以对指标赋权的偏好判断信息集 $\Lambda=\{\lambda_i\}(i=1,2,\cdots,m)$,序列$\{\lambda_i\}$独立同分布,$\boldsymbol{w}=(w_1,w_2,\cdots,w_n)^{\mathrm{T}}$ 为指标 $X=(x_1,x_2,\cdots,x_n)$权重向量,$S=\{s_1,\cdots,s_q\}$是被评价对象集,$\boldsymbol{\xi}=(\xi^1,\xi^2,\cdots)$为评价目标,其定义域是商化参数空间,其值域是有限结果空间 Z。

概率空间记为(Ω,F,P^θ),其中,Ω 是评价状态空间,F 为 σ-域,P^θ为群组意见分布状态为 θ 时的概率测度,且 $\theta\in\Theta$,Θ 为所有可能的状态集合。且对于任一评价参与者 $i\in M$,$\lambda\in\Lambda$,以 Y_i^λ 为其评价值集,评价者 i 选择偏好判断 $\lambda\in\Lambda$,观察到评价值 $y\in Y$,获得收益 $r(\lambda,y)$。令 c_i为评价参与者的最优响应行动,评价群体最优行动集合 C。

评价过程 $\pi=(G,\theta,y)$,在局部评价环境 G,评价群体意见分布状态为 θ,评价信息经由评价过程 π 转化为评价结论 y。并且评价过程 π 是评价流程路径ς_k的集合,其中 $k=1,2,\cdots$,评价参与者对评价状态的判断、评价策略的选择和调节、已有经验的提取和即时学习状况等的差异,使得多评价流程路径ς_k能够通过评价过程 π 指向某一状态的局部评价环境 G。

定义 2.12　局部评价环境 G 稳定,若对于任一评价目标 $\boldsymbol{\xi}$,在指标集 X 都存在与$\boldsymbol{\xi}$对应的均衡e，则评价目标$\boldsymbol{\xi}$可执行。

定义 2.13　局部评价环境G稳定，评价目标$\boldsymbol{\xi}$可执行，如果对于每个$\theta \in \Theta$和任一评价流程路径$\varsigma \in \pi_{\geqslant\theta} = \sigma\{Z_{\theta'}, \theta' \geqslant \theta, \theta \in \Theta\}$几乎处处有

$$P(\varsigma \mid \pi_\theta) = P(\varsigma \mid Z_\theta) \tag{2.15}$$

则称评价目标$\boldsymbol{\xi}$相对于评价过程$\boldsymbol{\pi}$可转化。其中Z_θ是θ时评价目标$\boldsymbol{\xi}$的结果。令评价目标$\boldsymbol{\xi}$转化为χ_j，其中，$i=1,2,\cdots,m, j=1,2,\cdots,p$。

定义 2.14　评价目标$\boldsymbol{\xi}$设置具有序贯合理性，若$\{\boldsymbol{\xi}\}$使得局部评价环境G在适当长期内是闭凸锥，即

$$G \triangleq \left\{f = \sum_{k=1}^{p} \tau_k \chi_k : \tau_k \geqslant 0, k = 1,2,\cdots,p\right\} \tag{2.16}$$

命题 2.1　若评价目标$\boldsymbol{\xi}$具有序贯合理性，则适当长期内评价目标$\boldsymbol{\xi}$存在设置合理阈值ϖ，即对局部评价环境G，存在$\varpi > 0$，满足对任一$f \in G$，存在$\tau \in R^n_+$，使得

$$\varpi \geqslant \frac{\|\tau\|}{\left\|\sum_{k=1}^{p} \tau_k \chi_k\right\|} \tag{2.17}$$

式中：$\|\tau\|$为τ的范数；$k=1,2,\cdots,p$。

证明：对$f \in G$，

$$M(f) \triangleq \left\{\tau \in R^n_+ : f = \sum_{k=1}^{p} \tau_k \chi_k\right\}$$

令

$$\operatorname{supp}(\tau) \triangleq \{k : \tau_k \neq 0, k = 1,2,\cdots,p\}$$

是τ的支撑且具有最小的支撑，$I^* \triangleq \operatorname{supp}(\tau)$。则存在不依赖于$\mu$的常数$\varpi_{I^*} > 0$，有$\left\|\sum_{k \in I^*} \mu_k \chi_k\right\| \geqslant \varpi_{I^*} \|\mu\|$，否则存在序列$\{\mu^p\}$满足$\left\|\sum_{k \in I^*} \mu_k^p \chi_k\right\| \leqslant p^{-1} \|\mu^p\|$，则$\mu^p / \|\mu^p\|$有极限点$\mu$满足$\|\mu\| = 1$且$\left\|\sum_{k \in I^*} \mu_k \chi_k\right\| = 0$，因此存在$l > 0$，满足$\tau + l\mu \geqslant 0$，而$\operatorname*{Min}_k(\tau_k + l\mu_k) = 0$，与$\tau$具有最小支撑相矛盾。由于只有有限个可能的$I^*$，令$\varpi = \operatorname{Min}\{\varpi_{I^*}\}$，证毕。

定义 2.15　局部评价环境G是长效的，若对于$\pi = (G, \xi, y)$，存在对应χ^i：$\xi^i \to G$，使得对于所有的χ^j，都有$\xi = \bigcup_{i=1}^{N} \chi^i$。记长效局部评价环境为$\overline{G}$。

在群组评价问题中，达致某局部评价环境稳定状态的评价流程路径集合对应某评价者最优响应行动集合，即评价者最优响应行动的选择差异跟随评价过程形成不同的评价流程路径，如最优响应行动集合或评价者评价收益期望的差

异影响了评价过程收敛的时效性。从而说明基于长效局部评价环境的群组评价方法是多线的，评价流程路径集合非空且有界，评价过程在最优响应行动集合可调节范围内收敛，即若评价目标具有序贯合理性，则长效局部评价环境对于评价过程在最优响应行动集合可调节范围内具有稳定性。

2.3.6　多元主体可持续性评价方法构建

多元主体可持续性评价方法是基于长效局部评价环境的。对截面评价问题，评价指标体系 X 提供实现现有评价目标的基本信息，评价信息经由评价过程 π 转化为评价值 y 对应的评价结果状态 Z（即评价者 i 基于最优响应行动 c 生成的阶段性评价值集合 Y）与某一状态的局部评价环境 G 对应；对长效评价问题，适当长期内评价目标设置 $\boldsymbol{\xi}$ 符合阈值 ϖ，并以约束条件 χ_i 形式形塑长效局部评价环境状态。

多元主体可持续性评价方法是一双层规划模型，上层规划是在长效局部评价环境 $\overline{G}$ 下评价目标为 $\boldsymbol{\xi}$，评价者的最优响应行动 c 和最佳评价收益 r 的评价函数，下层规划是使得局部评价环境长效的评价目标优化设置，令评价函数 $h(c,r,\overline{G};\xi)$ 是实值函数，则

$$\begin{aligned}
&\mathrm{Max}\{c,r,\overline{G};\xi\} \\
&\text{s.t.}\ \ (c,r,\overline{G};\xi)\in Z\neq\varnothing \\
&\qquad \langle H(\boldsymbol{Y};\overline{G}),\overline{G}\rangle=0, H(\vec{Y};\overline{G})\geqslant 0, \overline{G}\geqslant 0 \\
&\qquad \underset{\xi}{\mathrm{Max}}\,h(\xi,\boldsymbol{X}) \\
&\qquad \text{s.t.}\ \ \xi=\bigcup_{i=1}^{N}\chi^{i},\ \xi\geqslant\varpi\geqslant 0
\end{aligned} \tag{2.18}$$

式中：r 为评价者选择偏好判断 $\lambda\in\Lambda$，并观察到评价值 $y\in Y$，获得收益 $r(\lambda,y)$；c 为评价者的最优响应行动，且是评价者选择 λ 的依据；ξ 为评价目标；$\overline{G}$ 为长效局部评价环境；$\boldsymbol{X}$ 为评价函数中除评价目标 ξ 之外的其他变量组成的向量；Z 为非空集；$\boldsymbol{Y}$ 为评价函数中除长效局部评价环境 $\overline{G}$ 外的其他变量组成的向量；H 为评价函数中以设计变量 $c,r;\overline{G}$ 为向量值的函数，是评价群体的输出函数；χ_i 为满足评价目标设置序贯合理性的评价目标 ξ 的分解；ϖ 为评价目标 ξ 设置的合理阈值。

双层规划模型中，上层的评价参数是除了评价目标之外的其余参数，传递至下层规划，解出评价目标设置优化值并反映至上层，从而求解使得上层目标最大的可行解。上层模型参数长效局部评价环境 $\overline{G}$、评价者最优响应行动 c 和最佳评价收益 r 随着下层模型参数评价目标 ξ 的变化而不同，其中局部评价环境 $\overline{G}$ 是建立在评价群体成员之间评价关系基础上的，是群组评价问题的结构属性；评价者最优响应行动 c 和最佳评价收益 r 来自群体内评价者的个体属性，是群组

评价问题的分析属性;评价目标 ξ 不受评价者个体影响,与稳定状态的评价群体特征相适应,是群组评价问题的整体属性。约束条件 $(c,r,\bar{G};\xi)\in Z\neq\varnothing$ 表明模型可解,约束条件 $\langle H(\vec{Y};\bar{G}),\bar{G}\rangle=0, H(\vec{Y};\bar{G})\geqslant 0, \bar{G}\geqslant 0$ 是评价函数中由 c,r,ξ 为参数的变分不等式解集对应的均衡条件,$\xi=\bigcup_{i=1}^{N}\chi^{i}$, $\xi\geqslant\varpi\geqslant 0$ 是评价目标设置符合合理阈值的分解。截面局部评价环境形成过程对应某一评价函数生成过程,则评价函数 H 与由评价目标导向的截面局部评价环境共构,即长效局部评价环境与评价函数互补。

双层规划是一类复杂优化问题,下层规划可以看作一个带有参数的子优化问题,参数值是由上层规划决定的。即使一个线性双层规划,往往也是 NP 难问题(非多项式算法问题),因此双层规划相比单层规划,具有更高的复杂度[280]。目前双层规划的求解方法大致分为两大类,一类属于转化求解型,另一类属于直接求解型。

第一类中目前主要有三种主要方法,一是针对下层为凸规划的情形,利用库恩 - 塔克条件(KKT)条件转换为单层规划,优点是转化后与原问题等价,不足是对有些问题会出现过多的互补变量,导致问题规模过大。二是利用响应曲面法、有限元分析等工程技术方法拟合出下层变量的构成函数,优点是在连续变量构成的区间有不错的拟合能力,缺点是不能处理离散变量的情形[281]。三是利用函数隶属度的概念,将上下层优化问题的目标函数和决策变量转换为满意度函数,从而双层模型转换为单层优化模型,在过程中通过调整上下层的满意度以求达到求得全局最优解的目的,优点是该算法不同于传统的基于 Stackelberg 对策的方法,在转化问题的过程中没有增加问题的复杂程度,缺点是对上层规划中约束不为空的情形,相应的满意解法研究不足。

如果问题无法采用第一类方法进行转化,则考虑结合智能算法进行直接求解,一般思路是在双层规划的约束域中找到一组解,然后以该解为参数求解下层问题,如果得到的解也满足上层约束,则记为一可行解,否则在约束域中生成新的解,然后以新解为参数求解上层规划,如得到的解满足下层约束,记为一可行解,否则继续在约束域中产生新的解,如此往复直至达到最大迭代次数,从可行解集合中找到最优解。优点是结合了智能算法的优点,可以更好地搜索到全局最优解,不足是有时计算效率太低。

1. 可持续性评价方法设计多元主体整合性讨论

局部评价环境同构于评价群体网络。多元主体整合性分析根据评价群体网络结构拓扑特征,自底向上分别由评价者分析,凝聚子群分析和评价群体整体分析三部分构成,通过多凝聚子群量化多元主体整合程度进而给出长效局部评价环境多元主体整合性分析，步骤如下。

步骤1　构建局部评价环境矩阵，见表2.10。局部评价环境矩阵表示了每个被评价对象与每个评价者的评价关系矩阵，记$\boldsymbol{F}=\{f_{ij}(h)\}$，其中，$f$是评价者$i$关于被评价对象$s_j$的，以评价函数$h$为自变量的评价关系函数，则$\boldsymbol{F}$的每一行表示评价者关于被评价对象的评价关系归属关系，$\boldsymbol{F}$的每一列表示关于被评价对象某个程度的判断的凝聚子群组成。所以$\boldsymbol{F}$的行的边缘总和$\{f_{i+}\}$等于每个评价者关于被评价对象判断所属状况，即若$\boldsymbol{F}$行的边缘总和等于0，该评价者未参与此次群组评价问题；若$\boldsymbol{F}$行的边缘总和等于q，则评价者对所有被评价对象均给出了判断。同样地$\boldsymbol{F}$的列的边缘总和$\{f_{+j}\}$等于与每个被评价对象相关的评价者构成，即评价者关于被评价对象判断的凝聚子群构成，若$\boldsymbol{F}$列的边缘总和等于0，没有评价者对该被评价对象进行判断；若$\boldsymbol{F}$列的边缘总和等于m，则所有评价者都对该被评价对象进行了判断。

表2.10　局部评价环境矩阵$\boldsymbol{F}$

被评价对象 / 评价群体 M	s_1	s_2	…	s_q	$\sum_j$
1	$f(h)$	$f_{12}(h)$	…	$f_{1q}(h)$	$\sum_j f_{ij}$
2	$f(h)$	$f_{22}(h)$	…	$f_{2q}(h)$	$\sum_j f_{zj}$
⋮	⋮	⋮		⋮	⋮
m	$f(h)$	$f_{m2}(h)$	…	$f_{mq}(h)$	$\sum_j f_{mj}$
$\sum_i$	$\sum_i f_{i1}$	$\sum_i f_{i2}$	…	$\sum_i f_{iq}$	

步骤2　局部评价环境的凝聚子群分析。由于每个被评价对象描述了它所包含的评价者子集，每个评价者描述了他所属的凝聚子集，在局部评价环境稳定状态，通过重排对评价关系排序分析，由Borgatti，Everett　和Shirey[282]分析局部评价环境中可能的凝聚子群，如LS集（即子群具有更多的内部联系，相对强壮且不包含碎片群体。评价群体中的LS集将会一直保持相对稳定，LS集之间的包含关系意味着在局部评价环境中存在LS集的层次序列），λ集（即凝聚子群在连通性方面更强壮，集内的节点有可能不是在邻接性方面就是在最短距离方面不凝聚）等。

步骤3　由步骤2，局部评价环境稳定状态可能是单一凝聚集合，即凝聚子群大量重叠，且包含评价群体的大部分，也可能是多凝聚子群，即子群整合评价者的数量和子群重叠程度描述评价群体整合程度。根据局部评价环境状态和长效评价机制要求，结合评价问题实际要求，可以设计相应途径对多元主体整合程度 ι 标准化定义，如单一凝聚集合为评价群体一级整合，多凝聚子群由子群所覆盖评价者数量和子群重叠程度极大为双目标排序，顺次定义整合程度并给出量化值。在局部评价环境稳定状态测试不同整合程度对评价结论的影响，从而对多元主体整合程度的调整给出意见和建议。

2. 可持续性评价方法设计讨论

可持续性评价方法设计是否有效可以通过局部评价环境的长效性进行判断，长效评价机制兼容了群组评价过程中的群体理性和评价者的个体理性，并且局部评价环境具有动态稳定性。

多元主体可持续性评价方法设计步骤如下：

步骤 1 由定义 2.12 和定义 2.13，依据评价目标 ξ 的可执行和可转化条件进行设置；

步骤 2 构造序贯合理性评价目标对应的局部评价环境，由命题 2.1 对评价目标设置合理性阈值 ϖ 进行量化，根据阈值 ϖ 调节评价目标 ξ 设置局部评价环境并确定评价目标分解 χ_i；

步骤 3 由定义 2.14 和定义 2.16，构造长效局部评价环境 $\overline{G}$；

步骤 4 由双层规划式(2.18)，确定多元主体可持续性评价方法基本参数，其中由下层规划模型得出长效局部评价环境下评价目标设置合理阈值，再由上层规划模型给出长效局部评价环境稳定状态对应的评价者最优响应行动集合设置范围和对应的评价收益集合调节范围；

步骤 5 由命题 2.2，基于长效局部评价环境稳定性，依据评价过程对评价者最优响应行动集合反向求解，得出评价流程路径集合可调节范围及对应的长效局部评价环境状态特征，并根据局部评价环境稳定状态结构特征寻找对应评价信息集结方法，给出评价结论；

步骤 6 根据上述评价方法设计参数及其合理范围优化多元主体可持续性评价方法设计。

步骤 7 可持续性评价方法设计有效性检验：

(1) 群组评价过程

$$\dot{\pi} = h(c, r, \overline{G}; \xi),\ \pi(c_0) = \pi_0 \tag{2.19}$$

其中 c 是评价者最优响应行动，且满足

$$\operatorname*{Max}_{r_k} \left\{ \sum_{i} \sum_{k=1}^{m} h(c_i, r_k, \overline{G}; \xi) \right\} \tag{2.20}$$

(2) 若满足多元主体可持续性评价方法设计步骤 1 ~ 步骤 6 且满足式(2.19)和式(2.20)，则方法设计是有效的；否则，由式(2.19)，从设计变量开

始对评价方法进行修正。一个长效评价机制即当评价过程沿长效局部评价环境进行,满足评价目标,评价者根据最优响应行动选择评价策略且都不愿意偏离其最优响应行动。

将评价目标转化为评价方法设计内生变量是多元主体可持续性评价方法设计的核心环节。面向多元主体的可持续性评价方法设计是以长效局部评价环境为基础的,通过局部评价环境状态测度多元评价主体整合程度,通过内化评价目标使得评价方法具有长效性。以局部评价环境为基础的可持续性评价方法设计兼具评价问题的阶段性和连贯性,通过构建长效局部评价环境对多元主体可持续性评价方法设计进行分析,该方法具有如下特点:评价目标设置对局部评价环境构建和结构演化具有基础性作用;可持续性评价行为受到评价目标的约束和引导;局部评价环境稳定状态结构特征影响评价结论。多元主体可持续性评价问题是长效评价机制设计与多元主体协调性的整合分析,对群体评价问题的目的和动因,政治、经济和社会的协调发展与制度后发优势的获得都具有一定的意义。

2.4　本章小结

根据具体评价问题定义局部评价环境,根据群组评价生成的评价参与者关系和属性关系修正评价参与者权重和属性权重,能够契合评价问题,提高评价的科学性。通过进一步挖掘评价信息,细化了群组评价过程中可能改变评价进程的评价环境变更状况,能够有针对性地选择相应的评价处理方法,提高群组评价效率。另外,只是将处理局部评价环境的思路引入群组评价问题,对于大型群组评价问题局部环境的问题还需进一步探讨。

证明了群组评价信息在长期内具有稳定分布,评价参与者可以通过最优响应行动实现评价流程路径的选择,使得群体偏好和群体效用在长期内收敛,在此基础上,根据群组评价问题实际要求,在以寻求一致性为目标的群组评价方法研究基础上,讨论了基于局部评价环境的以群组评价意见稳定分布为基础设计选择评价流程路径及评价信息集结方法的导向性群组评价方法。该方法具有如下特点:适用于具有一定规模的群组评价问题;引入了局部评价环境稳定的标准,一致性不再是群组控制协商过程的唯一标准;能够根据群组信息稳定分布特征选择适应不同评价群体的评价方法;评价群体网络拓扑结构影响评价结论;没有考虑时间因素,但可以通过仿真分析归纳基于局部评价环境的评价群体网络结构特征,根据结构对等性等原则设计评价流程路径,提高群组评价方法实际应用效率。

当然构建的面向局部评价环境的基于最优响应行动的导向性群组评价方法相对比较简单,考虑的群体意见分布特征参数还不全面,也未能完全挖掘群组评价网络结构的拓扑特征,相应的群组评价信息集结方法也有待进一步开发。旨在除群组评价信息集结方法广泛采用的一致性标准外,提供一个基于群体意见分布和群体网络结构拓扑特征的导向性群组评价方法思路,增强群组评价方法的适用性和有效性,力争深化到可以规范操作的管理理论层次。同时探讨解决群体性协商问题的另一条研究方法,以期起到抛砖引玉的作用。

讨论了局部评价环境稳定条件下群组评价的长效机制设计问题,从局部评价环境状态出发,分析在三种典型局部评价环境下(g 处于稳定状态、允许关于被评价对象新信息注入评价系统的 $\mathcal{M}(g,a,b)$ 处于群聚状态及分群状态),群组评价的趋势性行为或认知特征与评价目标可执行的关系。认为群组评价应以被评价对象为主,设置面向局部评价环境的长效评价机制,为了使评价群体关于被评价对象的群体性认知具有较高的客观性和稳定性,在评价过程中允许关于被评价对象的新信息注入评价系统,同时允许评价目标的更替,即评价目标只具有阶段性效应,在群组评价的某一阶段,依据评价目标设置相应的约束条件和引导条件,完成评价目标的同时使得关于被评价对象的群体性认知不会发生偏移,进一步保障群组评价的稳定性和可预测性。评价目标可执行本身涉及因素众多,且对评价目标本身也具有约束作用,进一步的研究拟从评价目标出发,对评价目标可执行条件下局部评价环境约束进行分析。

第3章　局部评价环境构成分析及评价方法

3.1　群组评价关系及其转化

费孝通[227]论证了一个社会有什么样的结构决定了它可能积累什么样的知识。社会结构里存储了大量的决策信息，使得个体参与者能够处理不确定的决策环境。关系（主要是社会关系）广泛存在于社会生活的各个方面，是解释群体行为的主要特征数据之一（John Scott[189]）。Emile Durkheim[3]将群体关系称为内部社会环境，认为这种内部环境界定了个体之间关联的方式。Radcliffe Brown[280]认为，人类行动是有目的和有权益的，当他们的利益存在一种相互适应或接合（coaptation）时，社会关系就存在于两个或更多的个体之间，任何社会关系都必须包括若干种类在参与者头脑之间的交流或思想交换。社会关系在一个社会中是一般和反复出现的，正是这种一般性，才给予无论在社会中什么地方出现的社会关系以一个普通的“结构形式”出现，社会关系的结构形式是导致“特定场合的变化”原因的“一般或规范的形式”。Georg Simmel[108]认为，社会不是一个物体，而是一个过程。那些存在于个体头脑之中、由社会生活内容和行动动机组成的共有思想和集体表征，必须被看作是在外形上表示的社会关系的客观形式。Georg Simmel 的交往形式（Vergesellschaftung）理论旨在以一种独立于它们的有形历史实现的纯粹和抽象方式来描述行动的模式，一些社会行动可能是将许多关系形式结合在一起，这些形式可能不是必须完全协调一致的，可能是个体之间的实际关系，表现了行动间的相互影响、相互依赖或相互缠绕（Wechselswirkung）。Max Weber[117]将社会关系看作是存在于那些只要两个或更多个体行动间存在“相互调整”的地方，这些个体因此而集合在一个持久稳固和有秩序的联合行为模式之中。因此，评价关系同样界定了群组评价过程中参与者之间的关联方式，是多种关系形式的叠加并将参与者集合在一个稳定和有序的群组评价行为模式之中。

关系在社会网络中通过联结形式构建了社会网络结构。基本社会网络结构包括科层制、全连接和小世界网络三种类型。其中科层制结构是 Max Weber 在法理权威理论的基础上从稳定性和可预见性方面证明的在技术上最有效率的组织结构,我国魏晋时期的九品中正制度就是典型的科层制结构。完全科层化可以被看作完全有序的社会网络,因为没有新的关系被允许建立,也没有现有关系被允许断开。全连接结构是指从一个节点到任何另外一个节点可以通过许多中间节点抵达,社会学家称为“熟人社会”,即 Durkheim 的古代团契社会,由于所有参与者都囿于这种社会结构,人与人之间相当于无限次可重复囚徒困境博弈,因此合作水平很高。全连接在 D Watts[196] 的研究中被称为完全有序社会,在这种结构中没有任何新的关系产生,也没有任何关系可以被改接。D Watts[196] 将小世界网络定义为平均距离和团契性都在由高向低转化阶段的网络。小世界网络结构是目前社会科学研究证明的最有利于合作秩序扩展的结构和技术进步。Granovetter[209] 分析通过四种途径可以影响参与者的行为,即网络密度可强化行为规范,弱联结的强度,关键节点与结构洞的互补及嵌入。对应群组评价问题,评价规则设置及其筛选组合形式、基于网络结构特征的评价者权力及其对评价过程和结论的影响、基于网络结构特征的群组评价资本配置形式及其对评价过程的影响等问题需要基于评价关系及其转化形式进行分析和讨论。

群组评价过程可以被解释为评价参与者之间互为主观性而使评价群体对被评价对象的认识趋近于客观的过程,也可以被解释为评价参与者从具体个人的群聚向一个拥有集体意识和独特识别的抽象实体变化的过程。参与者互为主观性强调了群组问题中协商互动的重要作用,从具体个人的群聚向一个拥有集体意识和独特识别的抽象实体转化是在协商互动过程中实现的,而协商互动本质上为参与者之间建立了基于评价问题的评价关系。正是通过评价关系的建立、变更和叠加等才使得单一评价参与者聚集为具有群体性行为特征的评价群体。一般地,评价关系是一类社会关系,受到评价环境和评价目标的限制,评价关系有其自身的特征:首先,评价关系存在于彼此之间存在协商互动的评价参与者之间(传统综合评价问题中,不同评价要素的关系不在考虑范围内)。其次,评价关系的产生及发展伴随评价进程,对评价结论产生影响,当评价问题结束时,评价关系转化为参与者之间的社会关系,并以经验的形式进入其他问题;再次,评价关系是复合关系,既包括评价参与者对相互之间关系的偏好判断,也包括基于评价环境的结构性特征。最后,评价关系不能还原为参与者个体属性,不能复归为评价规则,不具备分离于个体和群体的行动之外的实体形态。面向局部评价环境的群组评价方法通过将评价关系数据引入综合评价问题以及构建局部评价环境,从评价群体信息分布特征及评价群体对应的网络拓扑结构出发,提出了解决群组评价问题的具有导向性的分析思路,不再强调群体一致性标准对评价群体的作用。

基于网络结构特征的评价权力分析涉及从评价者至评价群体的评价行为。美国政治学者 Robest A. dahl[284]认为任何权力现象，不论它产生于何种根源、具有何种合法性、具有怎样的目的，也不论它使用何种方法，从最广泛的层面来说，都蕴含一个人或一个群体对另一个人或另一些群体施加影响的可能性。David Miller[6]认为现实世界里的正义，敏感地依赖于社会关系网络的局部性。根据 Jack Knight[39]，从社会制度的分配效应来解释制度演化。将规范和约定这类非正式制度的涌现视为社会群体因权力不对称而争夺利益的副产品，这些非正式制度完全不必满足帕累托效率，因为其初衷就是服务于强势群体的利益或既得利益。随后，借助国家权威将这“副产品”固定为正式的制度从而获得某种稳定性。由此可见权力可以被理解为一种关系，而不是行动者的某种属性；权力关系是一种工具性关系，它旨在强调权力只是从目的的角度才被构建出来，按照工具性的逻辑（Erhard Friedberg[285]），此目的激发了行动者的资源投入，权力关系是一种不具有传递性的关系，权力关系是一种不平衡的相互关系。权力现象在群组评价问题中广泛存在，目前的评价方法往往将具有权力特征的评价问题化约为独裁的评价问题，涉及群组时也主要是将问题转换成领袖－跟随型评价问题或只分析具有权力优势的代表性参与者。这类分析方法形成的关键原因是不同学者对于权力的理解不尽相同，将权力认为是一种个体属性而非关系属性是将涉及权力特征的群组评价问题抽象为单一独裁者评价问题或只分析具有权力优势的代表性参与者的根本原因。

群组评价问题基于网络结构特征的另一重点问题是有关评价规则的设置及其筛选组合研究。面向评价规则设置的群组评价方法设计可以抽象为由评价规则筛选组合指向某一评价目标的多评价过程路径优化。并且这种评价设计方法不需要对评价者、评价群体可能集结形式、评价指标体系约简方式和权重配置方法等经典评价方法设计基本要素做假设，仅从初始评价规则开始，由评价规则组合形式及指向的评价目标确定对应的评价群体，优化评价过程，即可在实现评价目标的同时实现群组评价效率改进。

规则是一种双向互动的制约关系，规则是参与者行为的结果，但参与者行为也受到规则的约束。根据“社会学基本定理”，如果没有某种程度的说服、强迫或惩罚机制，合作不可能长期存在。经典政治经济学面向熟人社会的群体层面规则都是基于社会网络局部情境的，这些规则的有效性或说服力，源于生活在局部情境里的共通感或常识包含的情境。由于社会网络范围急速扩张，使得由常识与情境迅速不相关而引起的任何群体性规则说服力消失。评价规则是评价问题中具有决定性作用的基本要素之一，它上承评价流程设计、评价方法选择，下启评价参与者个体策略选择,与评价目标息息相关。群组评价实际应用中,评价规则一般是外生给定的,贯穿整个评价流程,提供约束条件以引导参与者的评价行为。具体的,评价规则通过转化为约束条件进入群组评价过程,当规则所反映的价值与评价目标产生矛盾和冲突时,参与者需要通过学习和适应逐渐调整。评价规则的制定旨在约束参与者追求主体福利或效用最大化利益等的个人行为,提供参与者相互影响的框架,建立构成一个群组评价过程的评价关系。因此,评价规则强调的是一种关系和约束,通常被用于支配特定的行为模式与相互关系。

目前有关评价关系及其在群组评价中的应用研究尚处于空白阶段,本章尝试性地对评价关系进行了剖析,通过局部评价环境构建探究评价关系可能的形式,提出了具有优先关系序的评价关系转化方法和相应的算子,分析算子性质并给出了算例。具体地,评价关系由关系度、局部联结中心性测度和参与者偏好相似性测度构成,其中,关系度的建立依赖于参与者的经验和协商互动,是构建局部评价环境的基础,也是评价关系其余元素建立的基础;局部联结中心性测度是根据评价群体网络结构形态对参与者之间评价关系进行的描述,具有稳定的规律性,即根据结构形态对等性原则,相似结构形态的评价群体可能具有相似的评价行为;偏好相似性测度普遍存在于任意评价参与者之间,在协商互动过程中产生实际意义并进一步辅助参与者认知评价关系。讨论了基于评价关系的群组评价方法,具有权力导向的群组评价方法和具有评价规则导向的群组评价方法。

3.1.1 群组评价关系描述

令评价参与者集 $M=\{1,2,\cdots,m\}$,其中,m 为一个有限整数。令 $g_{ij}\in\{0,1\}$ 是节点 i 和 j 之间的关系,若 i 和 j 之间存在某个联结,变量 g_{ij} 值为 1,否则值为 0。g 是节点集合与它们之间关系一起定义的网络。令 α_{ij} 是节点间偏好相似性测度,$\alpha_{ij}=1-|\lambda_i-\lambda_j|$。评价群体对指标赋权的对被评价对象的偏好判断信息集 $\Lambda=\{\lambda_1,\lambda_2,\cdots,\lambda_m\}$,对任意 $\lambda\in\Lambda$,有 $\lambda=\sum_{j=1}^{n}(n-j)w_j/(n-1)$,其中,$\boldsymbol{w}=(w_1,w_2,\cdots,w_n)^{\mathrm{T}}$ 为指标 $X=(x_1,x_2,\cdots,x_n)$ 权重向量,$y=\sum_{i=1}^{n}w_ix_i$ 是由被评价对象属性信息得到的综合评价值,$S=\{s_1,\cdots,s_q\}$ 是被评价对象集。

定义 3.1 在局部评价环境下,τ_{ij} 是评价参与者之间的评价关系的程度,称为评价参与者之间的关系度

$$\tau_{ij}(g)=\frac{g_{ij}}{\iota_{ij}}+\frac{g_{ji}}{\iota_{ji}} \tag{3.1}$$

式中：$g_{ij}(g_{ji})$为局部评价环境下参与者i,j之间的联结，若i和j之间存在联结，g_{ij}值为1，否则值为0；$\iota_{ij}(\iota_{ji})$为参与者i,j之间关于相互关系程度给出的判断，且ι_{ij}与ι_{ji}不一定相等，若$\iota_{ij}(\iota_{ji})=1$，则节点$i(j)$对与$j(i)$的关系没有意见，如参与者i,j是师生关系，老师j的观点及意见对i有较大影响，因而i非常重视与j的关系，但老师j出于其他考虑（不同的分析思路等）转向重视与其他参与者之间的关系的判断，i对j的影响一般，即$\iota_{ij}>\iota_{ji}$。

节点i越重视与j的关系，ι_{ij}越大，τ_{ij}越小，节点j对与i的关系没有意见，ι被省略，将群体参与者联结的关系度归一化后对相应的偏好相似性测度α_{ij}进行调整（关系度越强的评价参与者之间的距离越近）。局部评价环境群体关系度的标度参考表见表3.1。

表3.1　局部评价环境群体关系度的标度参考表

ι_{ij}	定义
1	j非常重视与i的关系
3	j较重视与i的关系
5	i、j同等重视相互之间的关系
7	i较重视与j的关系
9	i非常重视与j的关系
2,4,6,8	对应以上两相邻判断的中间情况

定义3.2　在局部评价环境下，称σ_{ij}是评价参与者i,j的局部联结中心性测度

$$\sigma_{ij}=\frac{\eta_i+\eta_j-1}{\sum_{i=1}^{m}\eta_i} \tag{3.2}$$

式中：$\eta_i(\eta_j)$为与评价者$i(j)$的有评价关系的参与者数（即邻居节点），$i,j=1,2,\cdots,m$。局部联结中心性测度σ_{ij}通过参与者i,j的联结状况占群体网络联结的比例测度了i,j的联结的局部重要性，邻居节点较多的参与者具有较重要的网络结构位置，对应的评价关系的联结重要性越大。

定义3.3　在局部评价环境下，称$\langle\tau_{ij},\sigma_{ij},\alpha_{ij}\rangle$是评价参与者$i,j$的一个评价关系。

式中：τ_{ij}为参与者i,j的关系度；σ_{ij}为评价参与者i,j的局部联结中心性测度；α_{ij}为这个关系对应的联结的长度，在局部评价环境下由评价参与者对被评价对象对被评价对象的偏好判断的相似性计算。

对具有评价关系的联结，τ_{ij}是由评价参与者 i,j 对相互之间评价关系的主观重要性判断对这种关系联结的描述，σ_{ij}是从网络结构位置对这种关系联结的描述，α_{ij}是联结长度。

在局部评价环境下，评价关系$\langle \tau,\sigma,\alpha \rangle$是具有优先序的，关系度 τ 是评价参与者关于评价关系的主观偏好判断，来源于经验、学习和评价参与者的理性分析，是使得个体群聚转化为一个拥有集体意识和独特识别的抽象实体的核心因素；局部联结中心性测度 σ 是根据评价群体网络结构形态给出的，而评价群体网络结构是由参与者和评价关系共同构建的，因此局部联结中心性测度虽然是群体网络结构的客观属性，但却以评价关系确立为存在前提；偏好相似性测度 α 可以存在于任意参与者之间，却同样需要以评价关系确立为存在前提，否则，参与者由于不存在协商互动不可能协调他们的评价行为，单个参与者的评价行为不会形成群体性行为。

3.1.2 评价关系转化

定义 3.4 关系组$\langle \tau_{1j}^*,\sigma_{1j}^*,\alpha_{1j}^* \rangle,\langle \tau_{2j}^*,\sigma_{2j}^*,\alpha_{2j}^* \rangle,\cdots,\langle \tau_{mj}^*,\sigma_{mj}^*,\alpha_{mj}^* \rangle$，按照 τ，σ,α 的优先性依次排序，即在评价群体中，假设$\langle \tau_{ij},\sigma_{ij},\alpha_{ij} \rangle$和$\langle \tau_{kl},\sigma_{kl},\alpha_{kl} \rangle$是两个评价关系，$i\neq k,j\neq l$。

(1) 若 $\tau_{ij}>\tau_{kl}$，则$\langle \tau_{ij},\sigma_{ij},\alpha_{ij} \rangle>\langle \tau_{kl},\sigma_{kl},\alpha_{kl} \rangle$。

(2) 若 $\tau_{ij}=\tau_{ik}$，则：

当 $\sigma_{ij}>\sigma_{kl}$时，$\langle \tau_{ij},\sigma_{ij},\alpha_{ij} \rangle>\langle \tau_{kl},\sigma_{kl},\alpha_{kl} \rangle$。

当 $\sigma_{ij}=\sigma_{kl}$时：

若 $\alpha_{ij}<\alpha_{kl}$，则$\langle \tau_{ij},\sigma_{ij},\alpha_{ij} \rangle>\langle \tau_{kl},\sigma_{kl},\alpha_{kl} \rangle$；

若 $\alpha_{ij}=\alpha_{kl}$，则$\langle \tau_{ij},\sigma_{ij},\alpha_{ij} \rangle \sim \langle \tau_{kl},\sigma_{kl},\alpha_{kl} \rangle$；

若 $\alpha_{ij}>\alpha_{kl}$，则$\langle \tau_{ij},\sigma_{ij},\alpha_{ij} \rangle<\langle \tau_{kl},\sigma_{kl},\alpha_{kl} \rangle$。

具有优先性的关系序为

$$\langle \tau_1^*,\sigma_1^*,\sigma_1^* \rangle\langle \tau_2^*,\sigma_2^*,\sigma_2^* \rangle,\cdots,\langle \tau_t^*,\sigma_t^*,\sigma_t^* \rangle,t\in[0,m(m-1)/2]$$

定义 3.5 对评价关系组$\langle \tau_i^*,\sigma_i^*,\sigma_i^* \rangle$，按 τ_i 从小到大进行升序排序，若存在 $\tau_i=\tau_j,i\neq j$，则按 σ_i 从小到大进行升序排序，若存在 $\sigma_i=\sigma_j,i\neq j$，则按 α_i 从小到大进行升序排序，对 τ_i 进行处理后，评价关系数据 $\tau_i,\sigma_i,\alpha_i\in[0,1]$，得到评价关系优先序组 $B=(b_1,b_2,\cdots,b_t)$，$b_j(j\in T)$为评价关系中第 j 大的元素。

评价关系优先权向量 $\boldsymbol{\omega}=(\omega_1,\omega_2,\omega_3)$为

$$\omega_i=\frac{\beta_i(k_i/t)}{\sum_{i=1}^{t}\beta_i(k_i/t)} \tag{3.3}$$

式中:β_i 为评价关系优先影响因子;$\sum_{i=1}^{3} k_i = t, k_1, k_2, k_3$ 分别是 τ, σ, α 对应的评价关系数据个数;$\beta_i \geqslant 0$。

$$\beta_i = (k_i/t)^{\phi}, i = 1,2,3 \tag{3.4}$$

式中:ϕ 为评价关系优先影响指数,$\phi \in (-\infty, \infty)$,一般地,$\phi \in [-5,5]$ 即可满足要求;$\beta_i \in (0,1)$。

定义 3.6　当 $\boldsymbol{\omega} = (k_1/t, k_2/t, k_3/t)$ 时,称 $\boldsymbol{\omega}$ 为中性评价关系优先加权向量,记 $\boldsymbol{\omega}_{ave}$;当 $\boldsymbol{\omega} = (1,0,0)$ 时,称 $\boldsymbol{\omega}$ 为认知评价关系优先加权向量,记为 $\boldsymbol{\omega}_{re}$,此时群组评价的评价关系完全由参与者的主观偏好判断确定,$\phi > 1$;当 $\boldsymbol{\omega} = (0,1,0)$ 时,称 $\boldsymbol{\omega}$ 为结构评价关系优先加权向量,记为 $\boldsymbol{\omega}_{str}$,此时群组评价的评价关系完全由参与者在评价群体网络结构中的位置确定,$\phi \in [-1,1]$;当 $\boldsymbol{\omega} = (0,0,1)$ 时,称 $\boldsymbol{\omega}$ 为偏好相似性加权向量,记为 $\boldsymbol{\omega}_{sim}$,此时群组评价的评价关系仅由参与者的偏好相似性及群体协商互动行为确定,参与者对相互之间的评价关系及评价群体网络结构不予考虑,$\phi < -1$。

3.1.3　评价关系优先序算子性质分析

定义 3.7　对评价关系组 $\langle \tau_i^*, \sigma_i^*, \alpha_i^* \rangle$,设 ROWA:$R^n \to R$,若

$$\begin{aligned} &\mathrm{ROWA}_{\omega,\xi,\varsigma,\zeta}(\langle \tau_1^*, \sigma_1^*, \alpha_1^* \rangle, \cdots, \langle \tau_t^*, \sigma_t^*, \alpha_t^* \rangle) \\ &= \omega_1 \sum_{\substack{\tau_i > \tau_k \\ i \neq k}}^{k_1} \xi_i \tau_i^* + \omega_2 \sum_{\substack{\tau_j = \tau_k \\ \sigma_j > \sigma_k \\ j \neq k}}^{k_2} \varsigma_j \sigma_j^* + \omega_3 \sum_{\substack{\tau_l = \tau_k \\ \sigma_l = \sigma_k \\ \alpha_l > \alpha_k \\ l \neq k}}^{k_2} \zeta_l \alpha_l^* \end{aligned} \tag{3.5}$$

式中:$k_1 + k_2 + k_3 = t, 0 \leqslant t \leqslant m(m-1)/2$;$\xi_i, \varsigma_j, \zeta_l$ 为评价关系数据权重,具有优先性关系序 $\langle \tau_1^*, \sigma_1^*, \alpha_1^* \rangle, \langle \tau_2^*, \sigma_2^*, \alpha_2^* \rangle, \cdots \langle \tau_t^*, \sigma_t^*, \alpha_t^* \rangle$,其中,$\tau_i^*$ 是当 $\tau_i > \tau_k, i \neq k$ 时的第 i 个元素 $\langle \tau_i^*, \sigma_i^*, \alpha_i^* \rangle$ 的关系度,σ_i^* 是当 $\tau_j = \tau_k, \sigma_j > \sigma_k, j \neq k$ 时,具有优先性关系序 $\langle \tau_1^*, \sigma_1^*, \alpha_1^* \rangle, \langle \tau_2^*, \sigma_2^*, \alpha_2^* \rangle, \cdots, \langle \tau_t^*, \sigma_t^*, \alpha_t^* \rangle$ 的第 i 个元素 $\langle \tau_i^*, \sigma_i^*, \alpha_i^* \rangle$ 的局部联结中心性测度,α_i^* 是当 $\tau_j = \tau_k, \sigma_l = \sigma_k, \alpha_l > \alpha_k l \neq k$ 时,具有优先性关系序 $\langle \tau_1^*, \sigma_1^*, \alpha_1^* \rangle, \langle \tau_2^*, \sigma_2^*, \alpha_2^* \rangle, \cdots, \langle \tau_t^*, \sigma_t^*, \alpha_t^* \rangle$ 的第 i 个元素 $\langle \tau_i^*, \sigma_i^*, \alpha_i^* \rangle$ 的偏好判断相似性测度;ROWA 为评价关系优先序算术平均算子,也称为 ROWA 算子。

$\xi_i, \varsigma_j, \zeta_l$ 是评价关系 $(\tau_i^*, \sigma_i^*, \alpha_i^*)$ 对应的权重,其中 $i \in [0, k_1], j \in [0, k_2], l \in [0, k_3]$,由于评价关系具有优先序,则参照 ROWA 算子及其扩展算子权重向量确定方法可以得 $\xi_i, \varsigma_j, \zeta_l$。

定义 3.8　对关系组 $(\tau_i^*, \sigma_i^*, \alpha_i^*)$,设 ROWG:$R^n \to R$,若

$$\begin{aligned}&\mathrm{ROWG}_{\omega,\xi,\varsigma,\zeta}(\langle\tau_1^*,\sigma_1^*,\alpha_1^*\rangle,\cdots,\langle\tau_t^*,\sigma_t^*,\alpha_t^*\rangle)\\&=\omega_1\sum_{\substack{\tau_i>\tau_k\\i\neq k}}^{k_1}(\tau_i^*)^{\xi_i}+\omega_2\sum_{\substack{\tau_j=\tau_k\\\sigma_j>\sigma_k\\j\neq k}}^{k_2}(\sigma_j^*)^{\varsigma_j}+\omega_3\sum_{\substack{\tau_l=\tau_k\\\sigma_l=\sigma_k\\\alpha_l>\alpha_k\\l\neq k}}^{k_3}(\alpha_l^*)^{\zeta_l}\end{aligned}\tag{3.6}$$

式中:则称 ROWG 为评价关系优先序几何平均算子,简称 ROWG 算子;定义 3.8 中字符含义与定义 3.7 相同。

定义 3.9 局部评价环境下,定义评价结果为二元组(ε_j,y_j),ε_j是评价群体M由对某被评价对象S的判断产生的评价关系,y_j是指标数据与评价参与者偏好数据集结的评价值,$j=1,2,\cdots,n$。

性质 3.1(条件置换不变性) 设$\langle\tau_1^*,\sigma_1^*,\alpha_1^*\rangle,\cdots,\langle\tau_t^*,\sigma_t^*,\alpha_t^*\rangle$是任一评价关系数据向量,若$\langle\tau_1',\sigma_1',\alpha_1'\rangle,\cdots,\langle\tau_t',\sigma_t',\alpha_t'\rangle$是$\langle\tau_1^*,\sigma_1^*,\alpha_1^*\rangle,\cdots,\langle\tau_t^*,\sigma_t^*,\alpha_t^*\rangle$的保证评价关系优先序不变的任一置换,则

$$\begin{aligned}&\mathrm{ROWA}_{\omega,\xi,\varsigma,\zeta}(\langle\tau_1^*,\sigma_1^*,\alpha_1^*\rangle,\cdots,\langle\tau_t^*,\sigma_t^*,\alpha_t^*\rangle)\\&=\mathrm{ROWA}_{\omega,\xi,\varsigma,\zeta}(\langle\tau_1',\sigma_1',\alpha_1'\rangle,\cdots,\langle\tau_t',\sigma_t',\alpha_t'\rangle)\end{aligned}$$

证明:由式(3.5),有

$$\begin{aligned}&\mathrm{ROWA}_{\omega,\xi,\varsigma,\zeta}(\langle\tau_1^*,\sigma_1^*,\alpha_1^*\rangle,\cdots,\langle\tau_t^*,\sigma_t^*,\alpha_t^*\rangle)\\&=\omega_1\sum_{\substack{\tau_i>\tau_k\\i\neq k}}^{k_1}\xi_i\tau_i^*+\omega_2\sum_{\substack{\tau_j=\tau_k\\\sigma_j>\sigma_k\\j\neq k}}^{k_2}\varsigma_j\sigma_j^*+\omega_3\sum_{\substack{\tau_l=\tau_k\\\sigma_l=\sigma_k\\\alpha_l>\alpha_k\\l\neq k}}^{k_3}\zeta_l\alpha_l^*\end{aligned}$$

$$\begin{aligned}&\mathrm{ROWA}_{\omega,\xi,\varsigma,\zeta}(\langle\tau'_1,\sigma'_1,\alpha'_1\rangle,\cdots,\langle\tau'_t,\sigma'_t,\alpha'_t\rangle)\\&=\omega_1\sum_{\substack{\tau_i>\tau_k\\i\neq k}}^{k_1}\xi_i\tau'_i+\omega_2\sum_{\substack{\tau_j=\tau_k\\\sigma_j>\sigma_k\\j\neq k}}^{k_2}\varsigma_j\sigma'_j+\omega_3\sum_{\substack{\tau_l=\tau_k\\\sigma_l=\sigma_k\\\alpha_l>\alpha_k\\l\neq k}}^{k_3}\zeta_l\alpha'_l\end{aligned}$$

由于$\langle\tau_1',\sigma_1',\alpha_1'\rangle,\cdots,\langle\tau_t',\sigma_t',\alpha_t'\rangle$是$\langle\tau_1^*,\sigma_1^*,\alpha_1^*\rangle,\cdots,\langle\tau_t^*,\sigma_t^*,\alpha_t^*\rangle$的任一置换,且评价关系优先序不变,则有$\tau_j^*=\tau_j',\sigma_j^*=\sigma_j',\alpha_j^*=\alpha_j',j=1,2,\cdots,t$。结论得证。

性质 3.2(幂等性) 设$\langle\tau_1^*,\sigma_1^*,\alpha_1^*\rangle,\cdots,\langle\tau_t^*,\sigma_t^*,\alpha_t^*\rangle$是任一评价关系数据向量,若对$\forall j\in T,T=1,2,\cdots,t$,有$\langle\tau_1^*,\sigma_1^*,\alpha_1^*\rangle=\langle\tau,\sigma,\alpha\rangle$,则

$$\mathrm{ROWA}_{\omega,\xi,\varsigma,\zeta}(\langle\tau_1^*,\sigma_1^*,\alpha_1^*\rangle,\cdots,\langle\tau_t^*,\sigma_t^*,\alpha_t^*\rangle)=\langle\tau,\sigma,\alpha\rangle$$

证明:对评价关系数据组$\langle\tau_1^*,\sigma_1^*,\alpha_1^*\rangle,\cdots,\langle\tau_t^*,\sigma_t^*,\alpha_t^*\rangle$中关系数据元素个数为$t$。

$$\begin{aligned}&\mathrm{ROWA}_{\omega,\xi,\varsigma,\zeta}(\langle\tau_1^*,\sigma_1^*,\alpha_1^*\rangle,\cdots,\langle\tau_t^*,\sigma_t^*,\alpha_t^*\rangle)\\&=\omega_1\sum_{\substack{\tau_i>\tau_k\\i\neq k}}^{k_1}\xi_i\tau_i^*+\omega_2\sum_{\substack{\tau_j=\tau_k\\\sigma_j>\sigma_k\\j\neq k}}^{k_2}\varsigma_j\sigma_j^*+\omega_3\sum_{\substack{\tau_l=\tau_k\\\sigma_l=\sigma_k\\\alpha_l>\alpha_k\\l\neq k}}^{k_2}\zeta_l\alpha_l^*\\&=\omega_1\sum_{\substack{\tau_i>\tau_k\\i\neq k}}^{k_1}\xi_i\left(\underbrace{\tau,\cdots,\tau}_{k_1}\right)+\omega_2\sum_{\substack{\tau_j=\tau_k\\\sigma_j>\sigma_k\\j\neq k}}^{k_2}\varsigma_j\left(\underbrace{\sigma,\cdots,\sigma}_{k_2}\right)+\omega_3\sum_{\substack{\tau_l=\tau_k\\\sigma_l=\sigma_k\\\alpha_l>\alpha_k\\l\neq k}}^{k_3}\zeta_l\left(\underbrace{\alpha,\cdots,\alpha}_{k_3}\right)\end{aligned}$$

其中，$k_1+k_2+k_3=t$，则对于满足定义3.4的任意$k_1,k_2,\cdots$序列总有

$$\mathrm{ROWA}_{\omega,\xi,\varsigma,\zeta}(\langle\tau_1^*,\sigma_1^*,\alpha_1^*\rangle,\cdots,\langle\tau_t^*,\sigma_t^*,\alpha_t^*\rangle)=\langle\tau,\sigma,\alpha\rangle$$

成立。结论得证。

性质3.3（介值性）　设$\langle\tau_1^*,\sigma_1^*,\alpha_1^*\rangle,\cdots,\langle\tau_t^*,\sigma_t^*,\alpha_t^*\rangle$是任一评价关系数据向量，有

$$\begin{aligned}&\mathrm{Min}(\langle\tau_1^*,\sigma_1^*,\alpha_1^*\rangle,\cdots,\langle\tau_t^*,\sigma_t^*,\alpha_t^*\rangle)\\&\leqslant\mathrm{ROWA}_{\omega,\xi,\varsigma,\zeta}(\langle\tau_1^*,\sigma_1^*,\alpha_1^*\rangle,\cdots,\langle\tau_t^*,\sigma_t^*,\alpha_t^*\rangle)\\&\leqslant\mathrm{Max}(\langle\tau_1^*,\sigma_1^*,\alpha_1^*\rangle,\cdots,\langle\tau_t^*,\sigma_t^*,\alpha_t^*\rangle)\end{aligned}$$

证明：对评价关系数据组$\langle\tau_1^*,\sigma_1^*,\alpha_1^*\rangle,\cdots,\langle\tau_t^*,\sigma_t^*,\alpha_t^*\rangle$，

$$\begin{aligned}&\mathrm{ROWA}_{\omega,\xi,\varsigma,\zeta}(\langle\tau_1^*,\sigma_1^*,\alpha_1^*\rangle,\cdots,\langle\tau_t^*,\sigma_t^*,\alpha_t^*\rangle)\\&=\omega_1\sum_{\substack{\tau_i>\tau_k\\i\neq k}}^{k_1}\xi_i\tau_i^*+\omega_2\sum_{\substack{\tau_j=\tau_k\\\sigma_j>\sigma_k\\j\neq k}}^{k_2}\varsigma_j\sigma_j^*+\omega_3\sum_{\substack{\tau_l=\tau_k\\\sigma_l=\sigma_k\\\alpha_l>\alpha_k\\l\neq k}}^{k_3}\zeta_l\alpha_l^*\\&\leqslant\mathrm{Max}\left(\omega_1\sum_{\substack{\tau_i>\tau_k\\i\neq k}}^{k_1}\xi_i\tau_i^*+\omega_2\sum_{\substack{\tau_j=\tau_k\\\sigma_j>\sigma_k\\j\neq k}}^{k_2}\omega_j\sigma_j^*+\omega_3\sum_{\substack{\tau_l=\tau_k\\\sigma_l=\sigma_k\\\alpha_l>\alpha_k\\l\neq k}}^{k_3}\zeta_l\alpha_l^*\right)\\&=\mathrm{Max}(\langle\tau_1^*,\sigma_1^*,\alpha_1^*\rangle,\cdots,\langle\tau_t^*,\sigma_t^*,\alpha_t^*\rangle)\end{aligned}$$

$$\begin{aligned}&\mathrm{ROWA}_{\omega,\xi,\varsigma,\zeta}(\langle\tau_1^*,\sigma_1^*,\alpha_1^*\rangle,\cdots,\langle\tau_t^*,\sigma_t^*,\alpha_t^*\rangle)\\&=\omega_1\sum_{\substack{\tau_i>\tau_k\\i\neq k}}^{k_1}\xi_i\tau_i^*+\omega_2\sum_{\substack{\tau_j=\tau_k\\\sigma_j>\sigma_k\\j\neq k}}^{k_2}\varsigma_j\sigma_j^*+\omega_3\sum_{\substack{\tau_l=\tau_k\\\sigma_l=\sigma_k\\\alpha_l>\alpha_k\\l\neq k}}^{k_3}\zeta_l\alpha_l^*\end{aligned}$$

$$\geqslant \operatorname{Min}\left(\omega_1 \sum_{\substack{\tau_i > \tau_k \\ i \neq k}}^{k_1} \xi_i \tau_i^* + \omega_2 \sum_{\substack{\tau_j = \tau_k \\ \sigma_j > \sigma_k \\ j \neq k}}^{k_2} \varsigma_j \sigma_j^* + \omega_3 \sum_{\substack{\tau_l = \tau_k \\ \sigma_l = \sigma_k \\ \alpha_l > \alpha_k \\ l \neq k}}^{k_3} \zeta_l \alpha_l^*\right)$$

$$= \operatorname{Min}(\langle \tau_1^*, \sigma_1^*, \alpha_1^* \rangle, \cdots, \langle \tau_t^*, \sigma_t^*, \alpha_t^* \rangle)$$

可见

$\operatorname{Min}(\langle \tau_1^*, \sigma_1^*, \alpha_1^* \rangle, \cdots, \langle \tau_t^*, \sigma_t^*, \alpha_t^* \rangle) \leqslant \mathrm{ROWA}_{\omega,\xi,\varsigma,\zeta}(\langle \tau_1^*, \sigma_1^*, \alpha_1^* \rangle, \cdots, \langle \tau_t^*, \sigma_t^*, \alpha_t^* \rangle) \leqslant \operatorname{Max}(\langle \tau_1^*, \sigma_1^*, \alpha_1^* \rangle, \cdots, \langle \tau_t^*, \sigma_t^*, \alpha_t^* \rangle)$,结论得证。

性质 3.4(单调性) 设$\langle \tau_1', \sigma_1', \alpha_1' \rangle, \cdots, \langle \tau_t', \sigma_t', \alpha_t' \rangle$和$\langle \tau_1^*, \sigma_1^*, \alpha_1^* \rangle, \cdots, \langle \tau_t^*, \sigma_t^*, \alpha_t^* \rangle$是任意两组从大到小排列的评价关系数据,在权向量$\xi, \varsigma, \zeta$不变的情况下,若对$\forall i$,有$\langle \tau_i^*, \sigma_i^*, \alpha_i^* \rangle < \langle \tau_i', \sigma_i', \alpha_i' \rangle$,则

$$\mathrm{ROWA}(\langle \tau_1^*, \sigma_1^*, \alpha_1^* \rangle, \cdots, \langle \tau_t^*, \sigma_t^*, \alpha_t^* \rangle)$$
$$\leqslant \mathrm{ROWA}(\langle \tau_1', \sigma_1', \alpha_1' \rangle, \cdots, \langle \tau_t', \sigma_t', \alpha_t' \rangle)$$

证明:由已知

$$\mathrm{ROWA}_{\omega,\xi,\varsigma,\zeta}(\langle \tau_1^*, \sigma_1^*, \alpha_1^* \rangle, \cdots, \langle \tau_t^*, \sigma_t^*, \alpha_t^* \rangle)$$
$$= \omega_1 \sum_{\substack{\tau_i > \tau_k \\ i \neq k}}^{k_1} \xi_i \tau_i^* + \omega_2 \sum_{\substack{\tau_j = \tau_k \\ \sigma_j > \sigma_k \\ j \neq k}}^{k_2} \varsigma_j \sigma_j^* + \omega_3 \sum_{\substack{\tau_l = \tau_k \\ \sigma_l = \sigma_k \\ \alpha_l > \alpha_k \\ l \neq k}}^{k_3} \zeta_l \alpha_l^*$$

$$\mathrm{ROWA}_{\omega,\xi,\varsigma,\zeta}(\langle \tau_1', \sigma_1', \alpha_1' \rangle, \cdots, \langle \tau_t', \sigma_t', \alpha_t' \rangle)$$
$$= \omega_1 \sum_{\substack{\tau_i > \tau_k \\ i \neq k}}^{k_1} \xi_i \tau'_i + \omega_2 \sum_{\substack{\tau_j = \tau_k \\ \sigma_j > \sigma_k \\ j \neq k}}^{k_2} \varsigma_j \sigma'_j + \omega_3 \sum_{\substack{\tau_l = \tau_k \\ \sigma_l = \sigma_k \\ \alpha_l > \alpha_k \\ l \neq k}}^{k_3} \zeta_l \alpha'_l$$

因为对 $\forall i$,均有$\langle \tau_i^*, \sigma_i^*, \alpha_i^* \rangle < \langle \tau'_i, \sigma'_i, \alpha'_i \rangle$,则有式(3.5)可知

$$\mathrm{ROWA}(\langle \tau_1^*, \sigma_1^*, \alpha_1^* \rangle, \cdots, \langle \tau_t^*, \sigma_t^*, \alpha_t^* \rangle)$$
$$\leqslant \mathrm{ROWA}(\langle \tau'_1, \sigma'_1, \alpha'_1 \rangle, \cdots, \langle \tau'_t, \sigma'_t, \alpha'_t \rangle)$$

可以证明,ROWG 算子也存在与 ROWA 算子类似的性质,只是运算法则不同。

3.1.4 示例分析

有一个 10 人评价小组对 5 个备选投资项目进行评选,投资项目为 s_1 稀土蓄

能发光材料、s_2新型墙体保温板、s_3给水涂塑复合钢管生产线、s_4低压成套开关设备和s_5中高压阳极铝箔扩面侵蚀方法。方案集$S=\{s_1,s_2,\cdots,s_5\}$，评价指标数据见文献[12]。局部评价环境下，群组评价的局部评价环境密度0.711，平均度6.399。局部评价环境图如图3.1的示。

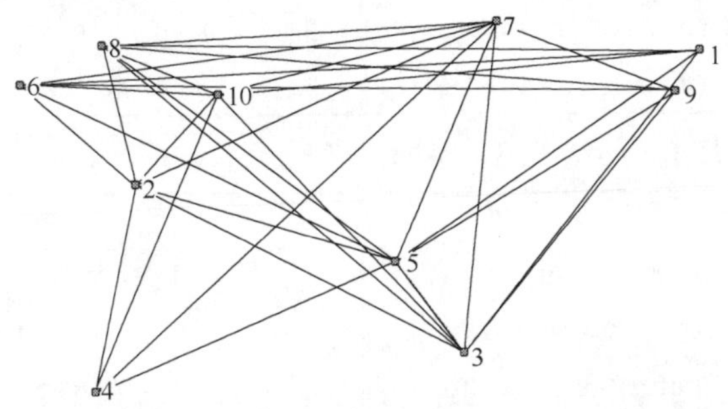

图3.1　局部评价环境图

在局部评价环境下，由定义3.1～定义3.3，32个评价关系$\langle\tau_t,\sigma_t,\alpha_t\rangle$数据初始信息如表3.2所列，其中，$t=1,2,\cdots,32$。

(1) 评价关系优先权向量。如表3.2所列，关系度相同的评价关系为3和12，5、26和32，9和28，10和16，17、21和22，24和29，其中5和32，21和22的局部联结中心性测度亦相同。由式(3.3)、式(3.4)计算得评价关系优先权向量见表3.3。

表3.2　评价关系表

关系序号	对应节点	评价关系	关系序号	对应节点	评价关系
1	1,3	(0.3334,0.3738,0.8908)	13	3,6	(0.1806,0.25,0.9986)
2	1,4	(0.1181,0.2188,0.8115)	14	3,7	(0.5714,0.0625,0.8303)
3	1,6	(0.375,0.25,0.923)	15	3,8	(0.3214,0.0625,0.8251)
4	1,7	(0.3212,0.25,0.868)	16	3,9	(0.1269,0.2188,0.9435)
5	1,8	(0.2916,0.2188,0.871)	17	4,6	(0.225,0.3125,0.9542)
6	1,9	(0.4161,0.1875,0.8251)	18	4,10	(0.1833,0.125,0.5341)
7	2,3	(0.1964,0.2812,0.6456)	19	5,6	(0.2291,0.2188,0.9343)
8	2,4	(0.1389,0.1562,0.7249)	20	5,7	(0.2381,0.2188,0.9419)
9	2,6	(0.2083,0.1875,0.6134)	21	5,8	(0.225,0.1562,0.8562)
10	2,8	(0.1269,0.1562,0.6684)	22	5,9	(0.225,0.1562,0.9893)
11	3,4	(0.1714,0.0625,0.632)	23	5,10	(0.5625,0.125,0.8459)
12	3,5	(0.375,0.2188,0.887)	24	6,7	(0.1547,0.1875,0.9465)

（续）

关系序号	对应节点	评价关系	关系序号	对应节点	评价关系
25	6,9	(0.1625,0.1562,0.9863)	29	7,10	(0.1547,0.125,0.9678)
26	6,10	(0.2916,0.0937,0.8118)	30	8,9	(0.6533,0.1429,0.7735)
27	7,8	(0.1458,0.0937,0.8244)	31	8,10	(0.2616,0.0312,0.7647)
28	7,9	(0.2083,0.0625,0.7462)	32	9,10	(0.2916,0.2188,0.8274)

表 3.3　评价关系优先权向量

ϕ	ω	ϕ	ω
−5	0.0005,0.0101,0.9893	5	0.9492,0.0502,0.0005
−4	0.0024,0.0249,0.9727	4	0.9109,0.0868,0.0022
−3	0.0102,0.0594,0.9303	3	0.8457,0.1451,0.0092
−2	0.0408,0.1323,0.8269	2	0.7364,0.2273,0.0364
−1	0.137,0.3466,0.5164	1	0.5625,0.3125,0.125
0	0.3333,0.3333,0.3333		

（2）评价关系数据集结及评价结论。根据评价目的或评价群体的需求，如表 3.4 所列，群组评价结论讨论如下：

评价群体考虑评价关系的影响，若评价群体注重评价参与者对相互之间的评价关系的主观判断，则群体重视认知评价关系优先加权向量 $\boldsymbol{\omega}_{re}$，$\phi>1$，评价结论（ε_j, y_j）为（8.5849, 49.379），（7.2518, 49.379），（9.9181, 36.934），（12.5843, 55.229），（11.2512, 54.876），序为 $s_4 > s_5 > s_3 > s_1 > s_2$。

若评价群体注重参与者在群体网络结构中的权利或影响力，则群体重视结构评价关系优先加权向量 $\boldsymbol{\omega}_{str}$，$\phi \in [-1,1]$，评价结论（$\varepsilon_j$, y_j）为（7.0559/8.6549, 49.379），（11.4997/10.2472, 49.379），（9.2778/9.2715, 36.934），（15.9435/14.9235, 55.229），（13.7216/12.6573, 54.876），序为 $s_5 > s_3 > s_4 > s_1 > s_2$。

表 3.4　群组评价结论表

评价结论 / S	原始 y_j 及排序		ε							
			$\phi=-2$		$\phi=-1$		$\phi=1$		$\phi=2$	
s_1	49.379	3	11.423	4	7.0559	5	8.6549	5	8.5849	4
s_2	49.379	3	12.311	3	11.5	3	10.247	3	7.2518	5
s_3	36.934	5	10.533	5	9.278	4	9.2715	4	9.9181	3
s_4	55.229	1	14.087	1	15.944	1	14.924	1	12.584	1
s_5	54.876	2	13.21	2	13.722	2	12.657	2	11.251	2

若评价群体注重评价参与者的偏好相似性，则群体以偏好相似性加权向量 $\boldsymbol{\omega}_{sim}$ 为主，参与者对相互之间的评价关系及评价群体网络结构不予考虑，$\phi < -1$，评价结论 (ε_j, y_j) 为 (11.423, 49.379)，(12.311, 49.379)，(10.533, 36.934)，(14.087, 55.229)，(13.21, 54.876)，评价方案序为 $s_4 > s_3 > s_5 > s_1 > s_2$。

3.2　具有评价权力导向的群组评价方法

3.2.1　具有评价权力导向的评价关系概述

Buchanan[21] 认为个人在私人领域的选择不涉及与他人的权力关系，而他在公共领域里的选择通常受到社会权力结构的严重扭曲。市场权力结构和政治过程的权力结构有实质的差异。由于政治过程是个人希望选择何种权力结构的过程，故而影响私人领域的个人选择，因此公共选择设计的是更高层面的自由。Jack Knight[39] 认为一个人的权力就是他影响他人想象的可选方案集合能力。Basel 认为权力就是将成本施加给他人的能力。

将评价权力视为关系属性的群组评价方法研究目前还处于空白阶段，本节讨论了具有评价权力导向的局部评价环境构建及群组评价方法，按照群组评价中可能的评价权力来源，将评价权力量化为能够通过群组评价网络结构表示的一种评价关系，从而使得通过评价权力关系和参与者信息构建的局部评价环境具有一定的评价权力导向并最终在评价方法中予以体现。群组评价中参与者的评价权力来源主要有基于专业学科背景知识；基于结构洞的"信息利益"和"控制利益"(Burt[205])来源，即通过对信息传播、信息控制和资源配置而产生的评价权力；基于评价规则的形式出现的权力来源。其中基于专业学科背景知识产生的评价权力主要由参与者通过协商互动过程进行识别，并在评价关系构成要素确定时，通过参与者之间的主观判断予以呈现，一般由这种途径产生的评价权力关系具有稳定性。基于结构洞的评价权力来源是由于参与者所处的网络结构特征赋予的，具有较强的客观性和时效性，对具体群组评价问题有较强的针对性；基于评价规则形式出现的评价权力与评价规则设置相关，暂且不予以讨论。

一般地，称评价参与者(即节点集)及参与者之间的评价关系构成了群组评价问题的网络结构，即群组局部评价环境。评价权力关系是评价关系的表现形式之一,具有权力导向的群组评价方法即是有评价权力关系和参与者共同构成的局部评价环境下的群组评价方法。

3.2.2 具有评价权力导向的局部评价环境分析

Frank Knight[15,16]认为人类有一种内在倾向要将自由对话转化为支配,人类的权力欲往往强烈到毫无理性的程度。权力现象是自然而又普遍存在的现象(Michel Crozier[28]),一个群体的结构性特征确立并划定了该群体参与者之间的权力关系,并对其关系的实际范围加以限制,同时确定了参与者之间相互协商的条件,并使之适用于所有的参与者。

令评价参与者集,即节点集 $M=\{1,2,\cdots,m\}$,其中 m 是一个有限整数且达到使 M 具有统计意义的规模。令 $g_{ij}\in\{0,1\}$ 为节点 i 和 j 之间的联结关系,若 i 和 j 之间存在某个联结,变量 g_{ij} 值为1,否则值为0,从 i 点出发,到达点 j 的途径记作 (i,j) - 途径,其包含的线数叫作该途径的长度,其中最短者叫作该途径的距离,记作 $\mathrm{dist}(i,j)$。令 α_{ij} 是节点间偏好相似性测度,$\alpha_{ij}=1-|\lambda_i-\lambda_j|$。评价群体对指标赋权的对被评价对象的偏好判断信息集 $\Lambda=\{\lambda_1,\lambda_2,\cdots,\lambda_m\}$,对任意 $\lambda\in\Lambda$,有 $\lambda=\sum_{j=1}^{n}(n-j)w_j/(n-1)$,其中,$\boldsymbol{w}=(w_1,w_2,\cdots,w_n)^{\mathrm{T}}$ 为指标 $X=(x_1,x_2,\cdots,x_n)$ 权重向量,$y=\sum_{i=1}^{n}w_ix_i$ 是由被评价对象属性信息得到的综合评价值,$S=\{s_1,\cdots,s_q\}$ 是被评价对象集。

定义 3.10 在局部评价环境下,τ_{ij}是评价参与者之间的评价权力关系的程度,称为评价参与者之间的关系度

$$\tau_{ij}(g)=\frac{g_{ij}}{\iota_{ij}}+\frac{g_{ji}}{\iota_{ji}} \tag{3.7}$$

式中:g_{ij}(或 g_{ji})为局部评价环境下参与者 i,j 之间的联结,若 i 和 j 之间存在联结,g_{ij}值为1,否则值为0;ι_{ij}(或 ι_{ji})为参与者 i,j 之间关于相互关系程度给出的判断,且 ι_{ij}与 ι_{ji}不一定相等,若 ι_{ij}(或 ι_{ji})$=1$,则节点 i(或 j)对与 j(或 i)的关系没有意见,i 对 j 的影响一般,即 $\iota_{ij}>\iota_{ji}$。

节点 i 越重视与 j 的关系,ι_{ij}越大,τ_{ij}越小;若节点 j 对与 i 的关系没有意见,ι_{ji}被省略,将群体参与者联结的关系度归一化后对相应的偏好相似性测度 α_{ij}进行调整(关系度越强的评价参与者之间的距离越近)。局部评价环境群体关系度的标度参考表见表3.5。

表 3.5　局部评价环境群体关系度的标度参考表

t_{ij}	定义
1	j 非常重视 i 的权威性
3	j 较重视 i 的权威性
5	i、j 同等重视相互之间的权威性
7	i 较重视 j 的权威性
9	i 非常重视 j 的权威性
2,4,6,8	对应以上两相邻判断的中间情况

定义 3.11[203]　中间中心度

$$c_{B(\text{dist})}(v) = \sum_{i \neq j \in M} \frac{1}{\text{dist}(i,j)} \times \frac{\sigma(i,j|v)}{\sigma(i,j)} \tag{3.8}$$

式中：$i \neq j \in M$，$\text{dist}(i,j)$ 为 i 和 j 的距离；$\sigma(i,j)$ 为最短 (i,j) - 途径的数目；$\sigma(i,j|v)$ 为经过点 v 的最短 (i,j) - 途径数目。

由 Freeman[203,204]，中间中心度指标可以用来测量行动者对网络资源的控制程度，中间中心度值越大，对应节点结构洞越多，越处于整个网络的核心，且网络中途径越长，节点控制能力和价值越小，因而以距离倒数进行加权（Brandes[220]）。

定义 3.12　在局部评价环境下，称 σ'_{ij} 是评价参与者 i,j 的具有权力导向的权力关系中心性测度，简称为权力关系度，且

$$\sigma'_{ij} = \frac{c_{B(\text{dist})}(i) + c_{B(\text{dist})}(j) - 1}{\sum_{i=1}^{m} c_{B(\text{dist})}(i)} \tag{3.9}$$

式中：$c_{B(\text{dist})}(i)$（或 $c_{B(\text{dist})}(j)$）为评价参与者 i（或 j）的中间中心度，$i,j = 1, 2, \cdots, m$。权力关系度 σ'_{ij} 通过参与者 i,j 的结构洞状况测度了 i,j 的由网络结构产生的权力关系，结构洞较多的参与者具有较重要的网络结构位置，能较有利的控制网络信息流动，对应的权力关系的联结重要性越大。

定义 3.13　在局部评价环境下，称 $\langle \tau_{ij}, \sigma'_{ij}, \alpha_{ij} \rangle$ 是评价参与者 i,j 的一个评价权力关系，其中，τ_{ij} 是参与者 i,j 的关系度，σ'_{ij} 是评价参与者 i,j 的评价权力关系度，α_{ij} 是这个关系对应的联结的长度，在局部评价环境下由评价参与者对被评价对象对被评价对象的偏好判断的相似性计算。对具有评价权力关系的联结，τ_{ij} 是由评价参与者 i,j 对相互之间评价权力关系的主观重要性判断对这种关系联结的描述，σ'_{ij} 是从网络结构位置对这种关系联结的描述，α_{ij} 是联结长度。

在具有评价权力导向的局部评价环境下，评价权力关系 $\langle \tau, \sigma', \alpha \rangle$ 是具有优先序的，关系度 τ 是参与者关于评价权力关系的主观偏好判断，来源于专业、知

识背景、经验、学习和参与者的理性分析，是使得个体群聚转化为一个拥有集体意识和独特识别的抽象实体的核心因素；评价权力关系度 σ' 是根据评价群体网络结构状态给出的，而评价群体网络结构是由参与者和评价权力关系共同构建的，因此评价权力关系度虽然是群体网络结构的客观属性，但却以评价权力关系确立为存在前提；偏好相似性测度 α 可以存在于任意参与者之间，以参与者之间关系的确立为存在前提，否则，参与者由于不存在协商互动不可能协调他们的评价行为，单个参与者的评价行为不会形成群体性行为。

3.2.3 具有评价权利导向的群组评价方法

定义 3.14 按照 τ,σ',α 的优先性依次排序的关系组记为 $\langle\tau_{1j}^{*},\sigma_{1j}^{**},\alpha_{1j}^{*}\rangle$，$\langle\tau_{2j}^{*},\sigma_{2j}^{**},\alpha_{2j}^{*}\rangle,\cdots,\langle\tau_{mj}^{*},\sigma_{mj}^{**},\alpha_{mj}^{*}\rangle$，即在评价群体中，假设 $\langle\tau_{ij},\sigma'_{ij},\alpha_{ij}\rangle$ 和 $\langle\tau_{kl},\sigma'_{kl},\alpha_{kl}\rangle$ 是两个评价权力关系，$i\neq k,j\neq l$。

(1)若 $\tau_{ij}>\tau_{kl}$，则 $\langle\tau_{ij},\sigma'_{ij},\alpha_{ij}\rangle\succ\langle\tau_{kl},\sigma'_{kl},\alpha_{kl}\rangle$。

(2)若 $\tau_{ij}=\tau_{ik}$，则：

当 $\sigma'_{ij}>\sigma'_{kl}$ 时，$\langle\tau_{ij},\sigma'_{ij},\alpha_{ij}\rangle\succ\langle\tau_{kl},\sigma'_{kl},\alpha_{kl}\rangle$；

当 $\sigma'_{ij}=\sigma'_{kl}$ 时，若 $\alpha_{ij}<\alpha_{kl}$，则 $\langle\tau_{ij},\sigma'_{ij},\alpha_{ij}\rangle\succ\langle\tau_{kl},\sigma'_{kl},\alpha_{kl}\rangle$；

若 $\alpha_{ij}=\alpha_{kl}$，则 $\langle\tau_{ij},\sigma'_{ij},\alpha_{ij}\rangle\sim\langle\tau_{kl},\sigma'_{kl},\alpha_{kl}\rangle$；

若 $\alpha_{ij}>\alpha_{kl}$，则 $\langle\tau_{ij},\sigma'_{ij},\alpha_{ij}\rangle\prec\langle\tau_{kl},\sigma'_{kl},\alpha_{kl}\rangle$。

由此得具有优先性的关系序 $\langle\tau_1^{*},\sigma_1^{**},\alpha_1^{*}\rangle,\langle\tau_2^{*},\sigma_2^{**},\alpha_2^{*}\rangle,\cdots,\langle\tau_t^{*},\sigma_t^{**},\alpha_t^{*}\rangle$，关系数据分组数 $t\in[0,m(m-1)/2]$。

定义 3.15 对评价权力关系组 $\langle\tau_i^{*},\sigma_i^{**},\alpha_i^{*}\rangle$，按 τ_i 从小到大进行升序排序，若存在 $\tau_i=\tau_j,i\neq j$，则按 σ_i 从小到大进行升序排序，若存在 $\sigma_i=\sigma_j,i\neq j$，则按 α_i 从小到大进行升序排序，对 τ_i 进行处理后，评价权力关系数据 $\tau_i,\sigma_i,\alpha_i\in[0,1]$，得到评价权力关系优先序组 $B=(b_1,b_2,\cdots,b_t)$，$b_j(j\in T)$ 为评价权力关系中第 j 大元素。对评价权力关系组 $\langle\tau_i^{*},\sigma_i^{**},\alpha_i^{*}\rangle$ 可类比得出结论。

由文献[254,255]，评价权力关系优先权向量 $\boldsymbol{\omega}=[\omega_1,\omega_2,\omega_3]$ 的分配函数为

$$\omega_i=\frac{\beta_i(k_i/t)}{\sum_{i=1}^{t}\beta_i(k_i/t)}\tag{3.10}$$

式中：$\beta_i(\beta_i\geqslant 0)$ 为评价权力关系优先影响因子；$\sum_{i=1}^{3}k_i=t$，k_1,k_2,k_3 分别为 τ,σ,α 对应的评价权力关系数据个数。

$$\beta_i=(k_i/t)^{\phi},i=1,2,3\tag{3.11}$$

式中：ϕ 为评价权力关系优先影响指数，$\phi \in (-\infty, \infty)$，$\beta_i \in (0,1)$，一般地，$\phi \in [-5,5]$ 即可满足要求。

由于评价权力关系的引入，局部评价环境具有了评价权力导向。在具体应用中，根据实际问题又可以分为由关系度优先和由评价权力关系度优先两类局部评价环境。由关系度 τ 优先的评价权力关系构建的局部评价环境中，评价权力导向体现为参与者根据各种外部因素累积形成的，具有稳定性和延续性的评价权力特征，常见的以独裁方式解决群体问题即属于这一类，分析评价权力导向的评价方法与以独裁方式解决问题的不同之处在于将关系度和评价权力关系度按照优先顺序进行分析后都以关系数据类型进行评价问题分析。以关系度 τ 优先的评价权力关系构建的局部评价环境是注重参与者的主观判断的，与之相对应，局部评价环境也可以以评价权力关系度 σ' 优先的评价权力关系进行构建，评价权力导向体现为根据局部评价环境结构特征形成的，具有针对性和时效性的评价权力特征。

定义 3.16　当 $\boldsymbol{\omega} = (k_1/t, k_2/t, k_3/t)$ 时，称 $\boldsymbol{\omega}$ 为中性评价权力关系优先加权向量，记 $\boldsymbol{\omega}_{\mathrm{ave}}$；当 $\boldsymbol{\omega} = (1,0,0)$ 时，称 $\boldsymbol{\omega}$ 为关系度 τ 优先评价权力关系优先加权向量，记为 $\boldsymbol{\omega}_{\mathrm{re}}$，此时群组评价的评价权力关系完全由参与者的主观偏好判断确定，$\phi > 1$；当 $\boldsymbol{\omega} = (0,1,0)$ 时，称 $\boldsymbol{\omega}$ 为评价权力关系度 σ' 优先评价权力关系优先加权向量，记为 $\boldsymbol{\omega}_{\mathrm{str}}$，此时群组评价的评价权力关系完全由参与者在评价群体网络结构中的位置确定，$\phi \in [-1,1]$；当 $\boldsymbol{\omega} = (0,0,1)$ 时，称 $\boldsymbol{\omega}$ 为偏好相似性加权向量，记为 $\boldsymbol{\omega}_{\mathrm{sim}}$，此时群组评价的权力关系仅由参与者的偏好相似性及群体协商互动行为确定，参与者对相互之间的评价权力关系及评价群体网络结构不予考虑，$\phi < -1$。

评价权力关系优先影响指数反映了评价目标、评价准则及评价群体差异对评价问题的差异化处理，$\phi > 1$ 强调了对参与者知识背景、经验、学习和认知能力的重视，是综合评价问题主客观信息集成中对主观信息的进一步加强，是群组评价过程中参与者互为主观性参照的效用累积，是形成关于被评价对象群体性认知的核心因素之一；$\phi \in [-1,1]$ 强调了对评价群体网络结构形态的认识，可以应用于当评价目标需要规避主观因素，强调客观性的状态；$\phi < -1$ 是可以满足目前广泛存在的群体一致性标准的赋权参数，应用于当评价目标包含强制性的群体一致性标准，要求通过协商互动循环达成，不强调参与者对评价权力关系的认知及评价权力关系形成的群体性认知等。

具有评价权力导向的群组评价方法应用步骤如下：

步骤 1　以评价参与者为节点，评价权力关系为联结构建局部评价环境，由式(3.7)～式(3.9)，根据以关系度 τ 优先或以评价权力关系度 σ' 优先计算相应的评价权力关系；

步骤 2 由式(3.10)、式(3.11)计算评价权力关系优先权向量；

步骤 3 将评价权力关系数据集结并给出评价结果。

3.2.4 算例分析

接3.14节算例，设一个10人评价小组对5个备选投资项目进行评选。方案集 $S=\{s_1,s_2,\cdots,s_5\}$，评价指标数据见文献[12]。

1）评价关系转化

在局部评价环境下，由定义3.10～定义3.12，32个评价权力关系 $\langle\tau_t,\sigma_t,\alpha_t\rangle$ 数据初始信息见表3.6，其中，$t=1,2,\cdots,32$。

表3.6 评价关系表

关系序号	对应节点	评价关系	关系序号	对应节点	评价关系
1	1,3	(0.3334,0.2917,0.8908)	17	4,6	(0.2250,0.3076,0.9542)
2	1,4	(0.1181,0.3182,0.8115)	18	4,10	(0.1833,0.1543,0.5341)
3	1,6	(0.3750,0.2216,0.9230)	19	5,6	(0.2291,0.3121,0.9343)
4	1,7	(0.3212,0.2312,0.8680)	20	5,7	(0.2381,0.2067,0.9419)
5	1,8	(0.2916,0.3468,0.8710)	21	5,8	(0.2250,0.1467,0.8562)
6	1,9	(0.4161,0.2519,0.8251)	22	5,9	(0.2250,0.1467,0.9893)
7	2,3	(0.1964,0.2216,0.6456)	23	5,10	(0.5625,0.1534,0.8459)
8	2,4	(0.1389,0.1287,0.7249)	24	6,7	(0.1547,0.2144,0.9465)
9	2,6	(0.2083,0.1672,0.6134)	25	6,9	(0.1625,0.1965,0.9863)
10	2,8	(0.1269,0.2116,0.6684)	26	6,10	(0.2916,0.0768,0.8118)
11	3,4	(0.1714,0.0523,0.6320)	27	7,8	(0.1458,0.0876,0.8244)
12	3,5	(0.3750,0.2312,0.8870)	28	7,9	(0.2083,0.0543,0.7462)
13	3,6	(0.1806,0.2743,0.9986)	29	7,10	(0.1547,0.5232,0.9678)
14	3,7	(0.5714,0.0425,0.8303)	30	8,9	(0.6533,0.1847,0.7735)
15	3,8	(0.3214,0.0425,0.8251)	31	8,10	(0.2616,0.0423,0.7647)
16	3,9	(0.1269,0.2526,0.9435)	32	9,10	(0.2916,0.2166,0.8274)

2）评价关系优先权向量

由定义3.13～定义3.16及式(3.10)、式(3.11)计算权力关系优先权向量，如表3.7所列。

3）评价关系数据集结及评价结论

评价结论如表3.8所列。

表3.7　权力关系优先权向量

ϕ	ω	ϕ	ω
-5	0.0005,0.0101,0.9893	5	0.9492,0.0502,0.0005
-4	0.0024,0.0249,0.9727	4	0.9109,0.0868,0.0022
-3	0.0102,0.0594,0.9303	3	0.8457,0.1451,0.0092
-2	0.0408,0.1323,0.8269	2	0.7364,0.2273,0.0364
-1	0.1370,0.3466,0.5164	1	0.5625,0.3125,0.1250
0	0.3333,0.3333,0.3333		

表3.8　群组评价结论表

方案	原始 y_j 排序	$\phi=-2$	$\phi=-1$	$\phi=1$	$\phi=2$
s_1	3	4	5	5	4
s_2	3	3	4	4	5
s_3	5	5	3	3	2
s_4	1	1	1	1	3
s_5	2	2	2	2	1

原例方案排序为 $s_4 > s_5 > s_1 \sim s_2 > s_3$，其中仅由评价值 y 无法对方案 s_1, s_2 进行排序。

根据评价目的或评价群体的要求，由表3.8，群组评价结论讨论如下：

若评价群体注重评价参与者对权力关系的主观判断，即评价群体以参与者的既有权威性为重，则局部评价环境是以关系度 τ 优先的，应用关系度 τ 优先权力关系优先加权向量 $\boldsymbol{\omega}_{re}$，$\phi > 1$，序为 $s_5 > s_3 > s_4 > s_1 > s_2$。

若评价群体注重参与者在群体网络结构中的位置或作用，即由于参与者所处网络位置形成的信息利益或控制利益，则局部评价环境是以权力关系度 σ' 优先的，应用权力关系度 σ' 优先权力关系优先加权向量 $\boldsymbol{\omega}_{str}$，$\phi \in [-1,1]$，序为 $s_4 > s_5 > s_3 > s_2 > s_1$。

若评价群体注重评价参与者的偏好相似性，则群体以偏好相似性加权向量 $\boldsymbol{\omega}_{sim}$ 为主，参与者对相互之间的评价关系及评价群体网络结构不予考虑，$\phi < -1$，评价方案序为 $s_4 > s_5 > s_2 > s_1 > s_3$。

3.3　具有评价规则导向的群组评价方法

3.3.1　评价规则及其导向性概述

群组评价问题的解决方法可以被理解为从计算逻辑转换为建立在其基础上

的系统推论,目前主要通过评价规则设置进行这一转换。评价过程围绕群体一致性判断标准展开,实际应用更多表明,以群体一致性判断标准为评价规则的评价方法在运用中经常陷入困境,个体层面和群体层面的评价行为被完全割裂。在评价者与评价规则之间建立的评价模型对于群体成员来说具有限制性,将这些规则作为控制着一定行动理性的组织化的集合能力来加以分析,并且同时提供甚至是强化一些评价者能够采用的行动手段,来建立他们之间的关系和互动,并且排除其他成员,所以群体评价行为总是具有互相矛盾的两方面:一方面,它允许评价者发挥作用及展开合作,并以其方式解决在评价环境中遇到的客观问题;另一方面,建构一种认知上的壁垒,即个体与群体相互了解的障碍,在正当的变化或环境中的各种变化要求它这样做的时候,它就对评价者创造新的关系模式、新的评价规则以及诸如此类的能力进行条件限制。

Jürgen Habermas[41]认为规则是一切社会的通则,当然还有每一个社会基于自身特殊性的重要规则。Michel Crozier[28]和 Erhard Friedberg[285]认为规则的运行既不是通过对调节机构的服从,也不是通过哪怕是感觉不到的限制的作用,更不是通过自动的相互调整机制,而是通过机制来完成的。参与者的战略性理性,通过这种机制并依据一种结构化的模式相互整合,被调节和结构化的不是人,而是提供给人的问题。Georg Simmel[108,286]认为人类系统并不服从自动调整机制的那些精确规则,而是在倾向于恢复原状的范围内、在相对较长的时期内自我调节,以适应自身构造的需要。因而其具有内部稳定性,但并不因之而成为服从系统。以新制度学派[287-289]为主的社会学家、经济学家和政治学家等对与制度相关的规则做了大量的研究分析,但主要是与公民社会的普遍存在形式相关的制度分析,其中的规则在宏观层面上主要是指产权、契约、科层制和宪政等,微观层面上则指工作程序、指令、纪律等。广义的评价规则可以认为在微观层面上与制度分析存在一定的可类比性,由此评价规则可以定义为能够覆盖整个评价群体并具有不同程度效力的协定,是一系列明确或隐含的模式、原则和评价程序,参与者的期望因此在限定范围内可以有效融合。评价规则可以体现为某种结构性的安排,即评价群体的网络结构关系。

Irving Fisher 将资本定义为任何可以产生未来收益的事物。社会资本[7]就是一个社会网络内存在的全部有利于囚徒困境合作解的那些要素。此时的社会资本是内生演化的,根据合作人群规模变化而变化。必要的制度安排使得囚徒困境合作得以实现。并且,Kurt Annen[7]认为社会资本存量可随社会交往技术而改变,可随社会结构而改变,也可随精神生活而改变,影响经济绩效。根据规模收益递增原理,借助于社会资本产生的合作产生的利润远高于群体不合作的利润,这些利润向位于网络结构洞的节点聚集并从那里按照某种规则分配给其他节点。评价规则即一种资本形式,作为具备约束性的规范,评价规则减少了参与者行为的不确定性,体现了一个密切联系的群体的偏好。评价规则作为资本,支持参与者之间的信任和信用,合理的评价规则不会总让参与者在支持个人的短期收益中受损失。遵守群体的评价规则就是使规则成为一种资本形式。

目前,有关评价规则与群组评价问题的定量分析还鲜有研究。在将评价规则区分为形式规则和结构规则后,讨论的评价规则仅限于结构规则,即评价规则对评价群体网络结构形成及稳定状态和局部评价环境对评价规则的影响。一般地,称评价参与者(即节点集)及参与者之间的评价关系构成了群组评价问题的网络结构,即群组局部评价环境。评价关系(参见 3.1 节)是一类社会关系,受到评价环境和评价目标的限制,评价关系有其自身的特征:首先,评价关系存在于彼此之间存在协商互动的评价参与者之间(传统综合评价问题中,不同评价要素的关系不在考虑范围内);其次,评价关系的产生及发展伴随评价进程,对评价结论产生影响,当评价问题结束时,评价关系转化为参与者之间的社会关系,并以经验的形式进入其他问题;再次,评价关系是复合关系,既包括评价参与者对相互之间关系的偏好判断,也包括基于评价环境的结构性特征;最后,评价关系不能还原为参与者个体属性,不能复归为评价规则,不具备分离于个体和群体的行动之外的实体形态。为简单起见,文中评价规则简称为规则。

评价规则是一种双向互动的制约关系,是评价者评价行为的基本依据之一。评价规则(见表 3.9)是评价问题中具有决定性作用的基本结构要素,它上承被评价对象/评价问题,下启评价流程设计、评价方法选择,评价者个体策略选择,与评价目标的实现息息相关。评价方法设计,无论是否明确说明,都是在一定假设基础上设置的评价者和评价群体在评价过程中的行动规范。

表 3.9　评价规则示例表

规则	规则序号	评价规则	备注
形式规则	1,2	存在/不存在有否决权的评价者	Keeney and Nau[294] and Keeney[293]
	3	所有关于被评价对象的初始判断都是由评价者个体做出的	
	4～6	群体判断是基于评价者个体/凝聚子群/群体判断的	
	7～10	评价者/评价群体考察相同/不同的指标集合	
	11,12	与判断概率相关的同一事件对不同评价者影响相同/不同	
	12,13	不同评价者对相同的{指标－被评价对象}判断相同/不同	指标集固定或多指标集可约简

（续）

规则	规则序号	评价规则	备注
形式规则	14	不同评价者对不同事件判断概率不同	
	15	不同评价者对不同评价结果的效用判断不同	Keeney and Nau[293-295]
	16~19	评价者对被评价对象评价意愿/认知程度相同/不同	
	20,21	同一事件对群体中所有评价者有相同/不同结果	Keeney[293,296,297]
	22,23	协商一致性是/不是群组评价合法性的基础	由局部互动的评价者而导致群体范围的影响
	24	评价群体具有“发生特性”(emergent properties)	
	25,26	存在/不存在元规范(meta-norm)作用	惩罚不遵守评价规则的评价者
形式规则	27	个体IT(transitivity)/群体IT(transitivity)	个体/群体一致性评价行为规则(Pratt,et,al[299])
	28	个体IS(substitutability)/群体IS(substitutability)	
	29	个体IP(preferences)/群体IP(preferences)	个体/群体偏好判断规则(Pratt,et al[299])
	30	个体IJ(judgments)/群体IJ(judgments)	
	31,32	评价者带有/不带有后悔值α的评价行为策略	x%来自已有经验,y%来自对其他评价者的观察
	33,34	存在非情绪化/情绪化评价行为	Denis Mu˘si′[298]
	35	跟随优势评价者(如结构优势、经验优势或权力优势等)	
	36	寻求特定合作者使得特定评价子群体结构稳定优先策略	元规范博弈
	37	寻求优化合作顺序使得评价群体整体结构稳定优先策略	若评价者评价行为使得群体效用均偏低,则调整自主规则(Nowak和Sigmund[305])
	38,39	具有/不具有“巴甫洛夫方法”(Pavlovian Strategy)的评价行为调节	
	40	对评价过程有影响的事件是评价者在给定概率条件下对评价结果向量的期望效用	Harsanyi[302]
	41	若评价者对被评价对象判断符合一般分布,则群体期望效用是个体期望效用的加权平均	评价者对被评价对象判断应用期望效用,Harsanyi[303]

（续）

规则	规则序号	评价规则	备注
形式规则	42	评价者评价涉及了除个体预期外的全部相关信息，所以群体中没有人会单独改变其评价行为（因为所有人的评价基础都一样）	Keeney[294]
	43,44	评价者期望效用是/不是贝叶斯期望效用	Mongin[22] (1998) and Chambers and Hayashi[23] (2006)
	45	随机选择评价行为	不存在评价行为策略

实际应用中，评价规则先行于评价流程设计并贯穿整个评价过程，提供双向约束条件引导评价者评价行为并形塑评价群体状态。具体地，评价规则通过约束形式进入评价过程，并且当规则所反映的价值与评价目标产生矛盾或冲突时，评价者需要通过学习或适应进行调整。经典评价方法的评价规则制定旨在实现特定评价目标所应用评价方法的基本假设，及假设基础上关于评价者如何评价（如何赋权、如何调整策略等），评价者如何相互影响，评价群体如何协调并集结信息的分析。因此一方面，经典评价方法可以被抽取为一组特定的评价规则，包括基本假设对应的形式规则和评价方法特征对应的结构规则；另一方面，经典评价方法限于其基本假设及方法特征，出现了同一被评价对象/评价问题，使用不同评价方法评价结果不同的问题，即评价方法敏感性问题。评价方法敏感性分析的解决方案又多以组合评价方法或组合评价结论为主，且同一评价问题不同评价方法一次或多次组合在平滑评价结论的同时评价方法有效性会受到一定影响。依照经典评价方法设计过程，评价方法敏感性分析是在设计过程下游，即组合评价方法或结论，而评价规则设置是在设计过程上游。若评价方法设计以被评价对象为目标，那么依据被评价对象基本特征在评价过程中即对评价规则进行设置、筛选及组合，是否有可能规避评价方法敏感性问题。据此，本书以局部评价环境构建以被评价对象为目标设置的群组评价方法，协商互动环节是评价者互为主观性参照而使评价群体关于被评价对象认知趋于客观的过程，则稳定状态的群体结构特征是内化了评价过程所涉及全部评价要素的表观特征，描述了现有环境下评价群体对被评价对象的认知程度。

本书以局部评价环境为载体，评价规则的具体形式是评价者优化自身效用函数的自变量，对应于全评价过程考察评价规则的作用形式，将评价规则区分为形式规则和结构规则，本章仅考察结构规则，将结构规则进一步划分为规范评价规则和自主评价规则，分别对应于局部评价环境的全局构建依据和局部/个体调整依据，分析评价规则的设置、筛选和组合与评价者及评价群体的作用形式。讨论由规范评价规则和自主评价规则组合的群组评价规则，评价者根据评价进程中评价规则预期收益判断该评价规则是否可诱导以生成对应的评价行为，在评价者个体评价行为调节中生成评价规则组合形式。评价群体依据评价规则组合计算现有评价规则对评价结果的可能改进及评价规则收益，由评价结果的改进判断评价规则组合是否继续优化，由评价规则收益集合判断是否达到群组评价稳定状态。

王众托的元决策[290]（Meta - decision - making）理论区别于 J. E. Kottemann[191,192]的元决策概念，是在元认知（meta - cognition）基础上关于决策的决策问题的讨论，将元决策定义为在整个决策过程中，根据决策者和决策环境以及决策任务的特点，对决策范式、决策方式、决策步骤所做的选择，即对决策做出的顶层设计。由于决策者具备元决策主体和客体的二元性，决策者在决策过程中需要在自我意识和自我调节之间平衡，即基于元决策的决策过程需要决策者在自律和他律状态之间寻找均衡状态。由此，评价规则也可以解释为评价过程中对评价者他律状态的实施，评价规则的筛选和组合基于评价者的规范评价规则和自主评价规则并同构于评价群体的状态变化。

以群体协商一致性阈值形式存在的评价规则是目前大多数群体评价方法调节评价者评价行为并判断群体评价状态的主要依据，并且大多数评价方法设计是将群体协商一致性阈值作为外生变量的；此外，文献[306]将协商过程扩展为二次互动过程，第一次以协商一致性阈值设置标准作为讨论对象，在群体关于一致性阈值达成共识基础上再进行二次协商，使得评价群体对被评价对象的判断符合一次协商的结果；文献[301]基于协商一致性标准和相似性测度讨论了异质评价群体协商互动的异质性准则，根据评价者对被评价对象的认知水平设置评价者重要性水平，协商过程不再需要协调者，评价过程更具有柔性，评价结论根据模糊多数原则给出，但群体评价结论不一定收敛；文献[302]基于模糊本体讨论了群决策协商互动模型，通过模糊本体设置协商过程中的参考点，当群体协商一致性水平未达标时根据参考点计算适当建议以进入反馈机制进而反馈意见给对应评价者，方法主要特征是通过模糊本体方式精炼方案集并由评价者偏好关系集结属性信息；文献[298]分析了群组评价问题中情绪化（包括情绪、性格和心情等）评价者的评价行为，将评价者结构定义为三个层次：知识层、理性层和互动层，在理性层通过性格系统（FFM 模型）、情绪系统（OCC 模型）和心情模型（PAD 模型）将评价者情绪化评价行为纳入互动过程，从而考察评价过程中情绪化对群组评价的影响；文献[294]基于决策问题的形式、假设和决策分析定理结果讨论了具有逻辑合理性和可操作性的群决策方法，其中决策问题形式被标准化为一个二阶段决策过程，第一阶段决策者应用决策分析框架分析问题并存在有效互动，第二阶段构建基于决策者个体决策的群决策框架；假设（隐含或明确)及在其基础上生成的评价方法对决策者和决策群体进行了约束,只有符合基本假设的决策行为才是可接受的。综上,评价规则是指导评价过程的依据之一,目前大多数评价方法研究都是在特定评价规则下关于评价信息(如指标体系、偏好判断等)、评价过程(如协商互动过程、选择过程等)或评价结论的分析,评价规则的结构性安排是在评价过程开始前就被评价群体强制接受的,在评价过程中不存在评价者对评价规则的二次或多次判断,不符合评价规则的评价行为(或评价者)会被强制修正或直接剔除。

基于这些研究基础,本书希望以局部评价环境为研究载体,将评价规则调整与评价群体结构状态整合考虑,使得评价者在评价过程中可以在个体评价行为和群体评价行为之间调整,考察在以被评价对象为目标设计群组评价方法过程中,通过对评价规则设置、筛选和组合分析绕开评价方法敏感性分析,为评价方法设计提供其他思路。

3.3.2　具有导向性的评价规则分析

概率空间记为(Ω,F,P),其中Ω是评价状态空间,F为σ－域,P为群组偏好判断意见$\lambda_i(i=1,2,\cdots,n)$的概率测度。令评价参与者集,即节点集$M=\{1,2,\cdots,m\}$,其中$m$是一个有限整数且达到使$M$具有统计意义的规模。令$\alpha_{ij}$是节点间偏好相似性测度,$\alpha_{ij}=1-|\lambda_i-\lambda_j|$。评价群体对指标赋权的对被评价对象的偏好判断信息集$\Lambda=\{\lambda_1,\lambda_2,\cdots,\lambda_m\}$,对任意$\lambda\in\Lambda$,有$\lambda=\sum_{j=1}^{n}(n-j)w_j/(n-1)$,其中,$\boldsymbol{w}=(w_1,w_2,\cdots,w_n)^{\mathrm{T}}$为指标$X=(x_1,x_2,\cdots,x_n)$权重向量,$A=\{a_1,\cdots,a_n\}$是被评价对象集。$y=\sum_{i=1}^{n}w_ix_i$是由被评价对象属性信息得到的综合评价值,对于任一评价参与者$i\in M,\lambda\in\Lambda$,以Y_i^{λ}为可能的评价值集,$\Omega=\prod_{i\in M}\prod_{\lambda\in\Lambda}Y_i^{\lambda}$,参与者$i$选择偏好判断$\lambda\in\Lambda$,观察到评价值$y\in Y$,获得收益$r(\lambda,y)$。

评价过程是评价流程的集合,评价者通过选择个体评价策略选择不同的评价流程,如协商互动环节评价者将评价策略从跟随优势评价者(可以是结构优势、经验优势或权力优势等)策略变更为寻求评价策略收益预期极大策略,寻求特定合作者使得特定评价子群体结构稳定优先策略、寻求优化合作顺序使得评价群体整体结构稳定优先策略等选择不同的评价流程,令评价过程时点$j,j=1,2,\cdots,N$,在任一时点j都存在评价者最优响应行动集合$\{c_i\},i=1,2,\cdots,m$,则评价过程即为依时点顺序的N个评价者最优响应行动集$C^j,j=1,2,\cdots,N$。

定义 3.17　全规范评价规则是指局部评价环境形成完全规则网,全体评价评价者的任何行动都受到评价规则的限制和规范。令规范评价规则为 Ru,在极端的情况下,规范评价规则下的评价群体完全没有自主性,是典型的过度社会化表现,称为全规范评价规则。

规范评价规则与评价群体网络结构确定类型相关,全规范评价规则往往不需要任何评价者发挥自主性即可对群组评价问题进行解答,并给出具有群体一致性的评价结果,如表 3.9 中的评价规则"协商一致性是/不是群组评价合法性的基础"。本书仅考虑评价群体网络结构类型对应于单一的规范评价规则情况。

定义 3.18 全自主评价规则是指局部评价环境形成完全随机网,评价者具有完全的自主性。令自主评价规则为 Au,在极端情况下,自主评价规则下的评价群者具有完全的自主性,是典型自由化,称为全自主评价规则。

自主评价规则与评价者评价行为选择相关,体现为评价流程差异产生的局部评价环境演化路径差异。全自主评价规则不存在效率问题,以完全随机网状态生成的群体行为不能等价于评价行为。自主评价规则对应评价者评价行为集,不同评价行为集的评价群体网络结构演化途径不唯一,对应的自主评价规则也不唯一。令自主评价规则是评价群体依时点 $j,j=1,2,\cdots,N$ 顺序形成的评价者最优响应行动集对群体结构影响的具体表现。有 $\mathrm{Au}^j \sim C^j,j=1,2,\cdots,N$。

定义 3.19 全规范评价规则是指评价群体形成完全规则网,全体评价参与者的任何行动都受到评价规则的限制和规范。令规范评价规则为 Ru,在极端的情况下,规范评价规则下的评价群体完全没有自主性,是极端的过度社会化,称为全规范评价规则。

规范评价规则与评价群体网络结构确定类型相关,全规范评价规则往往不需要任何参与者发挥自主性即可对群组评价问题进行解答,并给出具有群体一致性的评价结果,对某一具体的群组评价问题,确定的评价群体网络结构类型对应于单一的规范评价规则,仅考虑这种情况,对于评价群体结构复杂,可以分解成多种网络结构类型复合的情况暂时不予考虑。

定义 3.20 全自主评价规则是指评价群体形成完全随机网,评价参与者具有完全的自主性。令自主评价规则为 Au,在极端情况下,自主评价规则下的评价群体具有完全的自主性,是极端自由化,称为全自主评价规则。

自主评价规则与评价群体网络结构演化途径相关,全自主评价规则往往不能给出满足任何形式群体一致性的评价结果,一般以完全随机网状态存在的评价群体也不大可能有效率的完成以群体一致性为目标的群组评价,对某一具体群组评价问题,评价群体网络结构演化途径不唯一,对应的自主评价规则也不唯一。

定义 3.21　评价规则组合 **Cu** 由规范评价规则 Ru 和自主评价规则 Au 构成。设群组评价问题存在规范评价规则 Ru 和自主评价规则 Au，则评价规则为不同评价结果导向的 Ru 和 Au 的组合为

$$\mathbf{Cu}=(\mathrm{Ru},\mathrm{Au}^1,\mathrm{Au}^2,\cdots,\mathrm{Au}^N)^{\mathrm{T}}=\begin{pmatrix}\mathrm{Ru}\\ \mathrm{Au}\end{pmatrix} \tag{3.12}$$

式中：N 为自主评价规则数量，令 Ru_0 和 Au_0 分别是全规范评价规则和全自主评价规则，且是固定的，$\mathbf{Cu}_0$ 是确定性向量；在评价群体网络结构稳定状态[75]，令 Ru 和 Au 分别是规范评价规则和自主评价规则，令 Ru 是常数，对于 $l=1,2,\cdots,N$，自主评价规则 $\mathrm{Au}^l:\Omega\to\mathbf{R}^+$ 对应的评价结果是随机变量。

定义 3.22　在概率空间(Ω,F,P)上，组合评价规则 **Cu** 满足

$$0\leqslant\mathbf{Cu}\leqslant\infty\quad \mathrm{P-a.s.}$$

对于 **Cu**，若 $\mathrm{Ru},\mathrm{Au}^1,\mathrm{Au}^2,\cdots,\mathrm{Au}^{\mathrm{N}}$ 关于 $\sigma(\mathrm{Ru},\mathrm{Au}^1,\mathrm{Au}^2,\cdots,\mathrm{Au}^{\mathrm{N}})$ 是可测的，即对于 R^{N+1} 上的可测函数 f，有

$$\mathbf{Cu}=f(\mathrm{Ru},\mathrm{Au}^1,\mathrm{Au}^2,\cdots,\mathrm{Au}^N) \tag{3.13}$$

则称 **Cu** 为导向性评价规则。其中，P－a.s. 表示几乎可以肯定，下同。

定义 3.23　评价参与者收益是一个向量 $\boldsymbol{r}=(r^0,\cdots,r^N)^{\mathrm{T}}\in R^{N+1}$，其中 r^i 表示第 i 项评价规则下评价参与者的收益。则评价参与者参考效用 u_0 为

$$u_0(\boldsymbol{r})=\boldsymbol{r}\cdot\mathrm{Cu}_0=r^0\mathrm{Ru}_0+r^1\mathrm{Au}_0^1+\cdots+r^N\mathrm{Au}_0^N \tag{3.14}$$

若 $\mathrm{Ru}_0\neq\phi$，则评价参与者参考效用 $u_0=r^0\mathrm{Ru}_0$；否则，$u_0=r^1\mathrm{Au}_0^1+r^2\mathrm{Au}_0^2+\cdots+r^N\mathrm{Au}_0^N$。

评价参与者效用为

$$u(\boldsymbol{r})=\boldsymbol{r}\cdot\mathbf{Cu}=r^0\mathrm{Ru}+r^1\mathrm{Au}^1+\cdots+r^N\mathrm{Au}^N \tag{3.15}$$

则在评价规则组合 **Cu** 下，群组评价效用

$$U(\boldsymbol{r})=u(\boldsymbol{r})-u_0(\boldsymbol{r}) \tag{3.16}$$

其中，评价参与者观察到评价值 $y\in Y$，获得收益 $r(\lambda,y)$。评价进程中，效用 u 应是评价参与者可识别的，是评价参与者在规范评价规则和自主评价规则共同作用下产生的，用以指导进一步的评价行为。

定义 3.24　称 $\boldsymbol{r}\in\mathbf{R}^{N+1}$ 是可评价规则诱导的，若满足：

(1) $U_0(\boldsymbol{r})=\boldsymbol{r}\cdot\mathrm{Cu}_0\leqslant 0$。

(2) $U(\boldsymbol{r})=\boldsymbol{r}\cdot\mathrm{Cu}\geqslant 0\ P-\mathrm{a.s.}$ 及 $P(U(\boldsymbol{r})>0)>0$。

其中，(1)表示群组评价问题无论在全规范评价规则还是全自主评价规则下，群体效用 U 小于或等于0，(2)表示应用评价规则组合 **Cu** 的群组评价问题群体效用 U 一定会大于或等于0，且有大于0的概率其群体效用 U 会大于0。

定义 3.25　称$(N+1)\times k$ 阶矩阵 $\boldsymbol{D}$ 为评价规则矩阵，有

$$D = \begin{pmatrix} \mathrm{Ru}(Y_1^\lambda) & \mathrm{Ru}(Y_2^\lambda) & \cdots & \mathrm{Ru}(Y_k^\lambda) \\ \mathrm{Au}^1(Y_1^\lambda) & \mathrm{Au}^1(Y_2^\lambda) & \cdots & \mathrm{Au}^1(Y_k^\lambda) \\ \vdots & \vdots & & \vdots \\ \mathrm{Au}^N(Y_1^\lambda) & \mathrm{Au}^N(Y_2^\lambda) & \cdots & \mathrm{Au}^N(Y_k^\lambda) \end{pmatrix} = (\mathbf{Cu}(Y_1^\lambda),\cdots,\mathbf{Cu}(Y_k^\lambda)) \tag{3.17}$$

式中:N 为自主评价规则数量;k 为可能的评价结果种类数。

称 $\mathbf{Cu}_0=(\mathrm{Ru}_0,\mathrm{Au}_0^1,\cdots,\mathrm{Au}_0^N)^{\mathrm{T}}$ 为全规则向量,$(\mathbf{Cu}_0,\mathbf{Cu})\equiv(\mathbf{Cu}_0,\boldsymbol{D})\in\mathbf{R}^{N+1}$ 为群组评价模型。

定理 3.1 对评价状态空间 Ω,若评价规则具有导向性,则存在 $\boldsymbol{r}\in\mathbf{R}^{N+1}$,满足:

$U_0(\boldsymbol{r})\leqslant 0$

$U_1(\boldsymbol{r})(Y_l)\geqslant 0$(对所有的 l)

证明:由定义 3.23,易知定理 3.1 成立。

假设规范评价规则对评价结果影响固定,即存在对评价结果的帕累托改进 s,使得

$$\mathrm{Ru}_0=\mathrm{Ru},\ \mathrm{Ru}'=\mathrm{Ru}(1+s)$$

其中,帕累托改进 s 是常数。证毕。

定理 3.2 群组评价问题存在组合评价规则。即存在向量 $\boldsymbol{r}\in\mathbf{R}^N$,满足

$$\boldsymbol{r}\mathrm{Au}\geqslant(1+s)\boldsymbol{r}\cdot\mathrm{Au}_0\ \mathrm{P-a.s.}$$

和

$$P[\boldsymbol{r}\cdot\mathrm{Au}>(1+s)\boldsymbol{r}\cdot\mathrm{Au}_0]>0$$

证明:令 $\boldsymbol{r}=(r^0,\boldsymbol{r})^{\mathrm{T}}$ 是可评价规则诱导的,则

$$0\geqslant\boldsymbol{r}\cdot\mathbf{Cu}_0=\boldsymbol{r}^0\mathrm{Ru}+\boldsymbol{r}\cdot\mathrm{Au}$$

因此

$$\begin{aligned}\boldsymbol{r}\cdot\mathrm{Au}-(1+s)\boldsymbol{r}\cdot\mathrm{Au}_0 &\geqslant \boldsymbol{r}\cdot\mathrm{Au}+(1+s)r^0\mathrm{Ru}\\ &= r^0\mathrm{Ru}'+\boldsymbol{r}\cdot\mathrm{Au}=\boldsymbol{r}\cdot\mathbf{Cu}\end{aligned}$$

由于是可评价规则诱导的,则

$$\boldsymbol{r}\cdot\mathrm{Au}-(1+s)\boldsymbol{r}\cdot\mathrm{Au}_0\geqslant 0\quad \mathrm{P-a.s.}$$

且

$$P[\boldsymbol{r}\cdot\mathrm{Au}>(1+s)\boldsymbol{r}\cdot\mathrm{Au}_0]>0$$

证毕。

定理 3.3 对群组评价模型$(\mathrm{Cu}_0,\boldsymbol{D})$,存在 $\varphi\in\mathbf{R}^{K+1}$,对于所有 $\boldsymbol{r}\in\mathbf{R}^{N+1}$,有 $\varphi\gg 0$ 及

$$\varphi \cdot L(\boldsymbol{r})=0$$

其中，L: $\mathbf{R}^{N+1} \rightarrow \mathbf{R}^{K+1}$是一个线性变换，且

$$L(\boldsymbol{r})=\begin{pmatrix}-\boldsymbol{r}\cdot \mathbf{Cu}\\ \boldsymbol{D}^{\mathrm{T}}\bar{r}\end{pmatrix}=\begin{pmatrix}\mathbf{Cu}\\ \boldsymbol{D}^{\mathrm{T}}\end{pmatrix}\boldsymbol{r}$$

即存在一个向量$\boldsymbol{\varphi}\in\mathbf{R}^{K+1}$，$\boldsymbol{\varphi}\gg\mathbf{0}$，有

$$\mathbf{Cu}=\boldsymbol{D\varphi} \tag{3.18}$$

证毕。

证明：令$\boldsymbol{\phi}=\begin{pmatrix}\phi_0\\ \phi_1\end{pmatrix}\in\mathbf{R}^{K+1}$，$\phi_0\in\mathbf{R}$，$\phi_1\in\mathbf{R}^{K}$，对于所有$\boldsymbol{r}\in\mathbf{R}^{N+1}$，满足

$$\boldsymbol{\phi}\gg 0,\ \boldsymbol{\phi}\cdot L(\boldsymbol{r})=\mathbf{0}$$

由于$\boldsymbol{\phi}\gg 0$，有$\phi_0>0$和$\phi_1\gg 0$。因此

$$0=\boldsymbol{\phi}\cdot L(\boldsymbol{r})=\begin{pmatrix}\phi_0\\ \phi_1\end{pmatrix}\cdot\begin{pmatrix}-\boldsymbol{r}\cdot\mathbf{Cu}\\ \boldsymbol{D}^{\mathrm{T}}\boldsymbol{r}\end{pmatrix}=-\phi_0\boldsymbol{r}\cdot\mathbf{Cu}+\phi_1\cdot\boldsymbol{D}^{\mathrm{T}}\boldsymbol{r}$$

令$\boldsymbol{\varphi}=\boldsymbol{\phi}_1/\phi_0$，对于所有$\boldsymbol{r}\in\mathbf{R}^{N+1}$，有

$$\boldsymbol{r}\cdot\mathbf{Cu}=\frac{\phi_1}{\phi_0}\cdot\boldsymbol{D}^{\mathrm{T}}\boldsymbol{r}=\varphi\cdot\boldsymbol{D}^{\mathrm{T}}\boldsymbol{r}=\boldsymbol{r}\cdot\boldsymbol{D}\varphi$$

因此，对于满足$\boldsymbol{\varphi}\gg 0$的某些$\boldsymbol{\varphi}\in\mathbf{R}^{K}$，有

$$\mathbf{Cu}=\boldsymbol{D\varphi}$$

证毕。

由$\mathbf{Cu}=\boldsymbol{D\varphi}$，有

$$\begin{pmatrix}\mathrm{Ru}_0\\ \mathrm{Au}^1\\ \vdots\\ \mathrm{Au}^N\end{pmatrix}=\begin{pmatrix}\mathrm{Ru}(Y_1^{\lambda}) & \mathrm{Ru}(Y_2^{\lambda}) & \cdots & \mathrm{Ru}(Y_k^{\lambda})\\ \mathrm{Au}^1(Y_1^{\lambda}) & \mathrm{Au}^1(Y_2^{\lambda}) & \cdots & \mathrm{Au}^1(Y_k^{\lambda})\\ \vdots & \vdots & & \vdots\\ \mathrm{Au}^N(Y_1^{\lambda}) & \mathrm{Au}^N(Y_2^{\lambda}) & \cdots & \mathrm{Au}^N(Y_k^{\lambda})\end{pmatrix}\begin{pmatrix}\varphi_1\\ \varphi_2\\ \vdots\\ \varphi_k\end{pmatrix}$$

即

$$\begin{cases}\mathrm{Ru}_0=\mathrm{Ru}(Y_1^{\lambda})\varphi_1+\cdots+\mathrm{Ru}(Y_k^{\lambda})\varphi_k\\ \mathrm{Au}^1=\mathrm{Au}^1(Y_1^{\lambda})\varphi_1+\cdots+\mathrm{Au}^1(Y_k^{\lambda})\varphi_k\\ \vdots\\ \mathrm{Au}^N=\mathrm{Au}^N(Y_1^{\lambda})\varphi_1+\cdots+\mathrm{Au}^N(Y_k^{\lambda})\varphi_k\end{cases} \tag{3.19}$$

又s是常数，$\mathrm{Ru}_0=\mathrm{Ru}$，$\mathrm{Ru}'=\mathrm{Ru}(1+s)$，则

$$\varphi_1+\cdots+\varphi_k=\frac{1}{1+s} \tag{3.20}$$

因此，对于所有$1\leqslant l\leqslant N$，式(3.19)等价于

$$(1+s)\mathrm{Au}^l = \mathrm{Au}^l(Y_1^\lambda)(1+s)\varphi_1 + \cdots + \mathrm{Au}^l(Y_k^\lambda)(1+s)\varphi_k$$
$$= \mathrm{Au}^l(Y_1^\lambda)\frac{\varphi_1}{\varphi_1+\cdots+\varphi_k} + \cdots + \mathrm{Au}^l(Y_k^\lambda)\frac{\varphi_k}{\varphi_1+\cdots+\varphi_k}$$

定义 3.26 对于所有 $1\leqslant h\leqslant K$,有

$$Q(\{Y_h^\lambda\}) = \frac{\varphi_h}{\varphi_1+\cdots+\varphi_K} \tag{3.21}$$

则 Q 是一个概率测度。

定理 3.4 对群组评价模型$(\mathbf{Cu}_0,\mathbf{Cu})\cong(\mathbf{Cu}_0,\boldsymbol{D})$,存在偏好测度 Q,

$$\mathrm{Au}_0 = E_Q\left[\frac{\mathrm{Au}^l}{1+s}\right] \tag{3.22}$$

式中:E_Q为偏好测度 Q 的期望。

定义 3.27 称实数 $r^{\mathbf{Cu}'}\geqslant 0$ 为群组评价问题临界收益,所有评价规则的临界收益的集合为$\Pi(\mathbf{Cu}')$。

定理 3.5 设 $P\neq\varnothing$,则 $\Pi(\mathbf{Cu}')\neq\varnothing$,并且

$$\Pi(\mathbf{Cu}') = \left\{E_Q\left[\frac{\mathbf{Cu}'}{1+s}\right]:\ Q\subseteq P, E_Q[\mathbf{Cu}'] < \infty\right\} \tag{3.23}$$

证明:对于 $1\leqslant l\leqslant N$,由

$$\mathbf{Cu}_0 = E_Q\left[\frac{\mathbf{Cu}^l}{1+s}\right]$$

因此

$$\Pi(\mathbf{Cu}) \subseteq \left\{E_Q\left[\frac{\mathbf{Cu}}{1+s}\right]:\ Q\subseteq P, E_Q[\mathbf{Cu}] < \infty\right\}$$

相反的,对于 $Q\subseteq P$,若

$$r^{\mathbf{Cu}'} = E_Q\left[\frac{\mathbf{Cu}}{1+s}\right]$$

则偏好测度 Q 对于一般评价模型也适用,即

$$\Pi(\mathbf{Cu}) \supseteq \left\{E_Q\left[\frac{\mathbf{Cu}}{1+s}\right]:\ Q\subseteq P, E_Q[\mathbf{Cu}] < \infty\right\}$$

证毕。

3.3.3 具有评价规则导向的群组评价方法

步骤 1 对某一具体群组评价问题,由规范评价规则 Ru 生成初始局部评价环境 En_0,评价参与者根据 En_0及定义 3.23,给出其参考评价效用 $u_0(\boldsymbol{r})$;

例 3.1 令规范评价规则为 Ru,对应表 3.9 的评价规则"评价群体具有"发生特性",自主评价规则{Au}选取结构规则中的{27,28,29,30,40,41,42,43},

其中规则27, 28是{个体IT/群体IT;个体IS/群体IS};

规则29, 30是{个体IP/群体IP;个体IJ/群体IJ};

规则40是{对评价过程有影响的事件是评价者在给定概率条件下对评价结果向量的期望效用};

规则41是{若评价者对被评价对象判断符合一般分布,则群体期望效用是个体期望效用的加权平均};

规则42是{评价者评价涉及了除个体预期外的全部相关信息,所以群体中没有人会单独改变其评价行为(因为所有人的评价基础都一样)};

规则43是{评价者期望效用是贝叶斯期望效用}。

参考效用 $u_0(\boldsymbol{r})=\boldsymbol{r}\cdot\mathbf{Cu}_0=-10.12<0$,评价者收益信息和初始偏好判断见表3.10和表3.11。

步骤2　对En_0添加1条自主评价规则Au^1,局部评价环境由En_0调整为En_1,评价参与者根据En_1和对被评价对象的偏好λ,生成$\boldsymbol{r}_1$,由定义3.24和定理3.1判断$\boldsymbol{r}_1$为可评价规则诱导的,由定理3.2知存在具有导向性的评价规则$\mathbf{Cu}$,调整评价效用为$u_1(\boldsymbol{r}_1)$,转入步骤3,否则,$\boldsymbol{r}_1$为不可评价规则诱导的,自主评价规则Au^1及相应的评价规则组合$\mathbf{Cu}$对该群组评价问题不具有评价规则导向,放弃自主评价规则Au^1并添加新的评价规则,重复步骤2。

步骤3　对En_1继续添加自主评价规则$\mathrm{Au}^2,\cdots,\mathrm{Au}^N$,重复步骤2,局部评价环境相应由$\mathrm{En}_1$调整为$\mathrm{En}_N$,评价效用调整为$u_N(\boldsymbol{r}_N)$。

表3.10　评价收益信息表

评价者	r^0	r^1	r^2	r^3	r^4	r^5	r^6	r^7	r^8
1	14.57	17.89	22.26	7.72	1.60	0	1.73	69.33	1.89
2	16.50	15.20	5.54	13.75	1.82	0	1.87	60.42	3.08
3	26.32	16.16	12.88	3.98	0	0	0	65.08	5.50
4	0	6.01	12.26	1.06	2.33	0	0	27.6	5.05
5	22.18	8.17	44.28	5.04	0	0	0	81.66	0
6	21.82	12.06	23.42	5.78	3.63	0	3.61	71.69	1.83
7	0	3.29	66.03	0	2.95	0	3.79	78.41	0
8	0	9.62	32.02	2.96	8.70	0	0	64.38	1.78
9	0	11.77	33.96	0	6.36	0	1.52	64.18	0
10	11.29	0	23.99	3.42	5.00	3.76	0	53.02	5.50
11	0	0	25.41	9.71	14.25	2.13	0	60.33	0

（续）

评价者	r^0	r^1	r^2	r^3	r^4	r^5	r^6	r^7	r^8
12	11.64	8.58	28.38	0	9.04	1.10	1.13	65.99	0
13	0	6.59	0	4.06	20.85	0	2.08	45.80	0
14	0	3.32	25.60	18.47	6.01	1.95	4.86	60.23	1.76
15	0	19.51	17.34	2.00	10.28	0	0	60.56	0
16	0	27.24	10.27	3.78	2.03	0	0	48.30	1.66
17	0	3.35	22.52	2.06	9.09	2.79	0	50.78	4.49
18	0	15.03	34.99	5.56	10.85	0	1.95	69.87	0
19	14.25	17.51	20.19	5.40	0	0	1.40	65.67	1.43
20	0	26.10	26.84	3.01	0	0	0	68.41	6.84
21	0	26.65	77.05	2.74	1.98	0	0	40.45	3.23
22	11.02	18.95	11.80	1.67	14.70	0	1.02	63.21	1.09
23	0	9.93	32.81	8.57	14.36	0	0	68.10	3.89
24	0	21.48	28.15	19.87	0	0	1.62	73.10	1.39
25	12.13	23.84	18.24	8.27	0	0	1.12	68.34	1.46
26	0	7.61	48.49	3.13	4.58	2.68	1.93	68.54	4.56
27	9.16	21.37	24.43	10.41	0	0	0	70.76	0
28	0	5.64	39.71	3.48	10.18	0	2.63	67.64	4.50
29	0	20.74	8.08	12.79	8.04	0	1.02	59.81	0

例 3.2 接例 3.1，有评价规则判断表 3.11。

表 3.11 评价规则判断表

Cu	Ru	Au_{27}	Au_{28}	Au_{29}	Au_{30}	Au_{40}	Au_{41}	Au_{42}	Au_{43}
可诱导	—	√	√	√	√	×	√	√	√
$U(\boldsymbol{r})$	-10.12	25.87	56.54	62.31	73.56	—	68.79	75.62	58.65

由表 3.11 知，规则｛对评价过程有影响的事件是评价者在给定概率条件下对评价结果向量的期望效用｝被剔除，自主评价规则｛若评价者对被评价对象判断符合一般分布，则群体期望效用是个体期望效用的加权平均｝、｛评价者期望

效用是贝叶斯期望效用}的添加使得群组评价效用下降,需要进一步验证。

步骤4　由 **Cu** 生成评价规则矩阵 $\boldsymbol{D}$,有群组评价模型($\mathbf{Cu}_0,\boldsymbol{D}$),$\mathbf{Cu}=\boldsymbol{D}\boldsymbol{\varphi}$,确定评价规则组合形式系数 $\boldsymbol{\varphi}$,由定理3.3、定理3.4,定义3.26计算对评价结果的帕累托改进 s。

步骤5　由定义3.27和定理3.5计算评价规则的临界收益的集合为 $\Pi(\mathbf{Cu}')$,根据群组评价的目的,若能够符合群组评价的要求,则根据相应信息集结方法给出评价结论,同时得出评价规则组合 **Cu** 对评价结果的帕累托改进 $(s_1,s_2,\cdots)$,其中 $s_1,s_2,\cdots$ 表示根据不同评价规则组合导向对评价结论的改进,对评价规则组合 **Cu** 给出定量判断;否则,重复步骤2,以对评价规则组合 **Cu** 进行优化;

例3.3　接上例,令 Ru 固定且是群组评价问题的评价规则,初始评价规则组合形式系数 $\varphi_1=1$,且令 $\mathrm{Au}^{27}=1$,若组合评价规则{24,27,28,29,30,41,42,43}其中规则24是{评价群体具有"发生特性"};

规则27是{个体IT/群体IT};28{个体IS/ 群体IS};

规则29是{个体IP/群体IP};

规则30是{个体IJ/群体IJ};

规则41是{若评价者对被评价对象判断符合一般分布,则群体期望效用是个体期望效用的加权平均};

规则42是{评价者评价涉及了除个体预期外的全部相关信息,所以群体中没有人会单独改变其评价行为(因为所有人的评价基础都一样)};

规则43是{评价者期望效用是/不是贝叶斯期望效用}。

评价结果改进 $s=1/(-\mathrm{Ru}+4\mathrm{Au}^{27}+\mathrm{Au}^{30}+\mathrm{Au}^{41}+2\mathrm{Au}^{43})-1$,且 $s\geqslant 0$,则评价规则组合形式系数 $\boldsymbol{\varphi}=(1,1,1,2,-1,1,2,-1)^{\mathrm{T}}$,$s=2.5$,评价规则的临界收益集合为 $\Pi(\mathbf{Cu}')=1$;若组规则合评价{24,27,28,29,30,42,43},则评价规则组合形式系数 $\boldsymbol{\varphi}=(1,1,2,1,1,1,-1)^{\mathrm{T}}$,$s=2.2$,评价规则的临界收益集合 $\Pi(\mathbf{Cu}')=0.72$;若组合评价规则{24,27,28,29,30,41,42},则评价规则组合形式系数 $\boldsymbol{\varphi}=(1,1,1,2,-1,1,-1)^{\mathrm{T}}$,$s=3$,评价规则的临界收益集合 $\Pi(\mathbf{Cu}')=1.13$。则组合评价规则{24,27,28,29,30,41,42}入选。

3.3.4　算例分析

由29位专家根据9条评价规则进行群组评价(图3.2)。令规范评价规则为 Ru,自主评价规则{$\mathrm{Au}_1,\mathrm{Au}_2,\cdots,\mathrm{Au}_8$},参与者参考效用 $u_0(\boldsymbol{r})=\boldsymbol{r}\cdot\mathbf{Cu}_0=-10.12<0$,评价参与者收益信息和初始偏好判断见表3.12和表3.13。

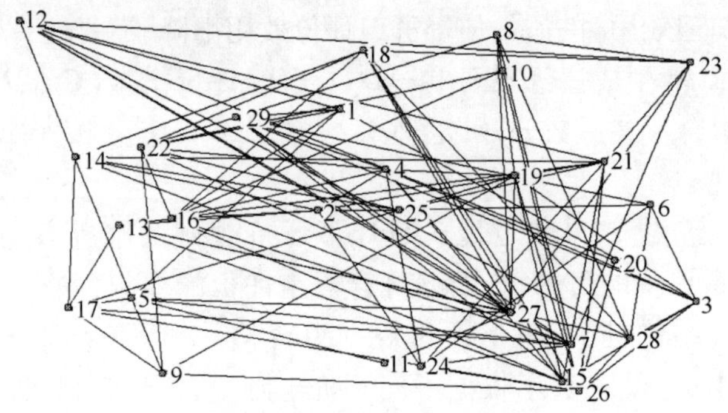

图 3.2 初始局部评价环境 En_0

表 3.12 评价收益信息表

专家	r^0	r^1	r^2	r^3	r^4	r^5	r^6	r^7	r^8
1	14.57	17.89	22.26	7.72	1.60	1.73	3.08	0	69.33
2	16.50	15.20	5.54	13.75	1.82	1.87	5.50	0	60.42
3	26.32	16.16	12.88	3.98	0	0	5.05	0	65.08
4	0	6.01	12.26	1.06	2.33	0	0	0	27.6
5	22.18	8.17	44.28	5.04	0	0	1.83	0	81.66
6	21.82	12.06	23.42	5.78	3.63	3.61	0	0	71.69
7	0	3.29	66.03	0	2.95	3.79	1.78	0	78.41
8	0	9.62	32.02	2.96	8.70	0	0	0	64.38
9	0	11.77	33.96	0	6.36	1.52	5.50	0	64.18
10	11.29	0	23.99	3.42	5.00	0	0	3.76	53.02
11	0	0	25.41	9.71	14.25	0	0	2.13	60.33
12	11.64	8.58	28.38	0	9.04	1.13	0	1.10	65.99
13	0	6.59	0	4.06	20.85	2.08	1.76	0	45.80
14	0	3.32	25.60	18.47	6.01	4.86	0	1.95	60.23
15	0	19.51	17.34	2.00	10.28	0	1.66	0	60.56
16	0	27.24	10.27	3.78	2.03	0	4.49	0	48.30
17	0	3.35	22.52	2.06	9.09	0	0	2.79	50.78
18	0	15.03	34.99	5.56	10.85	1.95	1.43	0	69.87
19	14.25	17.51	20.19	5.40	0	1.40	6.84	0	65.67
20	0	26.10	26.84	3.01	0	0	3.23	0	68.41
21	0	26.65	77.05	2.74	1.98	0	1.09	0	40.45

（续）

专家	r^0	r^1	r^2	r^3	r^4	r^5	r^6	r^7	r^8
22	11.02	18.95	11.80	1.67	14.70	1.02	3.89	0	63.21
23	0	9.93	32.81	8.57	14.36	0	1.39	0	68.10
24	0	21.48	28.15	19.87	0	1.62	1.46	0	73.10
25	12.13	23.84	18.24	8.27	0	1.12	4.56	0	68.34
26	0	7.61	48.49	3.13	4.58	1.93	0	2.68	68.54
27	9.16	21.37	24.43	10.41	0	0	4.50	0	70.76
28	0	5.64	39.71	3.48	10.18	2.63	0	0	67.64
29	0	20.74	8.08	12.79	8.04	1.02	1.89	0	59.81

由表 3.12，$\mathbf{Cu}=(\mathrm{Ru},\mathrm{Au}^1,\mathrm{Au}^2,\mathrm{Au}^3,\mathrm{Au}^4,\mathrm{Au}^5,\mathrm{Au}^6,\mathrm{Au}^8)^{\mathrm{T}}$，有评价规则组合形式系数 $\boldsymbol{\varphi}$，评价结果的帕累托改进

$$s=\frac{1}{-\mathrm{Ru}+4\mathrm{Au}^1+\mathrm{Au}^4+\mathrm{Au}^6+2\mathrm{Au}^8}-1$$

且 $s\geqslant 0$，令 Ru 固定且是群组评价问题必备的评价规则，$\varphi_1=1$，且令

$\mathrm{Au}^1=1$

$\varphi_1=\mathrm{Ru}-\mathrm{Au}^4+\mathrm{Au}^5-\mathrm{Au}^6$，$\varphi_2=2\mathrm{Ru}-2\mathrm{Au}^1-\mathrm{Au}^2-2\mathrm{Au}^3+5\mathrm{Au}^4+\mathrm{Au}^6-2\mathrm{Au}^8$，$\varphi_3=-\mathrm{Au}^5+\mathrm{Au}^6$，$\varphi_4=-\mathrm{Au}^3-2\mathrm{Au}^4+2\mathrm{Au}^6-\mathrm{Au}^8$，$\varphi_5=-\mathrm{Ru}+2\mathrm{Au}^1+\mathrm{Au}^3+3\mathrm{Au}^4+2\mathrm{Au}^8$，$\varphi_6=-\mathrm{Ru}+\mathrm{Au}^1+2\mathrm{Au}^4+2\mathrm{Au}^8$，$\varphi_7=-\mathrm{Ru}+2\mathrm{Au}^1+\mathrm{Au}^3+2\mathrm{Au}^4-\mathrm{Au}^6$，$\varphi_8=-\mathrm{Ru}+2\mathrm{Au}^1+\mathrm{Au}^3+3\mathrm{Au}^4-\mathrm{Au}^6+\mathrm{Au}^8$。则 $\boldsymbol{\varphi}=(1,1,1,2,-1,1,2,-1)^{\mathrm{T}}$，$s=2.5$，实现评价目标时，评价规则的临界收益的集合为 $\Pi(\mathbf{Cu}')=1$，对应的局部评价环境见图 3.3。评价规则判断见表 3.14。局部评价环境稳定状态下参与者偏好判断值见表 3.15。

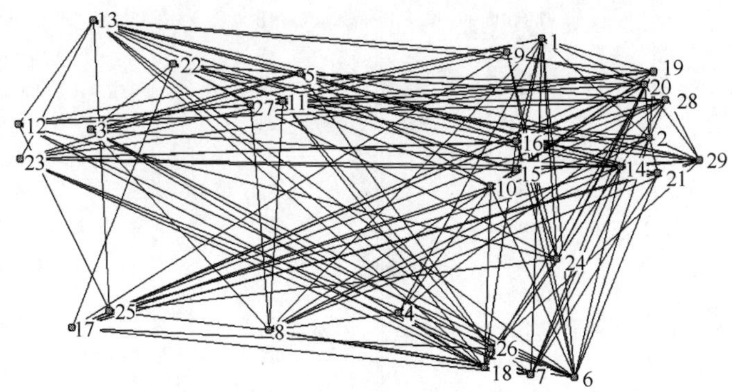

图 3.3　稳定局部评价环境 En

表 3.13　初始评价参与者偏好判断

参与者	λ_0	参与者	λ_0
1	0.2226	16	0.9027
2	0.5541	17	0.2252
3	0.1288	18	0.9456
4	0.9226	19	0.8019
5	0.4428	20	0.2684
6	0.2342	21	0.7704
7	0.6403	22	0.1180
8	0.3202	23	0.3280
9	0.8396	24	0.2815
10	0.9397	25	0.9824
11	0.2540	26	0.4849
12	0.7838	27	0.2443
13	0	28	0.3971
14	0.2560	29	0.9808
15	0.6734		

表 3.14　评价规则判断表

Cu	Ru	Au^1	Au^2	Au^3	Au^4	Au^5	Au^6	Au^7	Au^8
可诱导	—	√	√	√	√	√	√	×	√
$U(\boldsymbol{r})$	-10.12	25.87	56.54	62.31	73.56	58.65	68.79	—	75.62

表 3.15　评价参与者偏好判断

参与者	λ	参与者	λ
1	0.6933	16	0.4830
2	0.6042	17	0.5078
3	0.6508	18	0.6987
4	0.2761	19	0.6567
5	0.8166	20	0.6841
6	0.7162	21	0.4045
7	0.7841	22	0.6321
8	0.6438	23	0.6810
9	0.6418	24	0.7310
10	0.5302	25	0.6836
11	0.6034	26	0.6854
12	0.6599	27	0.7076
13	0.4580	28	0.6764
14	0.6023	29	0.5981
15	0.6056		

3.4　本章小结

本章定义并讨论了评价关系及其在群组评价中的应用,认为评价关系是一类社会关系,评价关系评价参与者之间存在协商互动的基础(传统综合评价问题中,不同评价要素的关系不在考虑范围内);评价关系的产生及发展伴随评价进程,对评价结论产生影响,当评价问题结束时,评价关系转化为参与者之间的社会关系,并以经验的形式进入其他问题;评价关系是复合关系,既包括评价参与者对相互之间关系的偏好判断,也包括基于评价环境形成的结构性特征;评价关系不能还原为参与者个体属性,不能复归为评价规则,不具备分离于个体和群体的行动之外的实体形态的特征。通过将评价关系数据引入综合评价问题以及构建局部评价环境,根据参与者主观经验、评价群体网络结构特征及参与者偏好判断相似性讨论了评价关系的构成及评价关系的转化,定义了评价关系优先序算子,讨论了算子权重向量的确定方法及算子的性质。与以往群组评价问题不同,考虑评价关系的群组评价问题能够差异化处理由于评价目标、评价规则及评价群体状况带来的变化,从而增强了群组评价方法的适应性和有效性。进一步的研究聚焦于在评价过程中,评价关系对评价结论形成的具体作用。

将评价权力作为关系属性即作为评价关系的一种表现形式与参与者节点信息共同构建局部评价环境。讨论了具有评价权力导向的局部评价环境构建及群组评价方法,按照群组评价中可能的评价权力来源,将评价权力量化为能够通过评价参与者之间主观判断和根据群组评价网络结构表示的评价权力关系。具有评价权力导向的局部评价环境群组评价方法将评价权力信息引入评价问题,量化了评价权力关系,在确保群组评价方法柔性的同时提高了评价权力因素参与的评价方法的客观性。

将评价规则导向转化为一种群组评价的结构性安排。讨论了具有评价规则导向的局部评价环境构建及群组评价方法,将评价规则划分为规范评价规则和自主评价规则,讨论在评价过程中可能存在的评价规则组合,寻找能够被诱导的评价规则及其组成形式,给出了具有规则导向的群组评价方法。具有评价规则导向的局部评价环境群组评价方法将评价规则组合形式和规则筛选纳入评价流程,进一步加强了群组评价方法的适应性和有效性。

评价关系是局部评价环境的基本组成部分(另一个部分是评价者,传统群组评价方法研究主要就是对评价参与者展开的),本身也是群组评价基本要素之一,跟随评价流程发生变动并且是群组评价稳定状态的联结要素,对评价结论的影响不容忽视。进一步的研究是有向、有权的评价关系及群组评价方法研究。

面向群组评价问题的局部评价环境设计是一种以被评价对象为目标设置的评价方法设计路径,本书以局部评价环境为评价方法设计依据,将评价规则调整与局部评价环境状态整合考虑,通过评价规则设置、筛选和组合分析局部评价环境状态变化,通过局部评价环境稳定状态下可能的组合评价规则形式分析评价过程的可能改进。本章介绍的评价方法具有如下特点:评价规则对于具有规则导向的群组评价方法而言不再是外生变量,评价规则以组合形式参与群组评价方法计算,具备评价规则筛选优化功能,定量表述了评价规则对评价结论的改进。进一步的研究方向是考虑能否根据被评价对象或评价问题基本特征实现对形式评价规则、结构评价规则和组合评价规则的设置、筛选和组合,从而绕开评价方法敏感性分析。

第4章 局部评价环境结构分析及评价方法

4.1 具有不同群体偏好网络结构的评价信息集结方法

网络性是复杂系统的结构共性,群组评价问题本身具有内在的网络维。评价群体的结构可以被看作以评价参与者为节点、评价参与者之间的评价关系为联结的局部社会网络,以不同的联结方式构成的评价群体具有不同的网络结构,而网络结构的构成差异、演化途径及整合程度会对评价参与者之间的联结方式、互动模式、评价进程、个体行为及群体行为等产生影响,对评价结论的影响也不容忽视。一般地,群组评价的动态过程不一定收敛,当评价群体构成的网络处于均衡状态(如果个体参与者都没有动因形成新的关联或者去除现有的关联,网络不再变化,那么这个网络被认为处于均衡状态)时,如何有效集结评价信息就成为需要解决的重要问题。

多源密度集结算子[143-148,254,255,307-311]是集结多源信息的有效手段,广泛应用于经济管理、工业工程及评价等领域。当偏好网络结构处于均衡状态时,不同特征的评价群体对应不同的网络结构,具备节点信息和网络结构信息的数据共同构成了群组评价的平面数据。本章将网络结构信息和节点数据进行集结转化,开发了平面密度集结算子,分别讨论了评价群体网络结构是星形网络、闭链结构和完整网络时的评价群体特征及对应的信息集成方法,并对评价结论进行了对比分析。

4.1.1 区间数密度加权平均算子

在实际评价过程中,评价信息有时以区间数形式来表达。目前有关此类问题已有大量的研究成果,文献[143-148, 307-311]给出了计算各被评价对象的综合评价值、基于可能度的区间数排序方法和信息集结方法,定义了不确定有序加权平均(uncertain ordered weighted averaging (UOWA))算子。密度中间算子(density middle operator (DM))[254,255]的提出使群组评价中的群体偏好分布信息进入集结算子,进一步扩展了群组评价的信息集结广度。对DM算子进行拓展,提出了区间数密度中间(IDM)算子及其合成算子,由密度算子的偏好判断,即密度权向量的"同性"("极性")测度的程度,给出求区间数密度算子权向量的方法和步骤,并用算例具体说明。

定义 4.1[254] 设 $\mathbf{R}$ 为实数域,区间数 $\tilde{a}=[a^L,a^U]$,$\tilde{b}=[b^L,b^U]\in\mathbf{R}$,称

$$g(\tilde{a},\tilde{b})=1-c(d(\tilde{a},\tilde{b})) \tag{4.1}$$

为 $\tilde{a}$,$\tilde{b}$ 的贴近度,其中 $d(\tilde{a},\tilde{b})$ 为区间数 $\tilde{a}$,$\tilde{b}$ 的距离,c 为参数,$g(\tilde{a},\tilde{b})\in[0,1]$,当区间数 $\tilde{a}=\tilde{b}$ 时,$g(\tilde{a},\tilde{b})=1$。

定义 4.2 设有 n 个区间数,若矩阵

$$\boldsymbol{G}=\begin{bmatrix} 1 & g_{12} & \cdots & g_{1n} \\ g_{21} & 1 & \cdots & g_{2n} \\ \vdots & \vdots & & \vdots \\ g_{n1} & g_{n2} & \cdots & 1 \end{bmatrix}$$

式中:g 为任意两区间数的贴近度,且满足 $g_{ij}=g_{ji}$,$g_{ii}=1$。对 $\forall i,j\in n$,有 $0\leqslant g_{ij}\leqslant 1$,则称矩阵 $\boldsymbol{G}$ 为贴近度矩阵。

由模糊聚类分析法,对应不同的截割水平 $\lambda(\lambda\in[0,1])$ 可以得到不同的数据集合的个数 $m(m\in\{1,2,\cdots,n\})$,令 f 是数据集合个数 m 与截割水平 λ 的一个映射,$m=f(\lambda)$,m 个数据集合为 $A_1,A_2,\cdots,A_m$;设 β 是密度权向量与数据集合个数 m 之间的一个映射,即密度影响因子,由文献[254,255],令密度权向量为 $\boldsymbol{\xi}$,其中

$$\xi_j=\beta_j\left(k_j/\sum_{j=1}^{m}k_j\right)\Big/\sum_{j=1}^{m}\beta_j\left(k_j/\sum_{j=1}^{m}k_j\right)$$

不失一般性,这里取 $\beta_j=\left(k_j/\sum_{j=1}^{m}k_j\right)^{\alpha}$,$j=1,2,\cdots,m$,其中 k_j 是 A_j 中数据个数,a 是密度影响指数[255]。

定义 4.3 对任一密度权向量 $\boldsymbol{\xi}$,其"同性"测度的度量为

$$\mathrm{Ts}(\boldsymbol{\xi})=\sum_{j=1}^{m}\frac{m-j}{m-1}\left(\frac{\beta_j\left(k_j/\sum_{j=1}^{m}k_j\right)}{\sum_{j=1}^{m}\beta_j\left(k_j/\sum_{j=1}^{m}k_j\right)}\right) \tag{4.2}$$

其"极性"程度的度量 Te = 1 − Ts。称 $\mathrm{Ts}(\boldsymbol{\xi})$($\mathrm{Te}(\boldsymbol{\xi})$)为密度算子的偏好判断,反映了属性值分布情况或群组评价中专家群体偏好意见的分布情况,即密度权向量"同性"测度越大,属性值分布越强调"主体信息",专家群越偏好"群体共

识”;密度权向量“极性”测度越大,属性值分布越强调“个体信息”,专家群越偏好“个别意见”。

令 g 是密度算子偏好判断与密度权向量的一个映射,则密度算子的偏好判断是截割水平 λ 及密度影响指数 α 的函数,即 $\mathrm{Ts}(\lambda,\alpha)=g[\beta(f(\lambda)),\alpha]$如:

当 $\lambda=0$ 时,所有属性值分为一组(即 $m=1$),其密度权向量 $\boldsymbol{\xi}=1$,α 值变化不影响密度权向量,则 $\mathrm{Ts}(\lambda,\alpha)=1$.

当 $\lambda=1$ 时,每个属性值或每个数据为一组,共有 n 组,(即 $m=n$),其密度权向量为 $\boldsymbol{\xi}=\left(\frac{1}{m^{\alpha}},\frac{1}{m^{\alpha}},\cdots,\frac{1}{m^{\alpha}}\right)$,有 $\mathrm{Ts}(\lambda,\alpha)=\frac{1}{2m^{\alpha-1}}=\frac{1}{2[f(\lambda)]^{\alpha-1}}$。

令 $\boldsymbol{I}$ 为全体实数区间数的集合。

定义 4.4 设 IDWA:$\boldsymbol{I}^n\to\boldsymbol{I}$,若

$$\mathrm{IDWA}_{\Lambda,\boldsymbol{\xi}}(\tilde{a}_1,\tilde{a}_2,\cdots,\tilde{a}_n)=\sum_{j=1}^{m}\xi_j\Lambda(A_j) \tag{4.3}$$

式中:$A_1,\cdots,A_m$ 为数据集合 A 的 m 组聚类;$\boldsymbol{\xi}=(\xi_1,\xi_2,\cdots,\xi_m)$为密度权向量;$\xi_j\in[0,1]$,$j=1,2,\cdots,m$,$\sum_{j=1}^{m}\xi_j=1$;$\Lambda$ 为某一信息集结算子。则称 IDWA 是区间数密度加权平均中间算子,也称为 IDWA 算子。

定义 4.4′ 设 IDWGA:$\boldsymbol{I}^n\to\boldsymbol{I}$,若

$$\mathrm{IDWGA}_{\Lambda,\boldsymbol{\xi}}(\tilde{a}_1,\tilde{a}_2,\cdots,\tilde{a}_n)=\prod_{j=1}^{m}\Lambda(A_j)^{\boldsymbol{\xi}} \tag{4.4}$$

则称 IDWGA 为区间数密度加权几何平均中间算子,也称为 IDWGA 算子。

定义 4.4′中字符的含义与定义 4.4 中相同。IDWA 与 IDWGA 统称为区间数密度算子——IDW 算子,以下仅针对 IDWA 进行讨论,因为性质类似,IDWGA 可仿此进行。

IDM 算子需要与其他的集结算子结合使用,以下给出 IDM 与 WAA、OWA[311]结合使用的2种合成算子。

定义 4.5 设 $\mathrm{IDWA}_{\mathrm{WAA},w,\boldsymbol{\xi}}$:$\boldsymbol{I}^n\to\boldsymbol{I}$,若

$$\mathrm{IDWA}_{\mathrm{WAA},w,\boldsymbol{\xi}}(a_1,a_2,\cdots,a_n)=\sum_{i=1}^{m}\xi_i\cdot\mathrm{WAA}(A_i)=\sum_{i=1}^{m}\xi_i\left[\sum_{j=1}^{k_i}w_j^{(i)}b_j^{(i)}\right] \tag{4.5}$$

式中:$A_i=\{b_j^{(i)}\mid i=1,2,\cdots m;j=1,2,\cdots,k_i\}$;$\sum_{i=1}^{m}k_i=n$;$b_j^{(i)}$ 为 A_i 中一数据;$\boldsymbol{\xi}=(\xi_1,\xi_2,\cdots,\xi_m)$ 为一密度权向量;$\boldsymbol{w}_i=(w_1^{(i)},w_2^{(i)},\cdots,w_{k_i}^{(i)})$ 是 $A_i=(b_1^{(i)},$

$b_2^{(i)},\cdots,b_{k_i}^{(i)}$）中数据重要性权向量，满足 $\sum_{j=1}^{k_i} w_j^{(i)} = 1, w_j^{(i)} > 0$，则称函数 $\mathrm{IDWA_{WAA}}$ 是密度算术加权平均算子，也称为 $\mathrm{IDWA_{WAA}}$ 算子。

定义 4.6 设 $\mathrm{IDWA_{OWA}}: \boldsymbol{I}^n \to \boldsymbol{I}$，若

$$\mathrm{IDWA}_{\mathrm{OWA},\omega,\boldsymbol{\xi}}(a_1,a_2,\cdots,a_n) = \sum_{i=1}^{m} \xi_i \cdot \mathrm{OWA}(A_i) = \sum_{i=1}^{m} \xi_i \left[\sum_{j=1}^{k_i} \omega_j^{(i)} b_j^{(i)} \right] \tag{4.6}$$

式中：$A_i = \{b_j^{(i)} \mid j=1,2,\cdots,k_i; i=1,2,\cdots,m\}$；$\sum_{i=1}^{m} k_i = n$，$b_j^{(i)}$ 为 A_i 中第 j 大的数据，且为 A 中一数据；$\boldsymbol{\xi} = (\xi_1,\xi_2,\cdots,\xi_m)$ 为一密度加权向量；$\boldsymbol{\omega}_i = (\omega_1^{(i)},\omega_2^{(i)},\cdots,\omega_{k_i}^{(i)})$ 是 $A_i = (b_1^{(i)},b_2^{(i)},\cdots,b_{k_i}^{(i)})$ 中数据在 A 中位置重要性的加权向量，满足 $\sum_{j=1}^{k} \omega_j^{(i)} = 1$，$\omega_j^{(i)} \geqslant 0$，则称函数 $\mathrm{IDWA_{OWA}}$ 是密度有序加权平均算子，也称为 $\mathrm{IDWA_{OWA}}$ 算子。

合成算子通过二次权向量的调节，完成了对区间数组的二次集结，体现了各分算子的特点。$\mathrm{IDWA_{WAA}}$ 算子适用于属性权重已知的属性值信息集结或评价参与者权重已知的评价群体信息集结，$\mathrm{IDWA_{OWA}}$ 算子适用于属性权重未知的属性值信息集结或评价参与者权重未知的评价群体信息的集结。

性质 4.1（单调性） 设 $(\tilde{a}_1,\tilde{a}_2,\cdots,\tilde{a}_n)$ 和 $(\tilde{b}_1,\tilde{b}_2,\cdots,\tilde{b}_n)$ 是任意两组区间数向量，若对任意 $j \in M$，有 $\tilde{a}_j \leqslant \tilde{b}_j$，则

$$\mathrm{IDWA}_{\Lambda,\boldsymbol{\xi}}(\tilde{a}_1,\tilde{a}_2,\cdots,\tilde{a}_n) \leqslant \mathrm{IDWA}_{\Lambda,\boldsymbol{\xi}}(\tilde{b}_1,\tilde{b}_2,\cdots,\tilde{b}_n)$$

性质 4.2（置换不变性） 设 $(\tilde{a}_1,\tilde{a}_2,\cdots,\tilde{a}_n)$ 是任一组区间数向量，若 $(\tilde{a}'_1,\tilde{a}'_2,\cdots,\tilde{a}'_n)$ 是 $(\tilde{a}_1,\tilde{a}_2,\cdots,\tilde{a}_n)$ 的任一置换，则

$$\mathrm{IDWA}_{\Lambda,\boldsymbol{\xi}}(\tilde{a}_1,\tilde{a}_2,\cdots,\tilde{a}_n) = \mathrm{IDWA}_{\Lambda,\boldsymbol{\xi}}(\tilde{a}'_1,\tilde{a}'_2,\cdots,\tilde{a}'_n)$$

证明：由式（4.3），有

$$\mathrm{IDWA}_{\Lambda,\boldsymbol{\xi}}(\tilde{a}_1,\tilde{a}_2,\cdots,\tilde{a}_n) = \sum_{j=1}^{m} \xi_j \Lambda(A_j)$$

$$\mathrm{IDWA}_{\Lambda,\boldsymbol{\xi}}(\tilde{a}'_1,\tilde{a}'_2,\cdots,\tilde{a}'_n) = \sum_{j=1}^{m} \xi_j \Lambda(A'_j)$$

由于 $(\tilde{a}'_1,\tilde{a}'_2,\cdots,\tilde{a}'_n)$ 是 $(\tilde{a}_1,\tilde{a}_2,\cdots,\tilde{a}_n)$ 的任一置换，且评价关系优先序不变，则有 $\tilde{a}'_j = a'_j, j=1,2,\cdots,t$。证毕。

性质 4.3（幂等性） 设 $(\tilde{a}_1,\tilde{a}_2,\cdots,\tilde{a}_n)$ 是任一组区间数向量，若对 $\forall j \in T$，

$T=1,2,\cdots,t$，有$(\tilde{a}_1,\tilde{a}_2,\cdots,\tilde{a}_n)=\tilde{a}$，则

$$\mathrm{IDWA}_{\Lambda,\xi}(\tilde{a}_1,\tilde{a}_2,\cdots,\tilde{a}_n)=\tilde{a}$$

证明：对一组区间数$(\tilde{a}_1,\tilde{a}_2,\cdots,\tilde{a}_n)$中区间数个数为 n。

$$\begin{aligned}\mathrm{IDWA}_{\Lambda,\xi}(\tilde{a}_1,\tilde{a}_2,\cdots,\tilde{a}_n) &= \sum_{j=1}^{m}\xi_j\Lambda(A_j) \\ &= \sum_{j=1}^{m}\xi_j\cdot\tilde{a}=\tilde{a}\cdot\sum_{j=1}^{m}\xi_j=\tilde{a}\end{aligned}$$

证毕。

性质 4.4（介值性）　设$(\tilde{a}_1,\tilde{a}_2,\cdots,\tilde{a}_n)$是任一组区间数向量，有

$$\mathrm{Min}(\tilde{a}_1,\tilde{a}_2,\cdots,\tilde{a}_n)\leqslant\mathrm{IDWA}_{\Lambda,\xi}(\tilde{a}_1,\tilde{a}_2,\cdots,\tilde{a}_n)\leqslant\mathrm{Max}(\tilde{a}_1,\tilde{a}_2,\cdots,\tilde{a}_n)$$

证明：对区间数向量$(\tilde{a}_1,\tilde{a}_2,\cdots,\tilde{a}_n)$，及

$$\begin{aligned}\mathrm{IDWA}_{\Lambda,\xi}(\tilde{a}_1,\tilde{a}_2,\cdots,\tilde{a}_n) &= \sum_{j=1}^{m}\xi_j\Lambda(A_j)\leqslant\mathrm{Max}\left(\sum_{j=1}^{m}\xi_j\Lambda(A_j)\right) \\ &= \mathrm{Max}(\tilde{a}_1,\tilde{a}_2,\cdots,\tilde{a}_n) \\ \mathrm{IDWA}_{\Lambda,\xi}(\tilde{a}_1,\tilde{a}_2,\cdots,\tilde{a}_n) &= \sum_{j=1}^{m}\xi_j\Lambda(A_j)\geqslant\mathrm{Min}\left(\sum_{j=1}^{m}\xi_j\Lambda(A_j)\right) \\ &= \mathrm{Min}(\tilde{a}_1,\tilde{a}_2,\cdots,\tilde{a}_n)\end{aligned}$$

可见 $\mathrm{Min}(\tilde{a}_1,\tilde{a}_2,\cdots,\tilde{a}_n)\leqslant\mathrm{IDWA}_{\Lambda,\xi}(\tilde{a}_1,\tilde{a}_2,\cdots,\tilde{a}_n)\leqslant\mathrm{Max}(\tilde{a}_1,\tilde{a}_2,\cdots,\tilde{a}_n)$，结论得证。

可以证明，IDWA 算子也存在与 IDWGA 算子类似的性质，只是运算法则不同。证毕。

4.1.2　平面密度加权平均算子

群组评价问题中，评价参与者偏好信息即节点信息，具有某种偏好网络结构的评价参与者之间的联结状况 g_{ij}和联结路径长度（偏好相似性测度 α_{ij}）共同构成了群组评价问题的平面数据。

令评价参与者集，即节点集 $M=\{1,2,3,\cdots,m\}$，其中，m 是一个有限整数。令 $g_{ij}\in\{0,1\}$是节点 i 和 j 之间的关系，若 i 和 j 之间存在某个联结，变量 g_{ij}值为 1，否则值为 0。g 是节点集合与它们之间关系一起定义的网络。集合 $M_i(g)=\{j\in M \mid g_{ij}=1\}$是节点 i 与之有联结的所有节点，即为 i 的邻居。$\eta_i(g)=|M_i(g)|$是网络 g 中节点 i 的邻居数目。星形网络 g^s 由两组 $M_k(g)$和 $M_{m-1}(g)$组成，且对于所

有 $i \in M_k(g)$，$M_i(g) = M_{m-1}(g)$。闭链结构网络 $|M_i(g)| = 2$。

平面数据聚类是指对平面上的若干数据按照集聚程度进行的分组。令平面数据集 $C, C_1, C_2, \cdots, C_r$ 为 C 的一个划分，且满足 $C_i \cap C_j = \varnothing$，$(i \neq j, i, j = 1, 2, \cdots, r)$，$C_1 \cup C_2 \cup \cdots \cup C_r = C$。$\Lambda$ 是节点 i 和 j 之间的距离集合，即评价参与者 i 和 j 的偏好相似性测度[5]集合。记网络 g 节点数据集 $A = (a_1, a_2, \cdots, a_m)$，网络 g 的结构参数集 $C = \{c_i \mid c_i \in R, i = 1, 2, \cdots, m\}$，$\Lambda = \{\alpha_{ij} \mid \alpha_{ij} \in R, i, j = 1, 2, \cdots, m\}$，$R = \{1, 2, \cdots, r\}$。

定义 4.7 网络 g 中，设节点 t 核心度为

$$c_t = \frac{\sum_j \left(\frac{g_{tj}}{\alpha_{tj}} + \frac{g_{jt}}{\alpha_{jt}} \right)}{\sum_i \sum_j g_{ij}} \tag{4.7}$$

式中：$i, j, t = 1, 2, \cdots, m$；$g_{ij} \in \{0, 1\}$ 为网络 g 的节点联结状况，当 $g_{ij} = 1$ 时，节点 i 和 j 之间存在联结，否则不存在联结；α_{ij} 为节点间偏好相似性测度，$\alpha_{ij} = 1 - |\lambda_i - \lambda_j|$，$\lambda$ 为专家对指标赋权的对被评价对象的偏好判断特征，$\lambda = \sum_{l=1}^{n} (n - l) w_l / (n - 1)$，$w_l (l = 1, 2, \cdots, n)$ 为评价指标权重，n 为被评价对象数。

节点核心度测度了节点在网络结构中节点分布的紧密程度，是集结了网络联结状况和网络路径长度的节点网络结构参数。

定义 4.8 网络 g 中节点 t 的平面属性测度

$$y(c_t) = y_t = f(a_t, c_t) = a_t \cdot \frac{c_t}{\sum_t c_t} \tag{4.8}$$

式中：$t = 1, 2, \cdots, m$；$a_t \in A$ 为节点数据。

在群组评价中，选定节点为评价参与者，节点之间的联结为评价参与者之间的偏好相似性测度，则此时 a 的取值同 λ；若节点间联结采取其他测度，则 a 的数据发生相应的变化。节点 t 的平面属性测度将平面数据的结构信息与节点属性信息进行了集结，需要二次表述的平面数据被转化为可一次表述的数据。

定义 4.9 将 $C_1, C_2, \cdots, C_r$ 按所包含的节点平面属性测度由大到小排序，设 $C_s (s = 1, 2, \cdots, r)$ 中节点个数为 $n_s (1 \leqslant n_s \leqslant m - r + 1)$，$\sum n_s = m$，当 $s_i < s_j (s_i, s_j \in R)$ 时，有 $n_{s_i} \geqslant n_{s_j}$，此时称 $C_1, C_2, \cdots, C_r$ 为序化后 C 的平面 r 组聚类。

定义 4.10 对平面数据集 $C = (c_1, c_2, \cdots, c_m)$，令 $\mathrm{PDWA}: R^n \to R$，若

$$\mathrm{PDWA}_{\xi}(c_1, c_2, \cdots, c_m) = \sum_{s=1}^{r} \xi_s \cdot y(C_s) \tag{4.9}$$

式中：$C_1, C_2, \cdots, C_r$ 为序化后 C 的平面 r 组聚类；$\boldsymbol{\xi} = (\xi_1, \xi_2, \cdots, \xi_r)$ 为一密度加权向量，$\xi_i \in [0,1], i \in r, \sum \xi_i = 1; y(C_s) = \{y_l^{(s)} \mid s \in R; l = 1,2,\cdots,n_s\}$，$\sum n_s = m, y_l^{(s)}$ 是分至 C_s 的 C 中元素；称 PDWA 是平面密度加权(PDW)平均算子，也称为 PDWA 算子。

定义 4.11　设 PDWGA：$R^n \to R$，若

$$\mathrm{PDWGA}_{y,\boldsymbol{\xi}}(c_1, c_2, \cdots, c_m) = \prod_{i=1}^{m} y(C_s)^{\boldsymbol{\xi}} \tag{4.10}$$

则称 PDWGA 为平面密度加权几何平均中间算子，简称 PDWGA 算子。定义 4.10 中字符含义与定义 4.11 相同。

性质 4.5(条件置换不变性)　设 $C_1, C_2, \cdots, C_r$ 为序化后 C 的平面 r 组聚类，若 $C'_1, C'_2, \cdots, C'_r$ 是 $C_1, C_2, \cdots, C_r$ 的任一置换，则

$$\mathrm{PDWA}_{\boldsymbol{\xi}}(C_1, C_2, \cdots, C_r) = \mathrm{PDWA}_{\boldsymbol{\xi}}(C'_1, C'_2, \cdots, C'_r)$$

证明：由式(4.9)，有

$$\mathrm{PDWA}_{\boldsymbol{\xi}}(c_1, c_2, \cdots, c_m) = \sum_{s=1}^{r} \xi_s \cdot y(C_s)$$

$$\mathrm{PDWA}_{\boldsymbol{\xi}}(c'_1, c'_2, \cdots, c'_m) = \sum_{s=1}^{r} \xi_s \cdot y(C'_s)$$

由于 $C'_1, C'_2, \cdots, C'_r$ 是 $C_1, C_2, \cdots, C_r$ 的任一置换，且区间数序不变，则有 $C'_s = C_s, s = 1,2,\cdots,r$，证毕。

性质 4.6(幂等性)　设 $C_1, C_2, \cdots, C_r$ 为序化后 C 的平面 r 组聚类，若对任意 s，有 $(C_1, C_2, \cdots, C_r) = C$，则

$$\mathrm{PDWA}_{\boldsymbol{\xi}}(C_1, C_2, \cdots, C_r) = C$$

证明：对 $C_1, C_2, \cdots, C_r$ 为序化后 C 的平面 r 组聚类评价关系数据组。

$$\mathrm{PDWA}_{\boldsymbol{\xi}}(C_1, C_2, \cdots, C_r) = \sum_{s=1}^{r} \xi_s \cdot C = C \cdot \sum_{s=1}^{r} \xi_s = C$$

证毕。

性质 4.7(介值性)　设 $C_1, C_2, \cdots, C_r$ 为序化后 C 的平面 r 组聚类，有

$$\mathrm{Min}(C_1, C_2, \cdots, C_r) \leqslant \mathrm{PDWA}_{\boldsymbol{\xi}}(C_1, C_2, \cdots, C_r) \leqslant \mathrm{Max}(C_1, C_2, \cdots, C_r)$$

证明：对设 $C_1, C_2, \cdots, C_r$ 为序化后 C 的平面 r 组聚类，

$$\mathrm{PDWA}_{\boldsymbol{\xi}}(c_1, c_2, \cdots, c_m) = \sum_{s=1}^{r} \xi_s \cdot y(C_s) \leqslant \mathrm{Max}\left(\sum_{s=1}^{r} \xi_s \cdot y(C_s)\right) = \mathrm{Max}(C_s)$$

$$\mathrm{PDWA}_{\boldsymbol{\xi}}(c_1, c_2, \cdots, c_m) = \sum_{s=1}^{r} \xi_s \cdot y(C_s) \geqslant \mathrm{Min}\left(\sum_{s=1}^{r} \xi_s \cdot y(C_s)\right) = \mathrm{Min}(C_s)$$

可见 $\mathrm{Min}(C_1,C_2,\cdots,C_r)\leqslant \mathrm{PDWA}_{\xi}(C_1,C_2,\cdots,C_r)\leqslant \mathrm{Max}(C_1,C_2,\cdots,C_r)$，证毕。

性质 4.8（单调性） 设 $C_1,C_2,\cdots,C_r$ 为序化后 C 的平面 r 组聚类，在权向量 $\boldsymbol{\xi}$ 不变的情况下，若对任意 s，有 $C_s<C'_s$，则

$$\mathrm{PDWA}_{\xi}(C_1,C_2,\cdots,C_r)\leqslant \mathrm{PDWA}_{\xi}(C'_1,C'_2,\cdots,C'_r)$$

证明：由已知

$$\mathrm{PDWA}_{\xi}(c_1,c_2,\cdots,c_m) = \sum_{s=1}^{r}\xi_s\cdot\gamma(C_s)$$

$$\mathrm{PDWA}_{\xi}(c'_1,c'_2,\cdots,c'_m) = \sum_{s=1}^{r}\xi_s\cdot\gamma(C'_s)$$

因为对任意 s，均有 $C_s<C'_s$，则有式(4.9)可知

$$\mathrm{PDWA}_{\xi}(C_1,C_2,\cdots,C_r)\leqslant \mathrm{PDWA}_{\xi}(C'_1,C'_2,\cdots,C'_r)$$

可以证明，PDWA 算子也存在与 PDWGA 算子类似的性质，只是运算法则不同。证毕。

4.1.3 群组评价信息集结方法

(1) 基于区间数密度加权评价算子的群组评价信息集结方法

群组评价问题评价信息以区间数形式给出，应用区间数密度加权评价算子，设群组评价形成的偏好网络结构处于均衡状态。

① 针对具体问题，编制表 4.1，并由评价参与者给出其偏好判断，即评价参与者在表中选择其偏好水平 $\mathrm{Ts}(\boldsymbol{\xi})$ 值。

② 由式(4.2)经数值迭代计算得到相应的 $\boldsymbol{\alpha}$ 值。

③ 由密度权向量 $\boldsymbol{\alpha}$ 及选定的截割水平 λ 求得相应的密度权向量 $\boldsymbol{\xi}$。由文献[101]知 $\boldsymbol{\alpha}$ 一般在[−10,10]即可满足要求，λ 一般在[0.5,1]即可满足要求。

④ 计算评价参与者之间的偏好相似性测度 $\alpha_{ij}=1-|\lambda_i-\lambda_j|$，对评价关系和局部评价环境进行调整，在群体网络结构稳定状态进行信息集结并给出评价结论。

表 4.1 评价参与者偏好判断范围表($\mathrm{Ts}(\boldsymbol{\xi})$)

λ	α				
	−10	−9	…	9	10
0	1	…	1	1	
0.5	Ts(0.5, −10)	Ts(0.5, −9)	…	Ts(0.5,9)	Ts(0.5,10)
⋮	⋮	⋮		⋮	⋮
0.9	Ts(0.9, −10)	Ts(0.9, −9)	…	Ts(0.9,9)	Ts(0.9,10)
1	Ts(1, −10)	Ts(1, −9)	…	Ts(1,9)	Ts(1,10)

(2) 基于区间数密度加权评价算子的群组评价信息集结方法

应用平面密度加权平均算子,对有限方案的群组评价问题,设群组评价形成的偏好网络结构处于均衡状态。

具有星形网络结构 g^{s} 的评价群体存在两种状况:第一种是中心节点是领导者而边缘评价参与者跟随,即独裁状况 g^{s1},此时独裁者的偏好具有决定性作用,群体意见没有分组,按常规有独裁的群组评价方法进行信息集结;在星形网络第二种状态 g^{s2} 下,评价群体的中心节点起媒介作用,此时群组评价问题退化为不考虑节点间联结且具有监督者(或公示板)的协商组合评价问题,相应的评价方法见参考文献[126-151]。

群体偏好具有闭链结构 g^{cy} 的评价群体,评价参与者之间两两相连,由式(4.7)、式(4.8)计算相应的平面数据,处理方法同完整网络。

群体偏好具有完整网络结构 g^{c} 的评价群体,任意一对评价参与者之间偏好信息存在相互影响的可能性。一般地,评价群体在评价目标指导下共同参与评价问题的协商与讨论,并需要给出具备一定可信性的评价结论。因此,任意评价参与者的联结是充分的,完整网络状态的群组评价结构更符合一般对群组评价的要求。

按照定义 4.7 和定义 4.8 计算网络 g 中节点 t 核心度 c_t 及平面属性测度 y_t 指标。以 y_i 取代节点 i,此时 y_i 是经过网络 g 偏好结构信息调整后的新节点。

定义 4.12[116]　若网络 g' 中节点 y_i 的所有 y_m 最近邻 y_j 和 y_j 的所有 y_m 最近邻 y_k 都在超单元集 $\{C_1, C_2, \cdots C_r\}$ 里,则这个超单元集被称为稠密区域 C - dence。称稠密区域内部的节点为核内点 M_{in},稠密区域外的节点为核外点 M_{out}。

完整网络结构 g^{c} 的群体意见划分方法如下:

① 对于 M 中的每一个节点 y_i,依次执行

{

将 y_i 映射到一个超单元集 C 中并用 R - tree 节点对应于 C(其中,R - tree 是所采用的数据结构)

将每个 C 标记为 $C_1, C_2, \cdots, C_r$

若 y_i 的所有 y_m 最近邻 y_j 和 y_j 的所有 y_m 最近邻 y_k 都在超单元集中,则将此单元集标记为稠密区域 C - dence

}

② 更新 C - dence

得到集合 M_{in} 和 M_{out} 及平面数据集 C 的划分。

讨论确定密度加权向量 ξ 的方法见文献[143-148, 254,255,307-311]。对处于 M_{in} 中的节点集 $C_1, C_2, \cdots, C_r$ 进行密度加权,不失一般性,将 M_{out} 中的节

点视为噪声点。

设 $C_1, C_2, \cdots, C_r$ 是平面数据集 C 的一个 r 组划分，令 $C_s(s=1,2,\cdots,r)$ 中节点数为 $n_s(1 \leqslant n_s \leqslant m-r+1)$，$\sum n_s = m$，记 $C'_1, C'_2, \cdots, C'_r$ 为按照 n_s 对 $C_1, C_2, \cdots, C_r$ 排序后的有序组，不失一般性，简记有序组 $C'_1, C'_2, \cdots, C'_r$ 为 $C_1, C_2, \cdots, C_r$。

对集合 C，设其密度加权向量为 $\boldsymbol{\xi} = (\xi_1, \xi_2, \cdots, \xi_r)$，其分配函数为

$$\xi_s = \frac{\beta_s(n_s/m)}{\sum_{s=1}^{r} \beta_s(n_s/m)} \tag{4.11}$$

式中：β_s 为密度影响因子，$\beta_s \geqslant 0$，$\beta_s = (n_s/m)^{\alpha}$，$s \in R$，$\alpha$ 为密度影响指数，一般 $\alpha \in [-10, 10]$，应用中对应于不同的评价准则，评价参与者可以选择不同 α。

密度权向量 $\boldsymbol{\xi}$ 的同性程度的测度为

$$\mathrm{Ts}(\boldsymbol{\xi}) = \frac{1}{r-1} \sum_{s=1}^{r} \left[\frac{(r-s)\xi_s}{n_s/m} \cdot \frac{1}{\sum_{s=1}^{r} \xi_s(m/n_s)} \right] \tag{4.12}$$

趋同性测度 $\mathrm{Ts}(\boldsymbol{\xi})$ 强调主体信息或群体共识，$\mathrm{Ts}(\boldsymbol{\xi}) > 0.5$ 是群组评价确定密度权向量优选的准则。

通过上述分析，将具有完整偏好网络结构的群组评价问题及 PDWA 算子（PDWGA 算子）应用过程归纳如下：

步骤 1　获取平面数据集。

1）分析均衡状态时的评价群体网络结构，计算网络结构参数。非完整网络时，由于联结 $g_{ij}(i \neq j)$ 不存在，$\alpha_{ij}(i \neq j)$ 没有意义。

2）平面数据由节点数据集和节点结构数据集构成，由式(4.9)和式(4.10)将平面数据重新表述。

步骤 2　平面数据集的划分。

由定义 4.12 及完整网络结构 g^c 的群体意见划分方法，得数据集 $C = \{C_1, C_2, \cdots, C_r\}$，$C$ 中对应的节点信息包含于 M_{in}，未划分入数据集的噪声点包含于 M_{out}，根据实际评价状况，可将单节点视为只包含一个元素的节点集进行密度加权，也可以对噪声点只进行评价参与者偏好集结，不进行密度加权集结。

步骤 3　选用某种程序确定密度加权向量 $\boldsymbol{\xi} = (\xi_1, \xi_2, \cdots, \xi_r)$，使得密度权向量的同性程度测度 $\mathrm{Ts}(\boldsymbol{\xi})$ 满足评价参与者偏好水平。

步骤 4　由式(4.11)和式(4.12)对平面数据组进行集结，得到群组评价向量。

步骤 5　给出最终方案排序。

4.1.4　算例分析

（1）区间数密度加权评价算子算例分析

设一方案集合为 A，A 中的数据可以看作是 8 个方案的取值范围，因此，对该方案的优劣排序可以理解为多人单准则的评价问题。$A=\{A_1,A_2,A_3,A_4,A_5,A_6,A_7,A_8\}$，$A_1=[0.01,0.03]$，$A_2=[0.012,0.02]$，$A_3=[0.23,0.36]$，$A_4=[0.27,0.45]$，$A_5=[0.66,0.78]$，$A_6=[0.46,0.83]$，$A_7=[0.31,0.68]$，$A_8=[0.35,0.56]$。

① 由式(4.1)计算贴近度矩阵

$$
\boldsymbol{G}=\begin{bmatrix}
1 & 0.99639 & 0.60339 & 0.50604 & 0.00753 & 0.08212 & 0.28411 & 0.37032\\
0.99639 & 1 & 0.60199 & 0.50453 & 0.00657 & 0.08482 & 0.28222 & 0.36886\\
0.60339 & 0.60199 & 1 & 0.90151 & 0.39892 & 0.47674 & 0.67015 & 0.76676\\
0.50604 & 0.50453 & 0.90151 & 1 & 0.48912 & 0.57515 & 0.76655 & 0.86399\\
0.00753 & 0.00657 & 0.39892 & 0.48912 & 1 & 0.79385 & 0.63600 & 0.61987\\
0.08212 & 0.0848 & 0.47674 & 0.57515 & 0.79385 & 1 & 0.78787 & 0.70845\\
0.28411 & 0.28222 & 0.67015 & 0.76655 & 0.63600 & 0.78787 & 1 & 0.87351\\
0.37032 & 0.36886 & 0.76676 & 0.86399 & 0.61987 & 0.70845 & 0.87351 & 1
\end{bmatrix}
$$

这里采用模糊聚类分析的编网法，确定不同截割水平下的密度权向量。

$\lambda=0.6$，$m=2$，见表 4.2，$A_1=([0.01,0.03],[0.012,0.02])$，$A_2=([0.23,0.36],[0.27,0.45],[0.66,0.78],[0.46,0.83],[0.31,0.68],[0.35,0.56])$。

表 4.2　$\lambda=0.6$ 时不同密度影响指数 α 下的密度权向量

α	−7	−6	−5	−4	−3	−2	−1	0
ξ_1	0.999	0.998	0.995	0.987	0.964	0.9	0.75	0.5
ξ_2	0.0005	0.001	0.004	0.012	0.036	0.1	0.25	0.5
α	7	6	5	4	3	2	1	
ξ_1	0.0005	0.001	0.004	0.012	0.036	0.1	0.25	
ξ_2	0.999	0.998	0.996	0.988	0.964	0.9	0.75	

$\lambda=0.7$，$m=3$，$A_1=([0.66,0.78])$，$A_2=([0.01,0.03],[0.012,0.02])$，$A_3=([0.23,0.36],[0.27,0.45],[0.46,0.83],[0.31,0.68],[0.35,0.56])$，见表 4.3。

表4.3 $\lambda=0.7$ 时不同密度影响指数 α 下的密度权向量

α	-7	-6	-5	-4	-3	-2	-1	0
ξ_1	0.992	0.984	0.969	0.939	0.883	0.775	0.588	0.333
ξ_2	0.008	0.015	0.031	0.059	0.111	0.194	0.294	0.333
ξ_3	0	0	0.0003	0.002	0.007	0.031	0.118	0.333
α	7	6	5	4	3	2	1	
ξ_1	0	0	0.0003	0.002	0.007	0.333	0.125	
ξ_2	0.002	0.004	0.011	0.025	0.060	0.133	0.25	
ξ_3	0.998	0.996	0.989	0.974	0.933	0.833	0.625	

$\lambda=0.8, m=3, A_1=([0.01,0.03],[0.012,0.02]), A_2=([0.66,0.78],[0.46,0.83]), A_3=([0.23,0.36],[0.27,0.45],[0.31,0.68],[0.35,0.56])$，见表4.4。

表4.4 $\lambda=0.8$ 时不同密度影响指数 α 下的密度权向量

α	-7	-6	-5	-4	-3	-2	-1	0
ξ_1	0.498	0.496	0.492	0.484	0.471	0.444	0.4	0.333
ξ_2	0.498	0.496	0.492	0.484	0.471	0.444	0.4	0.333
ξ_3	0.004	0.007	0.015	0.031	0.059	0.111	0.2	0.333
α	7	6	5	4	3	2	1	
ξ_1	0.008	0.015	0.029	0.056	0.1	0.167	0.25	
ξ_2	0.008	0.015	0.029	0.056	0.1	0.167	0.25	
ξ_3	0.985	0.970	0.941	0.889	0.2	0.667	0.5	

$$\lambda=0.9, m=4, A_1=([0.01,0.03],[0.012,0.02]),$$
$$A_2=([0.23,0.36],[0.27,0.45]),$$
$$A_3=([0.31,0.68],[0.35,0.56]),$$
$$A_4=([0.66,0.78],[0.46,0.83])$$

当 $\alpha\in[-7,7]$ 时，$\xi_1=\xi_2=\xi_3=\xi_4=0.25$，密度权向量不起作用。

$$\lambda=0, m=8, A_1=([0.01,0.03]), A_2=([0.012,0.02])$$
$$A_3=([0.23,0.36]), A_4=([0.27,0.45]), A_5=([0.66,0.78])$$
$$A_6=([0.46,0.83]), A_7=([0.31,0.68]), A_8=([0.35,0.56])$$

当 $\alpha\in[-7,7]$ 时，$\xi_1=\xi_2=\xi_3=\xi_4=\xi_5=\xi_6=\xi_7=\xi_8=0.125$，密度权向量不起作用。

② 编制评价参与者对被评价对象的偏好判断范围表。

③ 由评价参与者参照表4.5选择其偏好判断值，从而确定相应的密度影响指数 α 和密度权向量 $\boldsymbol{\xi}$。

④ 若评价参与者偏好主体信息，在表4.5中，其偏好判断取值应趋近于0，如取 $\mathrm{Te}(\boldsymbol{\xi})=0.004$，此时 $\alpha=5,\lambda=0.6$，方案集合 A 划分为2组，对应的密度权向量 $\boldsymbol{\xi}=[0.004,0.996]$。

表4.5　评价参与者偏好判断范围表($\mathrm{Te}(\boldsymbol{\xi})$)

$\boldsymbol{\xi}$	α							
	-7	-6	-5	-4	-3	-2	-1	0
0.5	0	0	0	0	0	0	0	0
0.6	0.999	0.998	0.995	0.987	0.964	0.9	0.75	0.5
0.7	0.996	0.992	0.985	0.969	0.939	0.872	0.735	0.499
0.8	0.747	0.744	0.738	0.726	0.707	0.666	0.6	0.499
0.9	0.5	0.5	0.5	0.5	0.5	0.5	0.5	0.5
1	0.5	0.5	0.5	0.5	0.5	0.5	0.5	0.5
$\boldsymbol{\xi}$	α							
	7	6	5	4	3	2	1	
0.5	0	0	0	0	0	0	0	
0.6	0.0005	0.001	0.004	0.012	0.036	0.1	0.25	
0.7	0.001	0.002	0.006	0.015	0.037	0.399	0.25	
0.8	0.012	0.023	0.044	0.084	0.15	0.251	0.375	
0.9	0.5	0.5	0.5	0.5	0.5	0.5	0.5	
1	0.5	0.5	0.5	0.5	0.5	0.5	0.5	

⑤ 若评价参与者偏好个体信息，在表4.5中，其偏好判断取值应趋近于1，如取 $\mathrm{Te}(\boldsymbol{\xi})=0.985$，此时 $\alpha=-5,\lambda=0.7$，方案集合 A 划分为3组，对应的密度权向量 $\boldsymbol{\xi}=[0.969,0.031,0.0003]$。

⑥ 计算评价参与者偏好判断相似性测度 $\alpha_{ij}=1-|\lambda_i-\lambda_j|$，生成局部评价环境。

⑦ 结合实际选用的算子，计算合成算子。

⑧ 根据区间数排序的相关理论对方案进行排序。

表4.6对四种算子——算术加权平均算子WAA、密度算术加权平均算子 $\mathrm{IDWA_{WAA}}$、有序加权平均算子OWA和密度有序加权平均算子 $\mathrm{IDWA_{OWA}}$ 随密度影响指数 α 的取值变化情况进行了测算，给出了密度影响指数 α 的取值在[-7,7]范围内的四种算子示例。

表4.6 四种算子随 α 的取值情况释例

α	WAA	IDWA$_{WAA}$		
		0.6	0.7	0.8
-7	[0.3129,0.5422]	[0.0026,0.0051]	[0.0713,0.0843]	[0.0323,0.1761]
-6	[0.3129,0.5422]	[0.0029,0.0056]	[0.0708,0.0837]	[0.0336,0.1763]
-5	[0.3129,0.5422]	[0.0039,0.0072]	[0.0698,0.0829]	[0.0372,0.1771]
-4	[0.3129,0.5422]	[0.0064,0.0115]	[0.0681,0.0809]	[0.0444,0.1789]
-3	[0.3129,0.5422]	[0.0137,0.0238]	[0.0655,0.0787]	[0.0571,0.1823]
-2	[0.3129,0.5422]	[0.0340,0.0579]	[0.0638,0.0807]	[0.0805,0.1876]
-1	[0.3129,0.5422]	[0.0816,0.1378]	[0.0722,0.1047]	[0.1206,0.1975]
0	[0.3129,0.5422]	[0.1609,0.2711]	[0.1062,0.1789]	[0.1805,0.2118]
1	[0.3129,0.5422]	[0.2403,0.4043]	[0.1644,0.2947]	[0.2302,0.2558]
2	[0.3129,0.5422]	[0.2897,0.4843]	[0.2304,0.4057]	[0.2483,0.3307]
3	[0.3129,0.5422]	[0.3082,0.5184]	[0.2318,0.4232]	[0.2629,0.3911]
4	[0.3129,0.5422]	[0.3158,0.5312]	[0.2415,0.4412]	[0.2725,0.4307]
5	[0.3129,0.5422]	[0.3183,0.5355]	[0.2451,0.4478]	[0.2784,0.4551]
6	[0.3129,0.5422]	[0.3193,0.5371]	[0.2467,0.4509]	[0.2815,0.4677]
7	[0.3129,0.5422]	[0.3194,0.5373]	[0.2472,0.4518]	[0.2830,0.4740]
α	OWA	IDWA$_{OWA}$		
		0.6	0.7	0.8
-7	[0.2349,0.4537]	[0.0027,0.0058]	[0.0007,0.0008]	[0.0043,0.0081]
-6	[0.2349,0.4537]	[0.0029,0.0063]	[0.0007,0.0009]	[0.0050,0.0094]
-5	[0.2349,0.4537]	[0.0036,0.0076]	[0.0008,0.0011]	[0.0068,0.0129]
-4	[0.2349,0.4537]	[0.0055,0.0112]	[0.0012,0.0019]	[0.0104,0.0199]
-3	[0.2349,0.4537]	[0.0108,0.0213]	[0.0025,0.0044]	[0.0167,0.0321]
-2	[0.2349,0.4537]	[0.0255,0.0497]	[0.0082,0.0155]	[0.0283,0.0546]
-1	[0.2349,0.4537]	[0.0600,0.1161]	[0.0285,0.0549]	[0.0483,0.0933]
0	[0.2349,0.4537]	[0.1174,0.2269]	[0.0775,0.1498]	[0.0782,0.1511]
1	[0.2349,0.4537]	[0.1749,0.3376]	[0.1455,0.2812]	[0.1157,0.2237]
2	[0.2349,0.4537]	[0.2094,0.4041]	[0.1936,0.3738]	[0.1530,0.2958]
3	[0.2349,0.4537]	[0.2241,0.4324]	[0.2164,0.4179]	[0.1831,0.3540]
4	[0.2349,0.4537]	[0.2297,0.4431]	[0.2258,0.4361]	[0.2029,0.3923]
5	[0.2349,0.4537]	[0.2315,0.4466]	[0.2292,0.4427]	[0.2151,0.4157]
6	[0.2349,0.4537]	[0.2322,0.4479]	[0.2308,0.4458]	[0.2213,0.4279]
7	[0.2349,0.4537]	[0.2323,0.4481]	[0.2313,0.4467]	[0.2245,0.4340]

注:1. WAA算子的权重是由符合均匀分布的随机数生成,为(0.0576,0.1419,0.0723,0.0675,0.1089,0.2441,0.1778,0.1299);

2. OWA算子的权重是由符合正态分布的随机数生成,为(0.0945,0.1273,0.0423,0.2559,0.3900,0.0810,0.0800,0.0010)

(2) 平面密度加权评价算子算例分析

为验证具有完整偏好网络结构的群组评价问题及 PDWA 算子(PDWGA 算子)方法的有效性,这里引文献[12]中的算例,一个 10 人评价小组对 5 个备选投资项目进行评选。方案集 $S=\{s_1,s_2,\cdots,s_5\}$,原例及运算结果见表 4.7 评价参与者的对被评价对象的偏好判断特征 $\lambda\{0.6689,0.5169,0.6191,0.5583,0.5889,0.7622,0.7159,0.6136,0.608,0.4921\}$,$g^{s1}$不受节点密度分布影响,结果同原算例结果,$g^{s2}$和 g^{cy} 由一维密度加权向量调节,g^{c} 由平面密度加权算子进行信息集结。

① 获取平面数据集,在本例中,评价参与者对被评价对象的偏好判断经完整网络 g^{c} 结构参数调整后的平面属性数据

$$\{0.6619,0.5249,0.5995,0.5502,0.5721,0.8165,0.7328,0.5935,0.5882,0.5118\}$$

g^{s2}时评价参与者对被评价对象的偏好判断参数同原例。闭链结构 g^{cy}调整后数据

$$\{0.7021,0.5384,0.6127,0.5317,0.5995,0.7819,0.6725,0.5909,0.5901,0.5465\}$$

② g^{c} 平面数据集划分 $C_1=\{3,4,5,8,9\}$,$C_2=\{2,10\}$,$C_3=\{1\}$,$C_4=\{6\}$,$C_5=\{7\}$。g^{s2}时,评价参与者分组状况:$\{1,3,8,9\}$,$\{2,10\}$,$\{4,5\}$,$\{6,7\}$。g^{cy}时,评价参与者分组状况$\{3,5,8,9\}$,$\{2,4,10\}$,$\{1,7\}$,$\{6\}$。

③ 确定密度权向量,见表 4.7。

④ 仍采用原例的指标权重信息及指标集进行集结,结果见表 4.8。

表 4.7 Ts($\boldsymbol{\xi}$)时的密度权向量

Ts($\boldsymbol{\xi}$)	$\boldsymbol{\xi}(g^{c})$					$\boldsymbol{\xi}(g^{s2})$				$\boldsymbol{\xi}(g^{cy})$			
0.5	0.20	0.20	0.20	0.20	0.20	0.25	0.25	0.25	0.25	0.25	0.25	0.25	0.25
0.6	0.34	0.21	0.15	0.15	0.15	0.32	0.22	0.22	0.22	0.32	0.29	0.22	0.16
0.7	0.50	0.20	0.10	0.10	0.10	0.40	0.20	0.20	0.20	0.40	0.33	0.20	0.10
0.8	0.78	0.12	0.03	0.03	0.03	0.57	0.14	0.14	0.14	0.51	0.34	0.13	0.03
0.9	0.97	0.02	0.01	0.01	0.01	0.84	0.05	0.05	0.05	0.65	0.31	0.04	0
1	0.99	0.01	0	0	0	0.99	0.003	0.003	0.003	0.85	0.15	0.002	0

表 4.8 不同偏好网络结构的群组评价结果

Ts($\boldsymbol{\xi}$)		1	0.9	0.8	0.7	0.6	0.5	原例结果
g^c	s_1	2	3	3	3	5	5	4
	s_2	4	5	5	4	3	3	2
	s_3	5	4	4	5	4	4	5
	s_4	1	1	1	2	2	2	1
	s_5	3	2	2	1	1	1	3
g^{s2}	s_1	3	4	4	5	5	5	4
	s_2	2	2	2	3	3	3	2
	s_3	5	5	5	4	4	4	5
	s_4	1	1	1	1	1	1	1
	s_5	4	3	3	2	2	2	3
g	s_1	5	4	4	5	5	5	4
	s_2	2	3	3	3	3	3	2
	s_3	4	5	5	4	4	4	5
	s_4	1	1	2	2	1	1	1
	s_5	3	2	1	1	2	2	3
注:g^{s2}中心节点随机选定								

4.2 具有群体偏好网络结构稳定的协商控制模型

群组评价过程可以由协商和评价两个基本过程组成。对于某评价问题,协商过程能够达成协商共识,要求评价参与者应该具有某种共同的偏好,这是评价参与者能够进行协商的前提,也是群组评价问题有解的一个必要条件;进一步,评价参与者还应该拥有某种共同的偏好参考基准,这是群组评价问题有解的另一个必要条件。一般地,群组评价问题较为复杂,其最优稳定状态不太可能在初始状态就达到,需要经过评价参与者多次协商、修正和改进其个体策略,因此群组评价过程的协商过程即是评价参与者个体偏好结构演化、形成相对稳定的群体偏好结构的过程。具体地,对于某一评价问题,构建以评价参与者为节点,评价参与者之间的偏好关系为边的群组评价偏好网络结构模型。为了达成共识,需要相应的机制设计引导协商过程,根据偏好参考基准,促进评价参与者个体观点正向演化,使群体观点及群组评价偏好结构能够稳定,以实现群组评价的目的。

协商过程的目的是极大化群体偏好信息的相容性、稳定群体偏好的关系结构,达成共识。通信手段及技术的发展使得大型群组评价协商问题得以实现,评价参与者的信息沟通途径多样,程度不断加深,提高了协商过程的效率和群组评价的有效性。目前,群组评价可以通过主持人或反馈机制两种方式解决,主持人的任务就是引导评价参与者得到协商一致性较高的群体偏好信息,但主持人本身是否参与评价,主持人对信息的处理效率及可靠性,主持人引导协商进程的方式等诸多问题有待于进一步讨论;反馈机制也是通过信息交互促使评价参与者达成协商一致,一般是通过阈值设置控制协商进程的。评价过程就是根据评价参与者信息得到评价问题的解决方案过程。

4.2.1　相关测度

群组评价问题是根据评价参与者集 $E=\{e_1,\cdots,e_n\}$ $(n>1)$ 提供的偏好信息,对方案集 $X=\{x_1,\cdots,x_m\}$ $(m\geqslant 2)$ 进行的排序和选择问题。

定义 4.13　设任意两个评价参与者 e_h、e_l 之间的偏好信息相容性测度为

$$\beta_{hl}=1-|\lambda^h-\lambda^l| \tag{4.13}$$

式中:$h,l=1,2,\cdots,n$;评价参与者 e 关于方案集 X 偏好意见的判断是 λ,且 $\lambda=\int_0^1 Q(y)\,\mathrm{d}y$,$Q:[0,1]\to[0,1]$ 是具有下列性质的函数:①$Q(0)=0$,②$Q(1)=1$,③若 $x>y$,则 $Q(x)\geqslant Q(y)$,当 $Q''(y)<0$ 时,评价参与者是风险规避心态,即为悲观态度,当 $Q''(y)>0$,评价参与者是风险偏好心态,即为乐观态度;$\beta_{hl}\in[0,1]$ 计算任意一对评价参与者的偏好信息相容性。

其中,当 $\beta_{hl}=0$ 时,评价参与者 e_h、e_l 的偏好信息完全相悖;当 $\beta_{hl}=1$ 时,评价参与者 e_h、e_l 的偏好信息完全相容,当 $\beta_{hl}\in(0,1)$ 时,评价参与者 e_h、e_l 的偏好意见是相容的。

群组评价参与者的偏好意见相容性矩阵

$$\boldsymbol{\beta}=(\beta_{hl})_{n\times n}=\begin{bmatrix}1 & \beta_{12} & \cdots & \beta_{1n}\\ \beta_{21} & 1 & \cdots & \beta_{2n}\\ \vdots & \vdots & & \vdots\\ \beta_{n1} & \beta_{n2} & \cdots & 1\end{bmatrix}_{n\times n}$$

式中:$\beta_{hl}=\beta_{lh}$,$h\neq l$;$\boldsymbol{\beta}$ 为对称矩阵,其任意行和(或列和) $\sum\limits_{l=1}^{n}\beta_{hl}$($\sum\limits_{h=l}^{n}\beta_{hl}$) 表示对应评价参与者偏好信息与其他评价参与者偏好信息的总体相容性。

定义 4.14 评价参与者 e_h 偏好信息与群组评价参与者偏好信息的相容性测度为

$$k_h(\lambda^h) = 1 - \frac{\left(\sum_{l=1}^{n}\beta_{hl} - \frac{1}{n}\sum_{h=1}^{n}\sum_{l=1}^{n}\beta_{hl}\right)^2}{\sum_{h=1}^{n}\left(\sum_{l=1}^{n}\beta_{hl} - \frac{1}{n}\sum_{h=1}^{n}\sum_{l=1}^{n}\beta_{hl}\right)^2} \tag{4.14}$$

式中：$k_h \in [0,1]$，$h=1,2,\cdots,n$，当 $k_h=0$ 时，评价参与者 e_h 偏好信息与群组评价参与者偏好信息完全相悖，当 $k_h \to 0$ 时，评价参与者 e_h 偏好信息与群组评价参与者偏好信息分歧越大，$k_h \to 1$ 评价参与者 e_h 偏好信息与群组评价参与者偏好信息相容性越大。

定义 4.15 评价群体的偏好信息相容性测度为

$$\mathrm{com}(\lambda^h) = 1 - \sqrt{\frac{\sum_{h=1}^{n}\left(k_h - \frac{1}{n}\sum_{h=1}^{n}k_h\right)^2}{n-1}} \tag{4.15}$$

式中：$\mathrm{com} \in (0,1]$；$h=1,2,\cdots,n$。当 $\mathrm{com}=1$ 时，评价参与者群体偏好信息完全相容，否则 $\mathrm{com} \to 0$，评价参与者群体偏好信息相容性越低。

4.2.2 群组评价偏好关系网络结构及协商控制模型

由群组评价参与者的偏好意见相容性矩阵 $\boldsymbol{\beta}$，建立以 n 个评价参与者为节点，评价参与者之间的偏好相容性测度为边的网络结构图。群组评价问题中，评价参与者之间的偏好意见相容的程度和状态是相互的，则偏好关系网为无向的；假设评价参与者地位平等，则偏好关系网为无权的，否则，若评价参与者根据自身的地位、声望等在群组评价问题中有不同的作用，则偏好关系网应为有权的。设有 31 位评价参与者参与的大型群组评价问题的偏好关系网络图（见图 4.1，

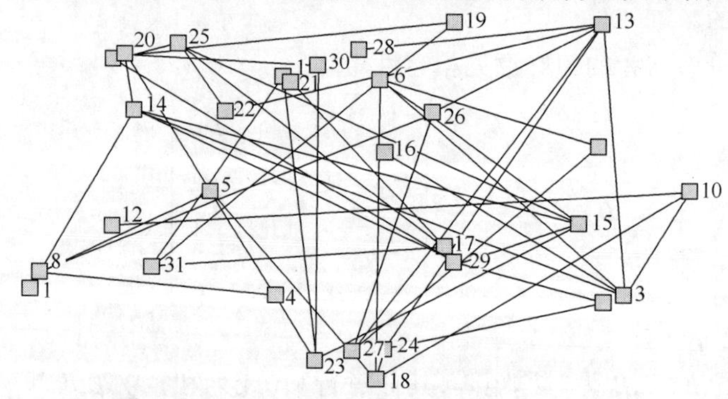

图 4.1 群组评价偏好关系网络结构图

节点数31，边数48，度(0.103))。

定义4.16　设评价参与者e_h在N时刻态度参数为λ_i^h的偏好意见变化满足

$$M(\lambda_i^h)=\alpha\lambda_i^h \tag{4.16}$$

式中：$\lambda_i^h=\lambda_0^h e^{-\alpha t}$，$\lambda_0^h$是评价参与者态度参数的初始值；$\alpha>0$为评价参与者偏好常数，$\alpha$反应评价参与者偏好的态度参数随着评价协商进程，其调整幅度是加速递减的。

设评价参与者e_h在N时刻的态度参数为λ_i^h，满足方程

$$\lambda_i^h = M(\lambda_i^h) + c\sum_{\substack{j=1\\ i\neq j}}^{n} a_{ij}H(\lambda_j^h) \tag{4.17}$$

式中：$i=1,2,\cdots,n$；常数$c>0$为网络的耦合强度；$\boldsymbol{\Lambda}=(a_{ij})\in\mathbf{R}^{n\times n}$为网络耦合矩阵，当节点$i$和$j(i\neq j)$之间有连接时，$a_{ij}=a_{ji}=1$，否则$a_{ij}=a_{ji}=0,(i\neq j)$；$H(\cdot)$为两个评价参与者之间具体的联结关系。

为了使群组评价协商过程能够达到全局渐进稳定状态，通过定向反馈，促使评价参与者的策略改进，同时使偏好关系网络结构演化。令网络式(4.16)的平衡点为$\lambda_1=\lambda_2=\cdots=\lambda_n=\lambda_0$，此时有$\text{com}^*=\text{Max}(\text{com}(\lambda_0))$，$\lambda_0$即是偏好信息参考调整值，对占评价参与者总数比例为$\delta(0<\delta\leqslant 1)$的评价参与者进行定向反馈。设评价参与者$i_1,i_2,\cdots,i_l$为被控制的评价参与者节点，这里$l=\lfloor \delta n \rfloor$是$\delta n$的整数部分。网络状态方程为

$$\begin{cases}\lambda_{i_k} = M(\lambda_{i_k}) + c\sum\limits_{j=1_k}^{n} a_{i_k j}H(\lambda_{j_k}) - cdH(\lambda_{i_k}-\lambda_0),k = 1,2,\cdots,l \\ \lambda_{i_k} = M(\lambda_{i_k i_k}) + c\sum\limits_{j=1_k}^{n} a_{i_k j}H(\lambda_{i_k}),k = l+1,l+2,\cdots,n\end{cases} \tag{4.18}$$

式中：令反馈增益d为常数，当$1\leqslant k\leqslant l$时，$d_{i_k}=d=1$，当$l+1\leqslant k\leqslant n$时，$d_i=0$。

受控的l位评价参与者根据偏好信息参考调整值λ对各自的偏好信息态度参数进行调节，改进个体偏好信息与群体偏好信息相容性，即评价参与者个体偏好信息正向演化，并且受控评价参与者检查与其余评价参与者之间的协商状况，根据联结状态考查评价参与者群体偏好信息网络结构状态，通过加强、建立及取消评价参与者之间的协商联结，群体偏好信息网络结构变化，网络耦合强度变化，群体偏好相容性随之变化，从而促使网络结构向全局稳定状态正向演化。

由一般动态网络平衡点的全局稳定性条件，网络耦合强度c满足

$$c>\frac{L_c^M}{\sigma_{\min}(-A+\text{diag}(d,d,\cdots,0,\cdots,0))} \tag{4.19}$$

式中:$L_c^M>0$ 为 Lipschitz 常数;$\sigma_{\min}$为矩阵 $-\boldsymbol{A}+\mathrm{diag}(d,d,\cdots,0,\cdots,0)$的最小特征值。

4.2.3 模型演化步骤

步骤 1 模型初始化。

建立初始群组评价偏好关系网络结构图,计算初始网络结构参数;计算各评价参与者偏好及评价参与者对之间的偏好相容性参数。根据初始网络平衡点的全局稳定性条件 $\mathrm{com}^*=\mathrm{Max}(\mathrm{com}(\lambda))$及相关评价参与者节点参数确定进行定向反馈的评价参与者比例 δ、对应的评价参与者、偏好信息参考调整值 λ_0 及相应的网络耦合强度 c_0。

步骤 2 模型演化。

对选定评价参与者的偏好信息及其偏好网络联结状况进行分析。评价参与者根据反馈建议信息进行策略调整,如与其他评价参与者建立或取消协商(在偏好信息网络结构图中联结或断开节点),调整偏好信息(调整偏好信息网络结构图的边长)。

具体的,根据 c_0 及 λ_0,由式(4.13)、式(4.14)和式(4.16)计算评价参与者偏好信息状态量及与联结节点的偏好信息相容性测度。对评价参与者 e_h 有:

① 若 $\beta_{hl}\leqslant\mathrm{com}^*$,则建议评价参与者 e_h 取消与评价参与者 e_l 的协商联结,根据 e_h 与其他评价参与者偏好相容性测度由大到小给出建立新联结建议并建立联结;根据 λ_0 及式(4.16)调整计算相应的偏好信息 λ_1^h。

② 若 $\beta_{hl}>\mathrm{com}^*$,对于 $\mathrm{Min}\{\beta^{hk}|\beta^{hk}>\mathrm{com}^*\}$建议评价参与者 e_h 加强与 e_k 的协商,并根据 λ 及式(4.17)调整偏好信息 λ_1^h;

计算调整后的群组评价偏好信息相容性测度。

③ 若 $\mathrm{com}_0'\leqslant\mathrm{com}^*$,则重复①、②,直至没有断开及联结建议,此时评价参与者进行偏好信息调整,取 $\mathrm{Max}\{k_h(\lambda_i)\}$时的 λ_i^* 为评价参与者 e_h 的个体最优策略,此时评价参与者 e_h 与群体偏好信息相容性极大。

④ 若在 λ_i^* 下,有 $\mathrm{com}_0'\leqslant\mathrm{com}^*$,则改变网络结构控制比例,重新计算网络耦合强度 c_1 及偏好信息参考调整值 λ_1,重复①~④。

⑤ 若 $\mathrm{com}_0>\mathrm{com}^*$,则 $\mathrm{com}_1^*=\mathrm{com}_0$,重复①~④。

当 $\mathrm{com}^*=\mathrm{Max}\{\mathrm{com}_i^*\}$时,停止计算,此时偏好关系网络结构稳定、群体偏好信息相容性极大、部分受控评价参与者个体偏好最优,符合群组评价的协商目的。

步骤 3 模型结论。

当协商过程终止时,群组评价协商过程达到基于偏好信息网络结构稳定的群体偏好信息相容性极大状态，此时，部分评价参与者可以达到个体偏好信息最优状态，仍有部分评价参与者没有能通过协商过程优化自身的偏好信息，因此需考查受控评价参与者及非受控评价参与者的态度，若评价参与者群体对协商结果均没有异议，则群组评价进入评价阶段并做出最终评价。否则，重新进入协商过程。

4.2.4　算例分析

由图 4.1，评价参与者为节点，评价参与者之间的偏好信息相容性测度为边长，建立偏好关系网络结构图。初始相关参数描述为 $\mathrm{Max}(\mathrm{com}(\lambda_0)) = 0.5788$，不失一般性，初始时选择控制比例 12.9%，见表 4.9 和表 4.10。λ_0^h 参考调整值 0.441，受控的评价参与者节点为 3、13、14、15。

表 4.9　评价参与者偏好信息网络结构参数

控制节点数	控制比例 δ	网络耦合强度 C
0	0	29.4118
4(3,13,14,15)	12.90%	26.3158
7(3,5,6,8,13,14,15)	22.58%	26.3852
9(3,5,6,8,10,13,14,15,17)	29.03%	35.7143
14(2,3,4,5,6,7,8,9,10,11,13,14,15,17,)	45.16%	33.3333
0	0	30.3030
6(3,8,13,14,20,29)	19.35%	23.8095
11(3,5,8,13,14,15, 18,20, 23,25,29)	35.48%	28.5185
18(3,5,6,8,10,13,14,15,17,18,20, 23,24,25,26,27,29,31)	58.06%	36.3158

表 4.10　网络节点(评价参与者)偏好信息 λ

节点	λ				
	初始值	控制比例 0%	控制比例 12.9%	控制比例 35.48%	控制比例 58.06%
1	0.3273	0.3273	0.3273	0.3273	0.3273
2	0.1746	0.1746	0.1746	0.1746	0.1746
3	0.1867	0.2754	0.4386	0.4386	0.4386
4	0.7258	0.7258	0.7258	0.7258	0.7258
5	0.5883	0.5883	0.5883	0.4362	0.4362
6	0.1832	0.1832	0.1832	0.1832	0.1832
7	0.1364	0.1364	0.1364	0.1364	0.4394
8	0.1139	0.1139	0.4306	0.4306	0.4306

（续）

节点	λ				
	初始值	控制比例 0%	控制比例 12.9%	控制比例 35.48%	控制比例 58.06%
9	0.0668	0.0668	0.0668	0.0668	0.0668
10	0.0593	0.0593	0.0593	0.0593	0.3299
11	0.0956	0.0956	0.0956	0.0956	0.0956
12	0.8323	0.8323	0.8323	0.8323	0.8323
13	0.2944	0.3678	0.4312	0.4312	0.4312
14	0.3362	0.4043	0.4202	0.4202	0.4202
15	0.7143	0.6848	0.6848	0.6848	0.6848
16	0.6236	0.6236	0.6236	0.6236	0.6236
17	0.6918	0.6918	0.6918	0.6918	0.4491
18	0.858	0.858	0.858	0.4234	0.4234
19	0.254	0.254	0.254	0.254	0.254
20	0.5937	0.5937	0.4326	0.4326	0.4326
21	0.441	0.441	0.441	0.441	0.441
22	0.5711	0.5711	0.5711	0.5711	0.5711
23	0.3999	0.3999	0.3999	0.4664	0.4664
24	0.69	0.69	0.69	0.69	0.4506
25	0.8156	0.8156	0.8156	0.4783	0.4783
26	0.7119	0.7119	0.7119	0.7119	0.7119
27	0.2902	0.2902	0.2902	0.2902	0.4097
28	0.6686	0.6686	0.6686	0.6686	0.6686
29	0.1908	0.1908	0.4378	0.4378	0.4378
30	0.2025	0.2025	0.2025	0.2025	0.2025
31	0.0198	0.0198	0.0198	0.0198	0.3491

注：1. 评价参与者初始偏好信息 $\lambda_0^h(h=1,2,\cdots,31)$ 随机生成，符合正态分布；

2. 加深标注 λ 的值是个体评价参与者最优值

由表 4.11，有策略建议如下：

节点 13 和节点 14 没有断开或联结建议，节点 13 建议加强与节点 26 的协商，节点 14 建议加强与节点 15 的协商；初始时 $\lambda_0^{13}=0.2944$、$\lambda_0^{14}=0.3362$，调整后经计算 $\lambda_1^{13}=0.3678$；$\lambda_1^{14}=0.4043$；

表 4.11　受控节点与联结节点的偏好相容性测度

节点3		节点13		节点14		节点15	
联结节点	β	联结节点	β	联结节点	β	联结节点	β
6	0.9962	3	0.8923	1	0.9911	6	0.4689
10	0.8726	21	0.8534	3	0.8505	14	0.6219
13	0.8923	23	0.8945	8	0.7777	23	0.6856
14	0.8505	26	0.5825	15	0.6219	25	0.8987
16	0.5631	27	0.9958	20	0.7425	29	0.4765
		28	0.6258	29	0.8546		

节点3断开与节点16的联结,建立与节点29的联结,建议联结顺序为[29,2,30,7,19,8,11,27,9,1,31,23,21,22,5,20],初始时 $\lambda=0.1857$,经计算 $\lambda=0.2745$;

节点15断开与节点6和节点29的联结,加强与节点14的协商,建立联结的参考顺序[17,4,26,24,28,16,12,20,5,22,18,21,1,13],建立与节点17和节点4的联结,初始时 $\lambda=0.7143$,调整后 $\lambda_1^{15}=0.6848$。

第二次协商调整选择控制比例19.35%,此时仍有 $\mathrm{Max}\{\mathrm{com}(\lambda_0)\}=0.5788$,参考调整值 λ_0^h 为0.441,受控节点为节点3、节点8、节点13、节点14、节点20和节点29。

由表4.12,有策略建议如下:

节点3、节点13、节点14、节点20和节点29没有断开或联结建议,节点3建议加强与节点14的协商,$\lambda_1^3=0.2745$ 调整为 $\lambda_2^3=0.3566$,节点13建议加强与节点26的协商,$\lambda_1^{13}=0.3678$ 调整为 $\lambda_2^{13}=0.3837$,$\lambda_1^{14}=0.4043$ 调整为 $\lambda_2^{14}=0.4081$,节点20建议加强与节点19的协商 $\lambda_0^{20}=0.5937$ 调整为 $\lambda_1^{20}=0.5246$,$\lambda_0^{29}=0.1908$ 调整为 $\lambda_1^{29}=0.3761$。

表 4.12　受控节点与联结节点的偏好相容性测度

节点3		节点8		节点13		节点14		节点20		节点29	
联结节点	β	联结节点	β	联结节点	β	联结节点	β	联结节点	β	联结节点	β
6	0.9087	4	0.3881	3	0.9067	1	0.923	5	0.9946	2	0.9838
10	0.7848	5	0.5256	22	0.7967	3	0.870	14	0.8106	3	0.9163
13	0.9067	14	0.7096	24	0.6778	8	0.7096	19	0.6603	9	0.876
14	0.5897	15	0.4291	26	0.6559	15	0.7195	23	0.8062	14	0.7865
29	0.9163	26	0.402	27	0.9224	20	0.8106	30	0.6088	21	0.7598
				28	0.6992	29	0.7865				

节点 8 分别断开与节点 4、节点 5、节点 15 和节点 26 之间的联结，根据相容性大小建立联结的参考顺序[11,7,9,10,2,6,29,30,31,19,3,27,1,13,23,21]，$\lambda_0^8=0.1139$ 调整为 $\lambda_1^8=0.4306$，经验证，当 $\lambda^8=0.4306$ 时，有 $\mathrm{Max}\{k_8(\lambda_1^8)\}$。

此时若不调整控制比例，则节点 3、节点 8、节点 13、节点 14、节点 15、节点 20 和节点 29 在协商过程中没有联结或断开建议，这 7 个评价参与者转向以调节 λ 值为主的策略。结果如下，评价参与者协商达到 $\mathrm{Max}\{k(\lambda_i)\}$ 时，评价参与者 3、8、13、14、15、20 和 29 的 λ 值为 0.4386，0.4306，0.4312，0.4202，0.6848，0.4362，0.4378（见表 4.10），com 值为 0.5806，0.5729，0.5732，0.5622，0.335，0.5746，0.5798（见表 4.13）。存在 $\mathrm{Max}\{\mathrm{com}(\lambda)\}=0.5798>0.5788$，需要调整控制比例再次进行协商。调整控制比例为 35.48%，此时 $\mathrm{Max}(\mathrm{com}(\lambda_1))=0.5806$，$\lambda_1^h$ 参考调整值 0.4386。

表 4.13　评价参与者调节 λ 及相应的 com 值

节点	0		1		2		3		…		N	
	λ	com	λ	com	λ	com	λ	com	λ	com	λ	com
3	0.1867	0.3287	0.2754	0.4156	0.3566	0.4986	0.4113	0.5533	0.4386	0.5806	0.466	0.5538
8	0.1139	0.2559	0.4306	0.5726	0.5362	0.4836	0.6418	0.378	—	—	—	—
13	0.2944	0.4364	0.3678	0.5098	0.3837	0.5257	0.4048	0.5468	0.4312	0.5732	0.4243	0.5663
14	0.3362	0.4782	0.4043	0.5463	0.4081	0.5501	0.4135	0.5555	0.4202	0.5622	0.4486	0.5406
20	0.5937	0.4261	0.5246	0.4952	0.4787	0.5411	0.4557	0.5641	0.4326	0.5746	0.4096	0.5516
29	0.1908	0.3328	0.3761	0.5181	0.4996	0.5202	0.4378	0.5798	0.4379	0.5678	—	—
注：0,1,…,N 表示协商进程中的时刻，下同												

由表 4.14，有策略建议如下：

节点 5 和节点 23 没有断开或联结建议，$\lambda_0^5=0.5883$ 调整为 $\lambda_1^5=0.5879$，$\lambda_0^{23}=0.3999$ 调整为 $\lambda_1^{23}=0.4664$。

节点 18 断开与节点 6 和节点 10 的联结，根据建议联结参考顺序[12,25,4,26,17,15,28,16,22,21]，建立与节点 12 和节点 25 的联结，$\lambda_0^{18}=0.858$ 调整为 $\lambda_1^{18}=0.7013$。

节点 25 断开与节点 9 的联结，建立与节点 12 的联结，建议联结参考顺序[12,18,4,26,24,28,16,5,1,21,29,20,13,14,23,11]，$\lambda_0^{25}=0.8156$ 调整为 $\lambda_1^{25}=0.7032$。

令评价参与者根据策略建议调整，则偏好结构网络不存在断开及联结建议，节点 5，节点 18，节点 23 和节点 25 转向对 λ 值的调节，$\mathrm{Max}\{\mathrm{com}(\lambda_i)\}$ 分别为 0.5836，0.5911，0.5534，0.4783（见表 4.15），λ 分别为 0.4362，0.4234，0.4664，

0.4783(见表4.10)。存在 $\mathrm{Max}(\mathrm{com}(\lambda_2))=0.5911>0.5806$,需要调整控制比例再次进行协商。

表4.14　受控节点与联结点的偏好相容性测度

节点5		节点18		节点23		节点25	
联结节点	β	联结节点	β	联结节点	β	联结节点	β
4	0.8625	5	0.7303	11	0.9996	9	0.2512
8	0.8423	6	0.3252	15	0.7151	15	0.8692
18	0.7303	10	0.2013	20	0.9673	17	0.8762
20	0.8443	24	0.832	30	0.8026	22	0.7555

表4.15　评价参与者调节 λ 及相应的 com 值

节点	0		1		2		…		N	
	λ	com	λ	com	λ	com	λ	com	λ	com
5	0.5883	0.4315	0.5764	0.4434	0.4482	0.5716	0.4362	0.5836	0.412	0.5797
18	0.858	0.1618	0.7013	0.3185	0.5446	0.4752	0.4234	0.5913	0.3879	0.5556
23	0.3999	0.5419	0.4664	0.5534	0.5329	0.4867	—	—	—	—
25	0.8156	0.2042	0.7032	0.3166	0.5907	0.4291	0.4783	0.5415	0.3658	0.5335

调整控制比例为58.06%,$\mathrm{Max}(\mathrm{com}(\lambda_2))=05913$,$\lambda_2^h$ 参考调整值0.4234。

由表4.16,有策略建议如下:

节点7和节点27没有断开或联结建议,建议节点27加强与节点17的协商,节点7和节点27的 λ 值分别从0.1364,0.2902调整为0.3029,0.3675。

节点10断开与节点12的联结,建立与节点9的联结,λ 值从0.0593调整为0.2706,建议联结顺序[9,31,7,2,6,30,19,27,1,11,14,18,13,20,5,29,21,23]。

节点17断开与节点31的联结,建立与节点24的联结,λ 值从0.6918调整

表4.16　评价参与者调节 λ 及相应的 com 值

节点	0		1		…		N	
	λ	com	λ	com	λ	com	λ	com
7	0.1364	0.3041	0.3029	0.4706	0.4394	0.6071	0.5758	0.4911
10	0.0593	0.227	0.2706	0.4383	0.3299	0.4976	04485	0.6162
17	0.6918	0.328	0.5360	0.5308	0.4491	0.6168	0.4006	0.5683
24	0.69	0.3298	0.5352	0.5316	0.4506	0.6162	0.4027	0.5704
27	0.2902	0.4579	0.3675	0.5352	0.4097	0.5774	0.4217	0.5894
31	0.0198	0.1875	0.2541	0.2418	0.3491	0.5168	0.4039	0.5716

为0.536,建议联结顺序[24,15,26,28,4,16,22,12,23,13,29,5,20,13,8,18,14,11,1,27]。

节点24断开与节点2的联结,建立与节点17的联结,λ值从0.69调整为0.5352,建议联结顺序[17,15,28,26,4,16,22,12,25,23,21,11,3,29,5,8,11,27]。

节点31断开与节点17的联结,建立与节点10的联结,λ值从0.0198调整为0.2541,建议联结顺序[10,9,7,2,6,30,27,14,18]。

令评价参与者根据策略建议调整,偏好关系网络结构不存在断开及联结建议,节点7,节点10,节点17,节点24,节点27和节点31转向对λ值的调节。经验证此时$\mathrm{Max}(\mathrm{com}(\lambda))=0.6168$为此次协商过程评价参与者群体偏好相容性测度极大值,协商过程停止,群体偏好相容性测度(见表4.17)。$\mathrm{Max}\{\mathrm{com}(\lambda_i)\}$分别为0.6071,0.6162,0.6168,0.6162,0.5774,0.5168(见表4.16),分别为0.4394,0.4485,0.4491,0.4506,0.4097,0.3491(见表4.10)。其中,节点27和节点31不能取到个体评价参与者最优λ值。

表4.17 受控节点与联结节点的偏好相容性测度

节点7		节点10		节点17		节点24		节点27		节点31	
联结节点	β	联结节点	β	联结节点	β	联结节点	β	联结节点	β	联结节点	β
	0.9532	3	0.6207	21	0.7492	2	0.4846	7	0.8462	11	0.6203
8	0.7058	8	0.8761	25	0.7865	13	0.7412	13	0.859	17	0.328
27	0.8462	12	0.227	31	0.328	18	0.7334	17	0.5984	19	0.7658

至此,协商过程中的受控评价参与者为3,5,7,10,13,14,15,18,20,23,24,25,27,29,31,其中除评价参与者27和参与者31外均通过建立或取消与其他评价参与者的协商联结,加强与其他评价参与者的联结及调节值等策略找到群组评价个体评价参与者最优的λ值,且群体偏好相容性测度极大,见表4.18。

表4.18 群体偏好相容性测度

群体com	控制比例
0.5877	12.0932%
0.5913	19.3548%
0.6087	35.4839%
0.6168	58.4839%
0.6162	73.5735%
注:加深标注的是选取的最优值	

4.3　具有群组意见分布核心区域的群组评价方法

局部评价环境稳定时,群组评价网络结构和对应的节点信息可能形成一个或多个意见分布的核心区域,构建了群组意见分布核心区域的规划模型,在规划问题有解的前提下,讨论了局部评价环境下群组意见分布具有单一核心区域和非单一核心区域的群组评价方法。在意见分布具有单一核心区域的局部评价环境下,根据意见的环形分布特征定义了群体意见分布的序列,为大规模群组评价满意条件下阈值设置提供依据,且由意见环形分布特征定义了单一核心区域下的意见分布权,为局部评价环境信息与已有评价信息有效集结进行准备;在意见分布具有非单一核心区域的局部评价环境下,通过核心区域密度和平均距离参数对核心区域集结信息进行修正,讨论了在大型群组评价问题中,效率优先及公平条件下的群组评价方法。

4.3.1　局部评价环境构建及分析

一般地,称评价参与者(即节点集)及参与者之间的联结状态、联结长度共同构成了群组局部评价环境,即群组评价的网络结构。具体地,局部评价环境包括被评价群体网络和评价群体网络,且由于被评价对象对自己的认知、被评价对象相互之间的认知、评价群体对被评价对象的认知及评价参与者相互之间的认知等是存在差异的,反映在评价问题具体的局部评价环境对应的网络结构存在差异,当局部评价环境状态稳定(即群组评价网络处于均衡状态)时,群组评价网络结构是由具体评价问题生成的,具有特定评价问题的特征,因而分析对应网络节点的分布特征、联结状态并将结构信息与已有的评价信息集结是进一步增强评价方法适用性的有效途径之一。

令评价参与者集,即节点集为 $M=\{1,2,\cdots,m\}$,其中 m 是一个有限整数。令 $g_{ij}\in\{0,1\}$ 是节点 i 和 j 之间的关系,若 i 和 j 之间存在某个联结,变量 g_{ij} 值为1,否则值为0。g 是节点集合与它们之间关系一起定义的网络。集合 $M_i(g)=\{j\in M|g_{ij}=1\}$ 是节点 i 与之有联结的所有节点,即为 i 的邻居。$\eta_i(g)=|M_i(g)|$ 是网络 g 中节点 i 的邻居数目。令 α_{ij} 是节点间偏好相似性测度,$\alpha_{ij}=1-|\lambda_i-\lambda_j|$。令两节点 i 和 j 之间的最短路径为 $q(i,j)$,取 $q(i,j)=\mathrm{Min}\alpha_{ij}$。评价参与者用以对指标赋权的对被评价对象的偏好判断信息集[4] $\Lambda=\{\lambda_1,\lambda_2,\cdots,\lambda_m\}$,其中 $\lambda=\sum_{j=1}^{n}(n-j)w_j/(n-1)$,$\boldsymbol{w}=(w_1,w_2,\cdots,w_n)^{\mathrm{T}}$ 为指标 $X=(x_1,x_2,\cdots,x_n)$ 的权重向量,$S=\{s_1,\cdots,s_q\}$ 是被评价对象集。

4.3.2 局部评价环境下群体意见的核心区域

一般地,群组评价方法适用于问题复杂、参与者众多且群体具有复杂性的综合评价问题。评价参与者通过各种沟通渠道与方法进行交互后,群组意见在局部评价环境稳定状态下呈现某种分布,且由于评价准则及评价目的等的约束,群组意见分布极有可能出现意见核心区域,即群组意见相对较集中且群组内部评价参与者交互较有效的区域。有效分析及处理局部评价环境下群体意见的核心区域有助于改进群组评价的效率。

定义 4.17 对网络 g,有

$$d(g)=\frac{2l}{m(m-1)} \tag{4.20}$$

$d\in[0,1]$,为网络 g 的密度,其中,l 为网络 g 中 m 个节点的实际联结数。评价参与者之间交互越充分,网络整合程度越高,网络 g 的密度 $d(g)$ 就越大。

定义 4.18 称遍历网络 g 的所有节点 $\{1,2,\cdots,m\}$ 的最大最短路径 $\mathrm{Max}q(i,j)$ 为网络 g 的平均距离 $\beta(g)$。评价参与者之间偏好相似性越大,群组意见分布越集中,网络 g 的平均距离 $\beta(g)$ 越小。

定义 4.19 对网络 g,节点 i 的四周核心性测度

$$\mathrm{Co}(i;g)=\frac{m-1}{\sum\limits_{i\neq j}\beta(i,j;g)} \tag{4.21}$$

式中:$i,j=1,2,\cdots,m$; $\sum_{i\neq j}\beta(i,j;g)$ 为网络 g 中从节点到所有其他节点的总体平均距离。

节点的四周核心性测度从网络结构角度测度了节点的分布状况。

对于任意 $g^s\subset g$,局域网 g^s 的四周核心性测度

$$\mathrm{Co}(g^s)=\frac{\sum\limits_{i=1}^{n}[\mathrm{Co}(i',g^s)-\mathrm{Co}(i,g^s)]}{(n_s-2)(n_s-1)/(2n_s-3)} \tag{4.22}$$

式中:n_s 为局域网 g^s 中的节点数;i' 为网络 g^s 中四周核心性最大的节点,$i=1,2,\cdots,n_s$;$\mathrm{Co}(i',g^s)$ 为节点 i' 的四周核心性测度,Freeman[203] 证明了

$$\mathrm{Max}\Big[\sum_{i=1}^{n}[\mathrm{Co}(i',g)-\mathrm{Co}(i,g)]\Big]=(n-2)(n-1)/(2n-3)$$

定义 4.20 称具备密度 $\mathrm{Max}(d(q))$ 且平均距离 $\mathrm{Min}(\beta(q))$ 的区域 $q(q\subset g)$ 为网络 g 的核心区域 q。

$$
\begin{aligned}
&\text{Max} \quad [d(q) - \beta(q)] \\
&\text{s.t.} \quad d(q) = \frac{2l'}{n_q(n_q - 1)} \\
&\qquad \text{Co}(q) \geqslant \text{Co}(g - q) \\
&\qquad i,j = 1,2,\cdots,m; \sum n_q = m
\end{aligned}
\tag{4.23}
$$

式中:l'为区域 q 的实际联结数;n_q 为 q 的节点数。

若网络 g 对于规划模型式(4.23)有解,则此时的局部评价环境存在单一的意见分布核心区域 q,核心区域内的评价参与者具有意见集中性极大且信息传递最有效率的特征;若网络 g 对于规划模型式(4.23)无解,则此时的局部评价环境不存在单一的意见分布核心区域,网络 g 的一个划分 $C_1, C_2, \cdots, C_r$ 覆盖所有的评价参与者并对应局域网 $g^1, g^2, \cdots, g^r$,在每个局域网 $g^t(t=1,2,\cdots,r)$ 内部重新分析是否存在意见核心区域 q^t,若式(4.23)有解,则此时网络 g 具有多个意见核心区域,否则,认为群组评价意见分布没有核心区域,相应的处理方法将另作讨论。

局部评价环境下群组意见核心区域确定步骤如下:

① 对网络 g,由定义 4.17、定义 4.18 及式(4.22)计算群体意见分布网络结构密度 d、平均距离 β 和四周核心性测度 Co;

② 由式(4.23)判断网络 g 意见分布核心区域状况:是否存在意见分布核心区域 q 及核心区域是否唯一;若意见核心区域唯一,转步骤③、步骤④;若意见核心区域不唯一,对网络 g 的一个划分 $C_1, C_2, \cdots, C_r$(对应局域网 $g^1, g^2, \cdots, g^r$),计算 $g^t(t=1,2,\cdots,r)$ 的密度 $d(g^t)$ 和平均距离 $\beta(g^t)$ 和 g^t 的四周核心性测度 Co_t,转步骤③、步骤⑤;

③ 由式(4.21)计算节点$\{1,2,\cdots,m\}$的四周核心性测度并排列,得到有序组 $B=(b_1, b_2, \cdots, b_m)$;

④ 若 q 存在,优化意见分布核心区域,由 $B=(b_1, b_2, \cdots, b_m)$ 调整网络 g 的划分(即区域 q 的节点数,选择周边节点按照四周核心性测度大小进入或退出 q),此时若存在 q',满足 $\text{Max}[d(q') - \beta(q')] > \text{Max}[d(q) - \beta(q)]$,则更新网络 g 的核心区域 q';

⑤ 由 $B=(b_1, b_2, \cdots, b_m)$ 对网络 g 的划分进行调整,对任一新的划分 $C_1', C_2', \cdots, C_r'$(对应局域网 $g^{1\prime}, g^{2\prime}, \cdots, g^{r\prime}$),由于 g^t 到 g'的改变,相应核心区域 $q^{t\prime}$可调整范围发生变化,若存在 $\text{Max}[d(q^{t\prime}) - \beta(q^{t\prime})] > \text{Max}[d(q^t) - \beta(q^t)]$,则更新局域网 g^t 的核心区域 $q^{t\prime}$;

⑥ 对 $g^{1\prime},g^{2\prime},\cdots,g^{r\prime}$存在的核心区域按步骤④进行优化。

在局部评价环境稳定时,群组评价可能形成的单一核心区域或非单一核心区域的网络结构,具体讨论如下:

单一核心区域的网络结构,有两组节点 $M_1(g)$ 和 $M_k(g)$,集合 $M_k(g)$ 里的节点组成核心,相互之间全部联结,并且与 $M_1(g)$ 的一部分节点也有联结。当核心只包含单个节点时,g^{cp}退化为星形网络 g^s,当核心节点是领导者而边缘节点跟随时,群组评价问题转化为独裁的评价问题;当核心节点只起媒介作用,群组评价问题退化为不考虑节点间联结且具有监督者(或公示板)的协商组合评价问题。g^{cp} 只有一个意见核心区域,位于核心内的评价参与者意见相对集中,即评价群体与被评价群体存在协商共识。因为群组意见是收敛的,单一核心区域的局部评价环境是较为理想的群组评价环境,注重效率的评价群体此时可以集中考虑对核心区域进行处理,注重公平的评价群体此时也可以按照意见分布对全部节点进行处理。

非单一核心区域的网络结构,有两组节点 $M_{m-1}(g)$ 和 $M_k(g)$ 组成,满足对于所有的 $i\in M_k(g)$,$M_i(g)=M_{m-1}(g)$。非单一核心区域的群组局部评价环境是群组评价实际应用中比较常见的,如在评价群体与被评价群体同时参与评价时,一般存在两个或更多的意见核心区域。非单一核心区域的群组意见分布表明群体存在分群现象,可能是由于评价参与者对评价问题的侧重点不同,或评价参与者之间存在一定的利益冲突,当局部评价环境稳定时,群组意见不能收敛,从而形成了多意见核心区域并存的状态。

4.3.3 局部评价环境下的群组评价方法

称带有局部评价环境信息的评价数据为平面数据,则局部评价环境下的群组评价信息集结即是带有群组意见分布特征的平面数据集结。记网络 g 节点数据集 $A=(a_1,a_2,\cdots,a_m)$,当仅考虑评价参与者偏好网络结构时,节点数据集 A 就是评价参与者偏好信息集 Λ,网络 g 的结构参数集 $C=\{c_i|c_i\in R,i=1,2,\cdots,m\}$,将评价数据转化为平面数据:

定义 4.21 网络 g 中,设节点 t 核心度 $c_t(g)$ 为

$$c_t(g)=\frac{\sum\limits_j\left(\dfrac{g_{tj}}{\alpha_{tj}}+\dfrac{g_{jt}}{\alpha_{jt}}\right)}{\sum\limits_i\sum\limits_j g_{ij}} \tag{4.24}$$

式中:$i,j,t=1,2,\cdots,m$;$g_{ij}\in\{0,1\}$,为网络 g 的节点联结状况,当 $g_{ij}=1$ 时,节点

i 和 j 之间存在联结,否则不存在联结;α_{ij} 是节点间偏好相似性测度;节点核心度 $c_t(g)$ 测度了节点在网络结构中节点分布的紧密程度,是集结了网络联结状况和网络路径长度的节点网络结构参数。

定义 4.22　网络 g 中,节点 t 的平面属性测度

$$\gamma(c_t) = \gamma_t = f(a_t, c_t) = a_t \cdot \frac{c_t}{\sum_t c_t} \tag{4.25}$$

式中:$t = 1, 2, \cdots, m$;$a_t \in A$ 为节点数据,在群组评价中,选定节点为评价参与者,节点之间的联结为评价参与者之间的偏好相似性测度,则此时 a 的取值同 λ,若节点间联结采取其他测度,则 a 的数据发生相应的变化。

节点 t 的平面属性测度将平面数据的结构信息与节点属性信息进行了集结生成了群组评价的平面数据集。

局部评价环境下的群组评价问题首先将节点的结构信息与节点属性信息进行集结形成平面数据集,其次在群组意见分布基础上考虑节点的分布状况,因此评价信息的集结是具有局部评价环境信息的平面数据的集结。

(1) 单一核心区域的局部评价环境下群组评价方法

单一核心区域的网络结构,即 g^{cp} 的群组评价问题中,群体意见分布集中性随意见区域变化而变化,形成以核心区域 C_c 为内圆的类似环型分布,则群组意见分布按照区域的四周核心性测度形成了具有意见核的序列,为表述简便,称 $D_1, D_2, \cdots, D_r$ 覆盖区域的四周核心性测度为局部评价环境 g 的群组意见分布的序列 $\gamma_1, \gamma_2, \cdots, \gamma_r$,其中,$D_1 = C_c, \gamma_1 = \mathrm{Co}_1$。序列可以有负值,此时新增区域降低了已有群组意见的集中性。

定义 4.23　$D_1, D_2, \cdots, D_r$ 是群组意见分布的序列,且 $D_1, D_2, \cdots, D_r$ 共形于 $\mathrm{ann}(\alpha; r, R)$,$0 < r < R < \infty$,其中 $\mathrm{ann}(\alpha; r, R)$ 是由 $r < |z - \alpha| < R$ 定义的开区域,α 为任意整数,则 $\gamma_s = \mathrm{Co}_s - \mathrm{Co}_{s-1}$,$s = 1, 2, \cdots, r$。

序列 $\gamma_1, \gamma_2, \cdots, \gamma_r$ 对应群组意见分布的闭环,是由区域四周核心性测度计算的保持意见分布边界不动的同面积区域的边界值。

单一核心区域的局部评价环境下的群组评价方法步骤如下:

步骤 1　由定义 4.17 ~ 定义 4.19,计算 g^{cp} 的密度 $d(g)$、平均距离 $\beta(g)$ 及四周核心性测度 Co,由式(4.23)及局部评价环境核心区域确定步骤确定意见分布核心区域 q。

步骤 2　由定义 4.23 计算 g^{cp} 的群组意见分布的序列 $\gamma_1, \gamma_2, \cdots, \gamma_r$。

步骤 3　根据式(4.24)、式(4.25)将群组评价问题数据集转化为平面数据集。

步骤4 将平面数据根据评价参与者偏好及群组意见分布状况进行集结：

① 若群组评价参与者规模较小，则对整个评价参与者群体信息进行集结，$z=(\gamma_i/\sum_{\gamma}\gamma_i)\cdot(\sum_{t\in D}w_t y_t)$；

② 若群组评价参与者规模较大，根据群体意见分布集中性的边界（即序列值 $\gamma_1,\gamma_2,\cdots,\gamma_r$）设置阈值，在评价群体满意条件下进行信息集结。

（2）群组意见非单一核心区域的群组评价方法

一般的，群组评价广泛应用于问题复杂、参与者规模庞大的综合评价问题，评价参与者知识背景、利益观点、互动成本、沟通渠道等的差异会对群组评价效率及评价结论产生影响。实际问题的群组意见分布往往不止一个核心区域，有群组意见非单一核心区域局部评价环境的群组评价方法步骤如下：

步骤1 对网络 g 进行划分 $C_1,C_2,\cdots,C_r$，对应局域网 $g^1,g^2,\cdots,g^r$，在局部评价环境下，由定义4.17～定义4.19，计算对应 $g^1,g^2,\cdots,g^r$ 的网络密度 d_i、平均距离 β_i 及四周核心性测度 $\mathrm{Co}_i(i=1,2,\cdots,r)$。

步骤2 对 $g^1,g^2,\cdots,g^r$，根据单一核心区域的局部评价环境下的群组评价方法确定相应的意见核心区域（标记为 $q^1,q^2,\cdots,q^k,k\leqslant r$），以及对应的意见分布序列 $\{\gamma_1^1,\gamma_2^1,\cdots\},\{\gamma_1^2,\gamma_2^2,\cdots\},\cdots,\{\gamma_1^k,\gamma_2^k,\cdots\}$。

步骤3 由式(4.24)和式(4.25)将群组评价问题数据集转化为平面数据集。

步骤4 对群组评价信息进行集结。

① 若评价群体重视群组评价问题的效率，且群组规模庞大、群体意见核心区域代表性较强（满足评价参与者的满意要求），则评价参与者可选择只对群组评价的意见核心区域进行处理，即只集结意见核心区域 $z=(\mathrm{Co}_s/\sum_{s=1}^{k}\mathrm{Co}_s)\cdot(\sum_{t=1}^{n}w_t y_t)$，其中 $\mathrm{Co}_s(s=1,2,\cdots,k)$ 是意见核心区域的四周核心性测度。

② 若评价群体重视群组评价问题的公平，且群组规模较大，类似于单一核心区域的群组评价方法，由式(4.24)及步骤2，分析局域网 $g^1,g^2,\cdots,g^r$ 的意见核心区域及其序列，根据单一核心区域局部评价环境的群组评价方法设置评价群体的满意条件阈值进行评价信息集结。

③ 若群组评价问题需要全面考量，且群组规模较小，可以根据步骤1得到的聚类进行群组评价信息聚类加权，令 n_s 是 $g^s(s=1,2,\cdots,r)$ 的节点数，有聚类权 $\zeta_s=n_s/\sum n_s$，则评价值 $z=\sum_s\zeta_s\sum_i w_i y_i$。

4.3.4 算例分析

群组评价的局部评价环境(见图4.2和图4.3),设有28位评价参与者对10个备选方案给出排序,参与者偏好态度参数$\Lambda = \{\lambda_1, \lambda_2, \cdots, \lambda_m\}$随机生成(设为均匀分布),10个备选方案的5项评价指标数据见文献[12]。

(1) 单一核心区域的局部评价环境

例4.1 (如图4.2)是具有单一核心区域的群组评价问题,对应的群组意见分布核心区域为{28,25,3,7,10,26},相应序列为{14,6,23,4,22,1,20}、{11,9,17,27}、{2,18,19,5,12,21,16}和{24,8,13,15},对应的群组意见分布的序列为:0.4129、0.2167、0.3195、-0.6314和0.5285,即核心区域增加环形区域节点{14,6,23,4,22,1,20}后,对应区域四周核心性测度为0.6296(0.4129 + 0.2167),继续增加环形区域节点{11,9,17,27},对应区域四周核心性测度为0.9491(0.6296 +0.3195),继续增加环形区域节点{2,18,19,5,12,21,16},对应区域四周核心性测度为0.3177(0.9491 -0.6314),四周核心性测度降低是因为新的环形区域节点降低了群组意见的集中性,全部节点计入,四周核心性测度0.8462(0.3177 +0.5285),单一核心区域的局部评价环境下群组意见分布的权$\boldsymbol{\xi}$:0.6252,0.0996,0.1306,0.0098,0.1347。

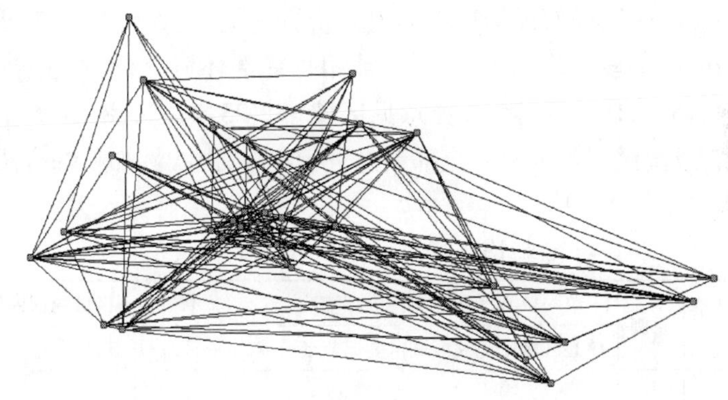

图4.2　单一核心区域的局部评价环境

根据群组评价实际情况(如评价参与者互动成本高、交互渠道受限等),评价参与者可以选择只对群组意见分布的核心区域进行处理;由局部评价环境分析,建议选择意见区域{28,25,3,7,10,26,14,6,23,4,22,1,20,11,9,17,27};若不考虑评价成本,可将全部评价节点信息进行分析。由式(4.24)和式(4.25)将原例数据转化为节点平面数据,由线性加权综合法集结后被评价对象排序见表4.19。

(2) 非单一核心区域的局部评价环境

例 4.2 有局域网 g^1、g^2、g^3:{4,15,7,19,16,13,9,14,10,12,20,6,26}、{18,1,25,27,28}、{18,1,25,27,28},如图 4.3,且存在两个意见核心区域 g^1:{4,15,7,19,16},密度 0.1082,平均距离 2.4729,意见序列:0.6025、-0.2267、0.5764,即增加环形区域节点{13,9,14},对应区域四周核心性测度 0.3758,继续增加环形区域节点{10,12,20,6,26},区域四周核心性测度为:0.9522;g^2:{24,8,11,23,22,21},密度 0.1458,平均距离 3.1662,序列:0.5736、0.3441;若按照聚类加权,有 $\boldsymbol{\xi}=[0.4643,0.3571,0.1786]$。

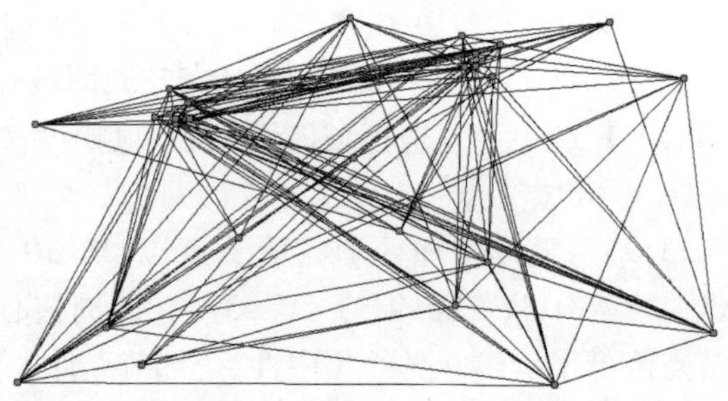

图 4.3 非单一核心区域的局部评价环境

与单一核心区域局部评价环境群组评价方法类似,评价参与者可以选择只对意见分布的两个核心区域进行集结;或根据局部环境分析,建议 g^1 选择意见核心区域{4,15,7,19,16},g^2 选择意见区域{11,23,22,24,8,21,5,17,2,3}进行信息集结;或按照聚类加权对全部信息进行集结,由线性加权综合法集结后被评价对象排序见表 4.19。

表 4.19 局部评价环境评价结论

S \ 评价结论	原例	单一核心区域局部评价环境			非单一核心区域局部评价环境		
		核心区域	建议区域	全部节点	双核心区域	建议区域	聚类加权
s_1	8	6	5	6	7	5	6
s_2	10	7	8	8	8	9	9
s_3	6	9	10	10	9	10	10
s_4	4	5	7	7	6	7	7
s_5	7	8	6	5	4	6	4
s_6	9	10	9	9	10	8	8
s_7	5	3	4	4	3	3	5
s_8	3	4	3	3	5	4	3
s_9	2	1	2	2	1	1	1
s_{10}	1	2	1	1	2	2	2

4.4　本章小结

本章提出了区间数密度中间算子——IDM 算子,通过区间数密度算子的偏好判断来量化属性值分布情况或群组评价中专家意见的分布状况并据此定义区间数密度权向量,即区间数密度算子的偏好判断是通过属性值分布状况强调“主体信息”(密度权向量的“同性”测度)或是“极端信息”(密度权向量的“极性”测度);群组评价中专家偏好“群体共识”还是“个别意见”,给出了区间数密度加权平均算子性质,给出基于局部评价环境的区间数密度算子在群组评价中的应用步骤。因此评价过程通过密度算子的调节更好的实现了主客观信息的融合。进一步的研究可在 IDM 算子的权向量确定方法及其敏感性分析上展开。考虑评价群体间的联结关系是改进群组评价有效性的有效途径之一,讨论了具有不同偏好网络结构的群组评价问题,将需要由节点信息和节点间联结信息两次表述的平面数据进行了转化,提出了平面密度加权平均算子(PDWA 算子)及平面密度加权几何平均中间算子(PDWGA 算子),给出了平面密度加权平均算子性质。根据不同偏好网络结构处于均衡状态时的评价群体特征,针对星形网络、闭链结构和完整网络,讨论了群组评价信息的集结方法。群组中评价参与者不同的联结关系或关系的叠加对评价过程及评价结论的影响是下一步需要继续研究的问题。

现代科技的发展与应用已经使群组评价方法的应用发生了重大的变化,小规模的评价群体逐渐扩展至规模庞大、构成复杂、存在各种关系交叉的评价参与者群体。针对群组评价的协商过程,提出一种具有偏好关系网络结构稳定的群组评价协商控制模型。考察了大型群组评价问题的协商过程,将评价参与者之间的偏好关系结构信息引入评价过程,构建具有群体偏好关系网络结构稳定的群组评价协商控制模型,通过控制对个体评价参与者给出策略建议及偏好信息调整的参考值,提高协商过程达成一致的速度和效率,为进一步群组评价集结信息奠定基础。具有偏好关系网络结构稳定的群组评价协商控制模型针对性强,在保证群体协商目标下对特定个体评价参与者进行有效引导。在应用中,评价参与者可以根据反馈建议选择不同的策略及策略组合,根据偏好信息调整参考值也可以选择不同步长搜寻个体评价参与者的最优策略。另外,没有考虑协商环境的改变对协商进程中策略的生成及评价参与者对策略的选择等问题,这也是今后的研究方向。

通过构建局部评价环境,研究了局部评价环境稳定条件下群组意见的分布,定义了群组意见的核心区域、意见分布的序列,讨论了单一核心区域及非单一核心区域的局部评价环境下群组评价方法,根据评价参与者对群组评价效率、公平及满意的不同要求,讨论了相应的群组评价方法。并以一个算例予以说明。在上述研究基础上,可以进一步考虑局部评价环境稳定时群组意见的其他分布形式及相应的处理方法,进一步改进群组评价方法的应用效率和适用性。

第5章　局部评价环境应用分析及评价方法

5.1　基于局部评价环境的双目标协同优化群组评价法

知识的多样性产生了所有的变异性，由于群组评价问题本身的复杂性、可获取信息的主观性和不精确性，评价参与者在知识背景、信息获取和思维判断等方面的模糊性，评价参与者在评价过程中给出的各种类型的判断通常是模糊的，需要反复修正才能准确表达评价参与者的主观意见，因此充分挖掘评价信息是科学解决群组评价问题的重要途径。区别于个体评价，群组评价是一种系统行为。群组评价问题除了分析方案的指标数据外，还应该对评价参与者之间基于群组评价问题发生的关系数据进行相应处理。仅考虑评价参与者针对具体评价问题形成的评价群体网络结构称为局部评价环境（如评价群体偏好关系网络结构），即评价参与者根据具体评价问题的某种联结形成的网络结构称为局部评价环境，在应用中，评价参与者包括评价群体、被评价对象（如民主协商，人事考核等）及具有信息传导和监督功能的协调者（moderator），当不允许被评价对象和协调者参与评价时，局部评价环境退化为评价群体的网络结构。一般地，群组评价的动态过程不一定收敛，在局部评价环境下，如何综合考虑评价群体和个体意愿信息并有效集结信息是群组评价需要解决的重要问题。根据局部评价环境状态判断评价进程及评价状况是保障群组评价方法有效应用的途径之一。

一般地，群组评价方法适用于问题复杂、参与者众多且群体构成复杂的综合评价问题，互动协商过程是群组评价过程的基本组成部分，评价参与者在此过程中根据自身对被评价对象的认识、进行信息交流或经验学习、了解其他参与者和评价群体协商状况、对评价环境或评价状况测评反馈信息进行响应等。互动协商过程一直是群组评价或群组评价问题的研究重点之一，Enrique Herrera - Viedma[101,126-128,187]将群组评价过程划分为协商和评价两个过程，在协商过程中，通过设置监督者（或信息公示板等）类智能体的调节者，进行信息传递、即时计算、过程控制及信息集结等功能。Czarnowski 等[312-314]对分布式多智能体系统的合作评价进行了研究，对模仿生物的集群算法局部交互且不完全的全局认知等算法进行了改进,且在交互过程中对群体行为变更赋以标度,增强评价的精确性。Kaoru Hirota 等[315-317]提出了参与者具有有限可识别能力的群组评价模糊算法,在互动过程中通过评价参与者的偏好公示给出一种带有 Nash 解规则的以模糊推理为基础的算法,评价环境的改变直接引起评价结果的变更。在实际应用中,评价过程也需要评价参与者对信息集结方法协商,目前对此问题的研究较少。

评价群体规模对群组评价问题的影响集中表现在信息集结方法上。多源密度集结算子是集结多源信息的有效手段,广泛应用于经济管理、工业工程及评价等领域。通常称具备节点(评价参与者)信息和相关网络结构信息的数据共同构成了群组评价的平面数据,通过将节点结构信息与节点属性信息融合,应用上一章开发平面密度加权平均算子,通过对评价群体类型具有一贯性或可变性区分,定义了评价群体的合作型协同和竞争型协同,通过相应的群组评价双目标协同优化模型讨论局部评价环境下群组评价方法。

构建以评价参与者为节点,评价参与者的偏好相似性为联结的局部评价环境,参与者之间的交互协商过程体现为局部评价环境网络结构的变化,参与者通过自身的网络结构位置判断影响力范围及对群体意见的影响程度,了解群体协商状况及群体进一步协商的可能性,提高群组评价的必要性和可能性。将评价群体网络结构信息与评价参与者偏好信息进行有效融合,构建局部评价环境的群组评价状态测评指标,可以跟随协商进程根据评价群体网络结构整合状况及联结状态对群组评价进行实时测评,辅助评价参与者对群组评价状况实时掌握并做出评价。

5.1.1 局部评价环境构建

称评价群体(即节点集)及评价参与者之间的联结状态及联结长度共同构成了局部评价环境,即评价群体的网络结构。群组评价问题中,评价参与者对被评价对象的偏好是影响评价结论的重要因素,取评价参与者为节点,评价参与者之间偏好的相似性为联结,偏好相似性测度为联结长度,即群组评价的局部评价环境为评价群体的偏好关系网络结构。

令评价群体即节点集 $M=\{1,2,\cdots,m\}$,其中 m 是一个有限整数。令 $g_{ij}\in\{0,1\}$ 是节点 i 和 j 之间的关系,若 i 和 j 之间存在某个联结,变量 g_{ij} 值为 1,否则值为 0。g 是节点集合与它们之间关系一起定义的网络。评价参与者用以对指标赋权的对被评价对象的偏好判断信息集 $\Lambda=\{\lambda_1,\lambda_2,\cdots,\lambda_m\}$, $\lambda_i=\sum_{j=1}^{n}(n-j)w_j/(n-1)$, $\boldsymbol{w}=(w_1,w_2,\cdots,w_n)^{\mathrm{T}}$ 为指标权重向量, $S=\{s_1,\cdots,s_q\}$ 是被评价对

象集。令 α_{ij} 是节点间偏好相似性测度，$\alpha_{ij}=1-|\lambda_i-\lambda_j|$。

5.1.2　局部评价环境下群组评价的双目标协同优化模型

对集合 C，由文献[254,255]，设其密度加权向量 $\boldsymbol{\xi}=(\xi_1,\xi_2,\cdots,\xi_r)$，其分配函数为

$$\xi_s=\frac{\beta_s(n_s/m)}{\sum_{s=1}^{r}\beta_s(n_s/m)} \tag{5.1}$$

式中：β_s 为密度影响因子，$\beta_s\geqslant 0$，$\beta_s=(n_s/m)^{\alpha}$，$s\in R$；α 为密度影响指数，一般 $\alpha\in[-10,10]$，应用中对应于不同的评价准则，评价参与者可以选择不同 α。

密度权向量 ξ 的同性程度的测度为

$$\mathrm{Ts}(\boldsymbol{\xi})=\frac{1}{r-1}\sum_{s=1}^{r}\left[\frac{(r-s)\xi_s}{n_s/m}\cdot\frac{1}{\sum_{s=1}^{r}\xi_s(m/n_s)}\right] \tag{5.2}$$

式中：当 $\boldsymbol{\xi}=\boldsymbol{\xi}_{\text{ave}}=(n_{s1}/m,n_{s2}/m,\cdots,n_{sr}/m)$ 时，$\boldsymbol{\xi}$ 为中性密度权向量，$\mathrm{Ts}(\boldsymbol{\xi}_{\text{ave}})=0.5$；当 $\boldsymbol{\xi}=\boldsymbol{\xi}_{\text{same}}=(1,0,\cdots,0)$ 时，$\boldsymbol{\xi}$ 是同性密度权向量 $\mathrm{Ts}(\boldsymbol{\xi}_{\text{same}})=1$；当 $\boldsymbol{\xi}=\boldsymbol{\xi}_{\text{ext}}=(0,0,\cdots,1)$ 时，$\boldsymbol{\xi}$ 是极性密度权向量时，$\mathrm{Ts}(\boldsymbol{\xi}_{\text{ext}})=0$。趋同性测度 $\mathrm{Ts}(\boldsymbol{\xi})>0.5$ 强调了群组的主体信息或群体共识，相对的，$0<\mathrm{Ts}(\boldsymbol{\xi})<0.5$ 则是强调个体意愿。

群组评价问题中，评价群体分群是较常见的，这些小集群之间普遍存在合作或竞争的关系，评价群体在合作状态时，是有较大的意愿达成共识的，相对的，当评价群体处于竞争状态时，个体评价参与者更希望强调自己的意愿，因此评价群体对密度权向量 $\boldsymbol{\xi}$ 的选择可以被看作是评价参与者合作或竞争态度的一个测度。

定义 5.1　当 $\mathrm{Ts}(\boldsymbol{\xi})>0.5$ 时，评价群体有较大的意愿达成共识，称此时的评价群体是合作型的。

合作型协同的评价群体相互之间存在较大的协商妥协可能性，群体更加强调一致性。当局部评价环境稳定时，合作型评价群体的只能根据群体信息的分布体现合作；当局部评价环境可调整时，评价群体除了调整自身信息外，还可以使群体偏好网络结构发生变化，相应的群组划分也会发生改变。

定义 5.2　当 $0<\mathrm{Ts}(\boldsymbol{\xi})<0.5$ 时，评价参与者更强调个体意愿，称此时的群组评价是竞争型协同。

竞争型协同优化的评价群体相互之间妥协性较小，更加强调个别意见。不同局部评价环境下，竞争型评价群组的处理参见合作型评价群体的处理方法。

对某一群组评价问题，理性的评价群体希望 $\mathrm{Max}\{-\sum_{n=1}^{n}w_i\ln w_i\}$，考虑局部

评价环境因素，评价群体也希望 $\mathrm{Max}\left\{-\sum_{s=1}^{r}\xi_s\ln\xi_s\right\}$，对应合作型和竞争型的评价群体，构建局部评价环境下的双目标协同优化模型。

$$\begin{cases}\mathrm{Max}\left\{-\sum_{s=1}^{r}\xi_s\ln\xi_s\right\}\\ \text{s. t.}\quad \mathrm{Ts}(\boldsymbol{\xi})=\sum_{s=1}^{r}\frac{r-s}{r-1}\xi_s,\ \sum_{s=1}^{r}\xi_s=1,\xi_s\in[0,1],s=1,2,\cdots,r\\ \qquad \mathrm{Ts}(\boldsymbol{\xi})>0.5(\text{合作型})(0<\mathrm{Ts}(\boldsymbol{\xi})<0.5(\text{竞争型}))\\ \begin{cases}\mathrm{Max}\left\{-\sum_{i=1}^{n}w_i\ln w_i\right\}\\ \text{s. t.}\quad \sum_{i=1}^{n}w_i=1,w_i\in[0,1],i=1,2,\cdots n\end{cases}\end{cases}\tag{5.3}$$

若评价群体的合作(竞争)类型具有一贯性，那么局部评价环境稳定，平面数据不发生变化，规划模型的目标，首先，$\mathrm{Max}\left\{-\sum_{n=1}^{n}w_i\ln w_i\right\}$，评价群体满足合作或竞争的类型要求的次级目标 $\mathrm{Max}\left\{-\sum_{s=1}^{r}\xi_s\ln\xi_s\right\}$。具体群组评价问题中，更一般的情况是出现评价群体通过充分的协商和调整，其合作或竞争类型是随着协商进程和信息量的增加适时调整的，节点间联结状态 g_{ij},α_{ij} 随之改变，平面数据改变，此时评价群体的协同优化首先满足：$\mathrm{Max}\left\{-\sum_{s=1}^{r}\xi_s\ln\xi_s\right\}$，评价群体调整次级目标为：$\mathrm{Max}\left\{-\sum_{n=1}^{n}w_i\ln w_i\right\}$，见式(5.3)。

双目标协同优化方法步骤如下：

步骤1 在局部评价环境下，由群体偏好网络结构参数 g_{ij},α_{ij} 及式(4.9)、式(4.10)计算节点平面数据 y_t，并进行评价群体划分 $\{C_1,C_2,\cdots,C_r\}$。

步骤2 根据评价群体协同优化类型(合作型或竞争型)选择相应的双目标协同优化模型(由评价群体类型的一贯性或可变性及约束条件 $\mathrm{Ts}(\boldsymbol{\xi})>0.5$ 或 $0<\mathrm{Ts}(\boldsymbol{\xi})<0.5$)，计算最优的评价群体平面密度权向量 $\boldsymbol{\xi}$ 和指标权向量 $\boldsymbol{w}$。

① 若评价群体的合作或竞争类型具有一贯性，则局部评价环境稳定，平面数据不在评价过程中发生变化。由 $\mathrm{Max}\left\{-\sum_{n=1}^{n}w_i\ln w_i\right\}$，由于平面数据没有变化，最优指标权向量 $\boldsymbol{w}$ 唯一，在约束条件 $\mathrm{Ts}(\boldsymbol{\xi})>0.5(0<\mathrm{Ts}(\boldsymbol{\xi})<0.5)$ 下，由 $\mathrm{Max}\left\{-\sum_{s=1}^{r}\xi_s\ln\xi_s\right\}$，得最优平面密度权向量 $\boldsymbol{\xi}_c(\boldsymbol{\xi}_d)$。

② 若评价群体的合作或竞争类型具有可变性，则局部评价环境可变，平面数据在评价过程中发生变化。由 $\mathrm{Max}\left\{-\sum_{s=1}^{r}\xi_s\ln\xi_s\right\}$，得不同类型的最优平面权向量 $\boldsymbol{\xi}_c(\boldsymbol{\xi}_d)$，相应可计算调整后的群体偏好信息集及相应的最优指标权向量 $\boldsymbol{w}_c(\boldsymbol{w}_d)$。

步骤 3　由平面密度集结算子 PDW 对评价信息进行集结并给出评价结论。

5.1.3　算例分析

这里转引文献[12]中所引算例，一个 10 人评价小组对 5 个备选投资项目进行评选。方案集 $S=\{s_1,s_2,\cdots,s_5\}$，原例及运算结果如表 5.1 所列。

表 5.1　评价结果比较

被评价对象	原例结果	评价群体类型一贯		评价群体类型可变	
		合作型协同	竞争型协同	合作型协同	竞争型协同
s_1	4	5	4	5	5
s_2	2	3	3	4	3
s_3	5	4	5	3	4
s_4	1	2	2	2	1
s_5	3	1	1	1	2

若评价群体的类型是一贯的、不失一般性，设评价群体是经过完全协商形成群体偏好网络结构的，即群体偏好网络是完整网（任意一对评价参与者之间存在联结），此时群组分群状况为 $C_1=\{3,4,5,8,9\}$，$C_2=\{2,10\}$，$C_3=\{1\}$，$C_4=\{6\}$，$C_5=\{7\}$，则由规划模型，得合作型协同评价群体密度权向量 $\boldsymbol{\xi}_c[0.34,0.21,0.15,0.15,0.15]$，$\mathrm{Ts}(\boldsymbol{\xi}_c)=0.67$；竞争型协同评价群体密度权向量 $\boldsymbol{\xi}_d[0.11,0.17,0.24,0.24,0.24]$，$\mathrm{Ts}(\boldsymbol{\xi}_d)=0.34$。

若评价群体的类型是可调整的，由规划模型，合作型协同评价群体划分 $C_1=\{1,3,5,8,9\}$，$C_2=\{2,4,10\}$，$C_3=\{6,7\}$，密度权向量 $\boldsymbol{\xi}_c[0.61,0.23,0.16]$，$\mathrm{Ts}(\boldsymbol{\xi}_c)=0.73$；竞争型协同评价群体划分 $C_1=\{1,3,5,8,9\}$，$C_2=\{2,10\}$，$C_3=\{4,5\}$，$C_4=\{6,7\}$，密度权向量 $\boldsymbol{\xi}_c[0.32,0.22,0.22,0.22]$，$\mathrm{Ts}(\boldsymbol{\xi}_d)=0.29$。

5.2　基于局部评价环境的群组评价状态测评研究

5.2.1　群组评价局部评价环境构建

一般地，称评价参与者（即节点集）及参与者之间的某种联结状态、联结长度共同构成了群组评价的网络结构，即群组局部评价环境。具体地，局部评价环境包括被评价群体网络和评价群体网络，且由于被评价对象对自己的认知、被评价对象相互之间的认知、评价群体对被评价对象的认知及评价参与者相互之间的认知等是存在差异的，根据具体评价问题生成的局部评价环境的网络结构存在差异，群组评价网络结构是由具体评价问题生成的，具有特定评价问题的特征，因而分析对应网络节点的分布特征、联结状态并将结构信息与已有的评价信息集结是进一步增强评价方法适用性的有效途径之一。

令评价参与者集，即节点集 $M=\{1,2,\cdots,m\}$，其中 m 是一个有限整数。令 $g_{ij}\in\{0,1\}$ 是节点 i 和 j 之间的关系，若 i 和 j 之间存在某个联结，变量 g_{ij} 值为 1，否则值为 0。g 是节点集合与它们之间关系一起定义的网络。令 α_{ij} 是节点间偏好相似性测度，$\alpha_{ij}=1-|\lambda_i-\lambda_j|$。令两节点 i 和 j 之间的最短路径为 $q(i,j)$，取 $q(i,j)=\text{Min}\alpha_{ij}$。评价参与者用以对指标赋权的对被评价对象的偏好判断信息集 $\Lambda=\{\lambda_1,\lambda_2,\cdots,\lambda_m\}$，对任意 $\lambda\in\Lambda$，有 $\lambda=\sum_{j=1}^{n}(n-j)w_j/(n-1)$，其中，$\boldsymbol{w}=(w_1,w_2,\cdots,w_n)^{\mathrm{T}}$ 为指标 $X=(x_1,x_2,\cdots,x_n)$ 权重向量，$S=\{s_1,\cdots,s_q\}$ 是被评价对象集。群组评价问题中评价参与者集（节点集 M）与评价指标体系 X 的发生矩阵及由评价参与者偏好相似性 λ 生成的局部评价环境矩阵如表 5.2 和表 5.3 所列。

表 5.2　群组评价问题发生矩阵

节点＼方案	x_1	x_2	…	x_n	Λ
1	w_{11}	w_{12}	…	w_{1n}	λ_1
2	w_{21}	w_{22}	…	w_{2n}	λ
⋮	⋮	⋮		⋮	⋮
m	w_{m1}	w_{m2}	…	w_{mn}	λ_m

表 5.3　局部评价环境矩阵

节点＼节点	1	2	…	m
1	—	α_{12}	…	α_{1m}
2	α_{21}	—	…	α_{2m}
⋮	⋮	⋮		⋮
m	α_{m1}	α_{m2}	…	—

5.2.2　群组评价中的局部评价环境状态分析

局部评价环境下的群组评价状态分析可划分为两个层次，评价参与者评价状态及群组评价状态。评价参与者通过信息交流和状态调整，在局部评价环境下,通过对自身在网络结构中的位置、邻居节点与自身的距离和与自身建立关联的节点数目等信息,对自身在群组评价中的影响力(或作用)做出测评并对随后的评价行为和可能的群组评价结果进行估计;评价群体根据网络整合状态(协商的充分性)及网络结构进一步优化的可行性(协商的有效性)控制群组评价状态并引导协商过程,实现群组评价的目的。

1) 局部评价环境下评价参与者状态分析测度

在局部评价环境下,评价参与者在评价群体中的影响力,可以由评价参与者所处的网络结构位置来反映。对评价参与者集 $M=\{1,2,\cdots,m\}$,将网络结构信息(联结状况和联结长度)与节点信息进行集成,构建反映评价参与者在评价群体中影响力(或重要性)的核心性测度指标。

定义 5.3　网络 g 中,设节点 t 的核心度 $c_t(g)$ 为

$$c_t(g) = \frac{\sum_j \left(\frac{g_{tj}}{\alpha_{tj}} + \frac{g_{jt}}{\alpha_{jt}}\right)}{\sum_i \sum_j g_{ij}} \tag{5.4}$$

式中:$i,j,t=1,2,\cdots,m$;$g_{ij}\in\{0,1\}$ 为网络 g 的节点联结状况,当 $g_{ij}=1$ 时,节点 i 和 j 之间存在联结,否则不存在联结;α_{ij} 是节点间偏好相似性测度;节点核心度 $c_t(g)$ 测度了节点在网络结构中节点分布的紧密程度,为集结了网络联结状况和网络路径长度的节点网络结构参数。

定义 5.4　对网络 g,节点 i 的核心性测度

$$\mathrm{Co}(i;g) = c_i \frac{m-1}{\sum_{i\neq j} \beta(i,j;g)} \tag{5.5}$$

式中:$i,j=1,2,\cdots,m$;称遍历网络 g 的所有节点 $\{1,2,\cdots,m\}$ 的最大最短路径 $\mathrm{Max}q(i,j)$ 为网络 g 的平均距离 $\beta(g)$,评价参与者之间偏好相似性越大,群组意见分布越集中,网络 g 的平均距离 $\beta(g)$ 越小。$\sum_{i\neq j}\beta(i,j;g)$ 是网络 g 中从节点 i 到所有其他节点的总体平均距离。

节点的核心性测度从网络结构角度根据节点的分布状况测度了评价参与者的局部评价环境影响力。节点核心性测度在局部评价环境下对评价参与者的重要性(或影响力)进行了量化,一方面可以使评价参与者实时了解自身在评价群体中的作用和影响范围,另一方面为群组评价第二阶段的信息集结提供了确定评价参与者重要性权重的依据之一。

2) 局部评价环境下群组评价状态分析测度

评价参与者偏好相似性测度是由评价参与者对被评价对象的偏好态度测度

$\lambda \in \Lambda$ 计算并在群体协商过程中形成、调整并确定的。局部评价环境下群组评价状态测度是在协商过程中,根据评价群体偏好信息实时生成并反映评价状态的指标,具体由两部分组成:第一部分是反映评价群体网络结构整合情况的协商充分性测度,第二部分是评价群体协商有效性测度。

定义 5.5 评价群体协商充分性测度

$$\mathrm{su}(g) = \frac{2\sum_{j=1}^{m}\sum_{i=1}^{m}\alpha_{ij}}{m(m-1)} \tag{5.6}$$

式中:$i,j=1,2,\cdots,m$;α_{ij}为节点间偏好相似性测度。

评价群体通过协商充分性测度可以及时了解群体意见分歧是否是由于群体成员间协商不充分引起的,辅助评价参与者加强相互之间的协商互动,避免评价群体在协商不充分前就进行评价所引起的一些问题。

定义 5.6 评价群体协商有效性测度

$$\mathrm{ne}(g) = \frac{\sum_{i=1}^{m}\sum_{j=1}^{m}\left(1 - \sum_{q\neq i,j,q=1}^{m}\alpha_{iq}\cdot\frac{\alpha_{jq}}{\sum_{j}\alpha_{jq}}\right)}{\sum_{i=1}^{m}\sum_{j=1}^{m}\alpha_{ij}} \tag{5.7}$$

式中:q 为不同于节点 i,j 的节点,且满足 $\alpha_{jq}<\alpha_{iq}$,即节点 j,q 的偏好相似性测度小于节点 i,q 的偏好相似性测度,评价参与者 i,q 之间的协商更有效;$\alpha_{jq}/\sum_{j}\alpha_{jq}$ 是评价参与者 j,q 之间无效协商的测度,则 $\sum_{j=1}\left(1-\sum_{q\neq i,j,q=1}^{m}\alpha_{iq}\cdot\alpha_{jq}/\sum_{j}\alpha_{jq}\right)$ 是评价参与者 i 有效协商的测度。

评价群体协商有效性测度是在局部评价环境下,网络结构有效协商测度与实际偏好相似性之比。

局部评价环境量化指标包括评价参与者的核心性测度、群体协商充分性测度和协商有效性测度,通过集结局部评价环境对应的网络结构信息及评价参与者偏好信息,评价参与者核心性测度能够辅助评价参与者分析自身在评价群体中的重要性及可能的影响力,对进一步信息集结时量化评价参与者重要性提供依据;仅靠评价参与者之间关于对被评价对象的偏好判断的协商(即改变联结状态)来提高群体协商一致性的程度是有限的,根据群体协商充分性测度和协商有效性测度,评价参与者可以针对是否继续进行偏好态度协商还是群体信息集结等行为进行调整。

5.2.3　局部评价环境状态测评

群组评价的初始局部评价环境通常是不稳定,表现为评价参与者在随后的协商过程中建立、增加或取消与某评价参与者之间的联结,评价参与者对自身对被评价对象的偏好判断的调整等行为,协商过程的终止对应于局部评价环境稳定,此时对应的群组评价网络结构不再发生改变,即任意评价参与者没有意愿建立、增加或取消与某个评价参与者的联结,任何的网络结构改变都不会使评价群体协商效应有所提高(协商一致性增加或协商分群状态更加稳定等)。

通过对局部评价环境状态测评,可以使评价参与者更加方便地对随后的评价行为进行选择,如继续进行协商以使自身节点接近或远离某一评价小群体,预测能够达成的群体协商一致状态,根据群体意见分布状态选择满意的信息集结方式等。

步骤 1　构建局部评价环境。

即构建群组评价网络结构,获取直观的评价群体信息,如:

① 评价群体信息分布状况,如意见集中区域或分散区域,群体分群状况,群体网络最短路等;

② 评价群体协商充分性及协商的可能性,如网络联结状况,孤立点个数等;

③ 评价参与者在群体中的位置,如处于意见分布核心区域或边缘,与邻居节点的距离,与非邻居但意见却相近的评价参与者建立联结等。

例 5.1　生成群组评价的局部评价环境,设有 28 位评价参与者对 10 个备选方案给出排序,参与者偏好态度参数 $\Lambda=\{\lambda_1,\lambda_2,\cdots,\lambda_m\}$ 随机生成(设为均匀分布),10 个备选方案的 5 项评价指标数据见文献[12]。如图 5.1 ~ 图 5.6 所示,其中,图 5.1 和图 5.2 是一组,取评价群体联结状态为 20(密度 0.053,平均度 1.431)、图 5.3 和图 5.4 是一组,评价群体联结为 70(密度 0.185,平均度 4.995),图 5.5 和图 5.6 是一组,评价群体联结为 140(密度 0.37,平均度 9.99)。

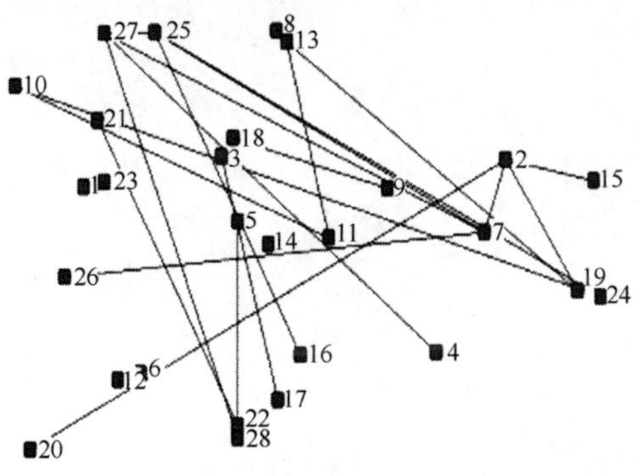

图 5.1　联结 20 示例 1

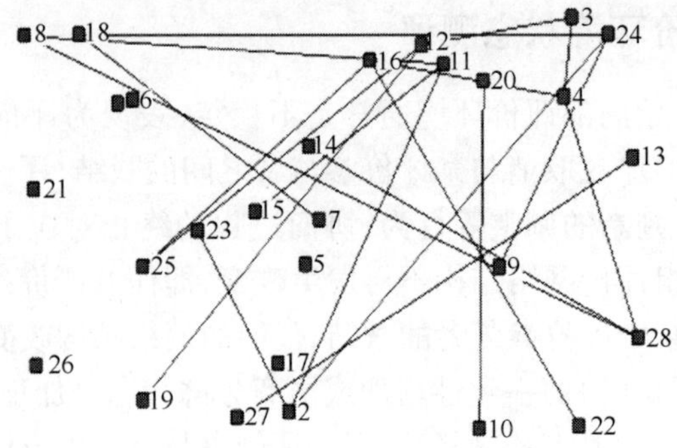

图 5.2　联结 20 示例 2

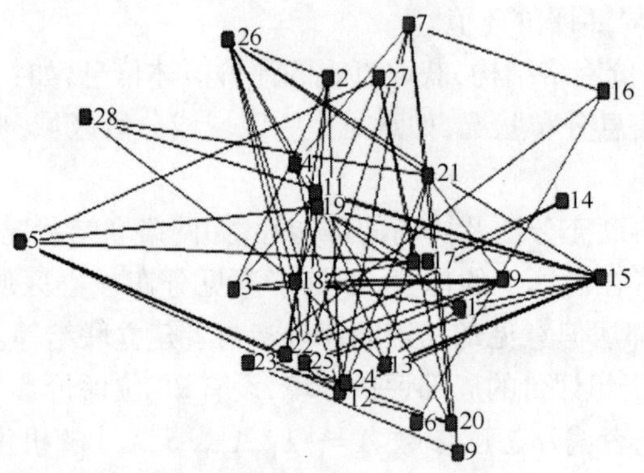

图 5.3　联结 70 示例 1

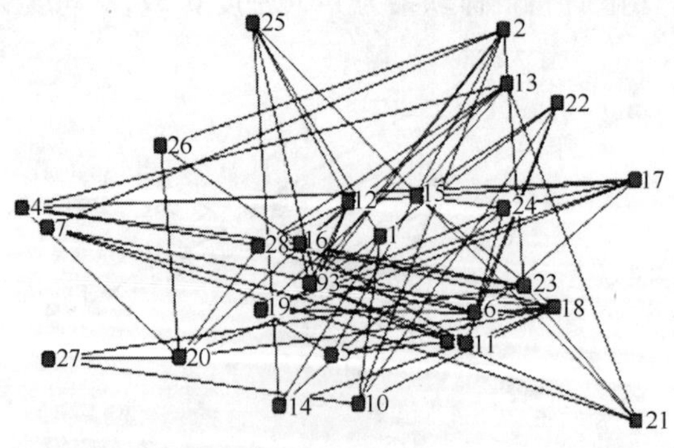

图 5.4　联结 70 示例 2

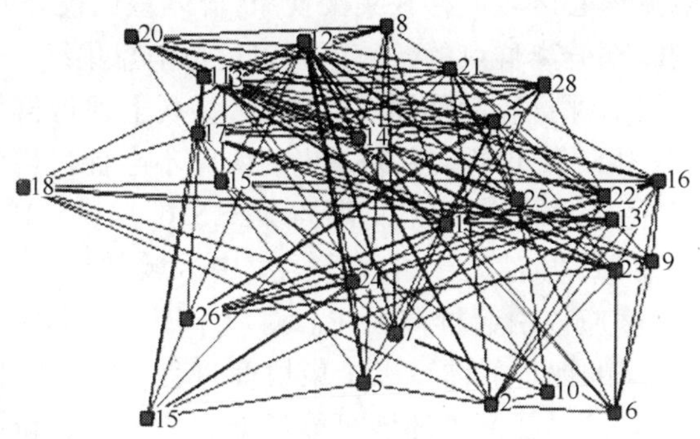

图 5.5　联结 140 示例 1

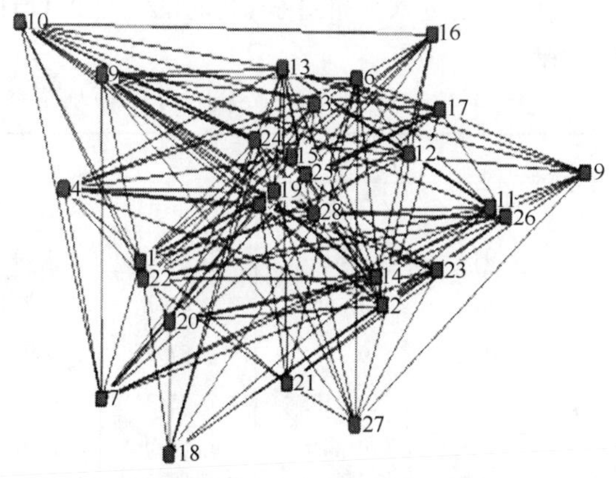

图 5.6　联结 140 示例 2

令评价群体开始协商过程，若协商后群组评价局部评价环境如图 5.1 和图 5.2所示，直观上，由群组网络结构可知此时群组均无明显聚类或分群现象，网络整合程度较低，存在较多的孤立点，协商充分性有待进一步提高，经计算，具体的评价参与者局部评价环境核心性测度及评价群体的协商充分性测度和协商有效性测度见表 5.4。对应于图 5.1 和图 5.2 的局部评价环境，建议加强协商沟通，与孤立的评价参与者建立联结；评价群体需要进一步协作，群体意见很分散，不建议在此局部评价环境下进行信息集结。

若协商后群组局部评价环境如图 5.3 和图 5.4 所示，直观上评价群体已经出现多个小的意见集中区域且不存在孤立点，如图 5.3 中节点群 12,22,23,24；4,11,19 等，图 5.4 中的节点群 6,8,11,18,23；3,9,16,19,29 等，且图 5.4 相比于图 5.3 意见集中区域集中性较低，即小群体密度较小。对应于图 5.3 和图 5.4 的局部评价环境，建议群体协商充分性可以进一步提高，群体协商有效性较高，没有单一的群体意见核心区域但存在集聚现象，群体意见较分散，在群体协商一致性要求不高或剔除部分离群点的条件下可以进行信息集结。

若协商后群组局部评价环境如图 5.6 所示，直观上评价群体已经出现意见分散和集中区域，对图 5.5，可以认为进一步的协商不会促进群组意见一致性的达成，图 5.6 出现群体意见集中区域，即节点集 3,5,6,13,15,19,24,25,28，且由表 5.3 计算可知，节点 15 虽然处于群体意见集中区域，但与之有联结的节点只有 4 个，其重要性程度应该引起群体关注。对应于图 5.5 和图 5.6 的局部评价环境，建议图 5.5 对应的评价群体可以结束协商过程，进入评价过程，对信息集结方法进行讨论，此时的局部评价环境可能不能完成群组评价问题。图 5.6 有较明显的群组意见集中区域，若评价参与者合作意愿较强在随后的协商过程中会向意见集中区域靠拢，否则进入评价过程，此时的局部评价环境可能达成评价参与者较满意的评价结论。

表 5.4 局部评价环境测评指标数据

节点	评价参与者核心性测度 Co(i)					
	图 5.1	图 5.2	图 5.3	图 5.4	图 5.5	图 5.6
1	0	0	0.2747	0.3396	0.9461	0.7064
2	0.8841	0.7107	0.3450	0.8311	0.7784	0.9386
3	0.0693	0.7646	0.1725	0.8792	0.9432	0.6928
4	0.4587	0.3811	0.2195	0.7543	0.8509	0.7688
5	0.3915	0	0.3966	0.7049	0.7177	0.9988
6	0	0	0.2096	0.6533	0.7668	0.6931
7	0.5362	0.0582	0.4405	0.3781	0.8609	0.7859
8	0	0.1897	1.1189	0.7243	0.8341	0.8815
9	0.1351	0.3212	0.2596	0.7772	0.6817	0.6477
10	0.1207	0.1908	0.1348	0.7052	0.64514	0.7445
11	0.1302	0.1161	0.1816	0.2508	0.9111	0.7189
12	0	0.2381	0.2693	0.4863	0.9922	0.6741
13	0.0762	0.0686	0.3941	0.9975	0.8402	0.7459
14	0	0.1126	0.3743	0.6681	0.7452	0.7609
15	0.0765	0	0.3818	0.8811	0.6251	0.2067
16	0.0502	0.5149	0.3476	0.9681	0.8679	0.5686
17	0.0529	0	0.6401	0.8171	0.9408	0.6441
18	0.0811	0.4223	0.4901	0.9198	0.7261	0.4362

（续）

节点	评价参与者核心性测度 Co(i)					
	图5.1	图5.2	图5.3	图5.4	图5.5	图5.6
19	0.5463	0.0766	0.5778	0.2392	0.7939	0.5352
20	0.3049	0.1908	0.2837	0.5615	0.8423	0.5824
21	0.1284	0	0.2744	0.7462	0.9252	0.6175
22	0.0531	0	0.3455	0.6401	0.8807	0.5794
23	0	0.5882	0.1789	0.5483	0.9032	0.7511
24	0	0.3091	0.2156	0.7883	0.8912	0.8083
25	0.2278	0.1111	0.3994	0.6575	0.9131	0.9572
26	0.0726	0	0.2095	0.1856	0.8521	0.5405
27	0.4587	0.0686	0.4415	0.5381	0.9658	0.6425
28	0	0.2331	1.1132	0.3912	0.7635	0.7056
su(g)	0.0293	0.02745	0.1568	0.1372	0.6696	0.6853
su(g)	0.1708	0.06981	0.6285	0.7112	0.3128	0.3922

步骤2 协商过程跟随。

即在协商过程中实时反馈评价参与者状况及群组评价状态，辅助个体和群体进一步的行为评价以解决群组评价问题。

接例5.1，令图5.1和图5.2是初始协商过程的局部评价环境网络结构图，图5.3和图5.4是协商进行中的局部评价环境网络结构图，图5.5和图5.6是稳定的局部评价环境，即图5.1、图5.3和图5.5是一组评价群体的协商路径，称为路径1；图5.2、图5.4和图5.6是另一组评价群体的协商路径，称为路径2。对应两条协商路径的第一步，有 $\Delta su(g_3, g_1) = 0.1275$，$\Delta su(g_4, g_2) = 0.1098$，$\Delta ne(g_3, g_1) = 0.4577$，$\Delta ne(g_4, g_2) = 0.6414$，即图5.1～图5.3，图5.2～图5.4；对应两条协商路径的第二步，有 $\Delta su(g_5, g_3) = 0.5128$，$\Delta su(g_6, g_4) = 0.5481$，$\Delta ne(g_5, g_3) = -0.3157$，$\Delta ne(g_6, g_4) = -0.319$，即图5.3～图5.5，图5.4～图5.6。

由上述分析有，路径1与路径2相比，群组协商充分性均显著提高，但路径2更有效，两条路径的群体协商有效性均呈现先增加后下降的特征，($\Delta su(g_5, g_3) - \Delta su(g_3, g_1) < \Delta su(g_6, g_4) - \Delta su(g_4, g_2)$，$0.3853 < 0.4383$)，且整体上路径2的群体协商有效性低于路径1的群体协商有效性，即路径1群体协商充分性较低，协商有效性较高；路径2群体协商充分性较高，有效性较低，($\Delta ne(g_5, g_3) - \Delta ne(g_3, g_1) > \Delta ne(g_6, g_4) - \Delta ne(g_4, g_2)$，$-0.7734 > -0.9604$)。结合具体的局部评价环境网络结构图 5.1 ~ 图 5.6，路径 1 即使群体协商充分性较低，但由于没有明显的群组意见分群现象或意见集中区域，评价群体没有进一步协商调整的必要；路径 2 对应的群体充分性较高且有效性较低，继续进行协商调整的余地较小（协商有效性下降明显），且由于群体意见分布具有集中区域，可以在此局部评价环境下进行信息集结。

步骤 3　局部评价环境测评分析。

局部评价环境状态测评分析从群组评价初始状态起到稳定状态止（见表 5.5），跟随评价群体协商过程，在评价参与者与评价群体两个层次给出状态测评指标，一方面使得评价参与者量化自身在评价群体中的重要性，另一方面也使得评价群体对评价进程及协商过程有直观和准确的把握，有效引导参与者和群体的评价行为选择，提高群组评价的适用性及有效性。

表 5.5　局部评价环境状态测评数据

状态测评		协商过程					评价过程
		初始状态	状态 1	状态 2	…	稳定状态	
群体	充分性 有效性						
个体	核心性						

根据从初始状态到最终的局部评价环境稳定状态，可以对评价群体进行类型分析，区分评价群体是意见分歧（通过协商沟通较易达成协商一致）、意见冲突（协商过程不能改变群组意见分群状况）或对集聚状态下的评价小群体进行区分；对评价参与者合作意愿进行分析，区分重要性大且影响力广泛的评价参与者（影响群组意见集中性），具有信息传递作用的“桥梁”参与者（处于不同小群体中间起联结作用的节点，隐性的影响群组意见集中性）及群组评价过程中采取跟随策略的“搭便车”参与者等。在局部评价环境下，通过一系列群组和个体信息反馈、收集和发布，使得整个群组评价过程更加透明和有效，结合已有的综合评价方法，可以进一步增强方法的适用性和有效性。

5.3　本章小结

考虑评价群体间的联结关系是改进群组评价有效性的有效途径之一，本章讨论了局部评价环境下双目标优化的群组评价问题，将需要由节点信息和节点间联结信息两次表述的群组评价信息转化为平面数据集，评价群体规模对群组评价问题的影响集中表现在信息集结方法上。多源密度集结算子是集结多源信息的有效手段,广泛应用于经济管理、工业工程及评价等领域。称具备节点(评价参与者)信息和对应网络结构信息的数据共同构成群组评价的平面数据,通过将节点结构信息与节点属性信息融合,应用第4章开发平面密度加权平均算子,通过对评价群体类型具有一贯性或可变性区分,定义了评价群体的合作型协同和竞争型协同,通过相应的群组评价双目标协同优化模型讨论局部评价环境下群组评价方法。根据评价群体类型是否是一贯性或可调性的,区分了评价群体的合作型协同或竞争型协同,讨论了相应的群组评价方法。群组中评价参与者不同的联结关系或关系的叠加对评价过程及评价结论的影响是下一步需要继续研究的问题。

由于群组评价问题本身较为复杂,涉及众多参与者、评价信息庞杂且协商交互渠道差异等因素影响,大多数评价参与者在对被评价对象认知信息进行协商时往往难以实时把握自身在群组中的地位(或影响力)及群组协商的状况,导致参与者在协商过程中做出错误选择且协商过程拖沓、低效。根据评价参与者之间的联结状况及参与者偏好态度信息,构建群组评价的局部评价环境,即群组评价的网络关系结构,随着协商过程的进行,局部评价环境网络结构相应进行调整,当局部评价环境稳定时,评价群体继续延续已有的评价方法或策略不能有助于解决评价问题,需要评价群体采取相应的措施促使群组评价问题得以解决。在局部评价环境下,构造反映评价参与者重要性(或影响力)的指标节点核心性测度、反映评价群体在协商过程中协商充分性和协商有效性的测度指标,对群组评价协商过程进行跟随,使评价参与者和评价群体实时把握群组评价状态,辅助评价参与者评价,从而提高群组评价方法的适用性和有效性。

构建以评价参与者为节点,评价参与者的偏好相似性为联结的局部评价环境,参与者之间的交互协商过程体现为局部评价环境网络结构的变化,参与者通过自身的网络结构位置判断影响力范围及对群体意见的影响程度,了解群体协商状况及群体进一步协商的可能性,提高群组评价的必要性和可能性。将评价群体网络结构信息与评价参与者偏好信息进行有效融合,构建局部评价环境的群组评价状态测评指标,可以跟随协商进程根据评价群体网络结构整合状况及联结状态对群组评价进行实时测评,辅助评价参与者对群组评价状况实时掌握并做出评价。

第 6 章　结论与进一步的研究方向

6.1　结论

本书将社会网络分析法引入群组评价问题，建立了面向群组评价问题的局部评价环境，并以此为基础研究局部评价环境的构建、构成成分、结构及应用，得到了许多有益结论，现总结如下：

(1) 局部评价环境构建及群组评价方法研究。以评价参与者为节点，参与者之间评价关系为联结的群体网络构成群组局部评价环境，研究了基础局部评价环境和具有导向性的局部评价环境，在此基础上分析了群组评价长效机制建立和实施的可能性。结果表明，放弃群体一致性标准而以局部评价环境稳定状态作为群组评价信息集结的判断标准是可行的，评价参与者需要以最优响应行动作为评价行为并选择评价流程路径，使得群体偏好和群体效用在长期内收敛。该方法适用于具有一定规模的群组评价问题；引入了局部评价环境稳定的标准，一致性不再是群组控制协商过程的唯一标准；能够根据群组信息稳定分布特征选择适应不同评价群体的评价方法；评价群体网络拓扑结构影响评价结论；没有考虑时间因素，但可以通过仿真分析归纳基于局部评价环境的评价群体网络结构特征，根据结构对等性等原则设计评价流程路径，提高群组评价方法实际应用效率。讨论了局部评价环境稳定条件下群组评价的长效机制设计问题，认为群组评价应以被评价对象为主，设置面向局部评价环境的长效评价机制，为了使评价群体关于被评价对象的群体性认知具有较高的客观性和稳定性，在评价过程中允许关于被评价对象的新信息注入评价系统，同时允许评价目标的更替，即评价目标只具有阶段性效应，在群组评价的某一阶段，依据评价目标设置相应的约束条件和引导条件，完成评价目标的同时使得关于被评价对象的群体性认知不会发生偏移，进一步保障群组评价的稳定性和可预测性。

(2) 局部评价环境构成分析及群组评价方法研究。认为评价关系是一类社会关系，评价关系与评价参与者之间存在协商互动的基础；评价关系的产生及发展伴随评价进程，对评价结论产生影响，当评价问题结束时，评价关系转化为参与者之间的社会关系，并以经验的形式进入其他问题；评价关系是复合关系，既包括评价参与者对相互之间关系的偏好判断,也包括基于评价环境形成的结构性特征;评价关系不能还原为参与者个体属性,不能复归为评价规则,不具备分离于个体和群体的行动之外的实体形态的特征。通过将评价关系数据引入综合评价问题以及构建局部评价环境,根据参与者主观经验、评价群体网络结构特征及参与者偏好判断相似性讨论了评价关系的构成及评价关系的转化,定义了评价关系优先序算子,讨论算子权重向量的确定方法及算子的性质。与以往群组评价问题不同,考虑评价关系的群组评价问题能够差异化处理由于评价目标、评价规则及评价群体状况带来的变化。将权力作为关系属性即作为评价关系的一种表现形式与参与者节点信息共同构建局部评价环境。讨论了具有权力导向的局部评价环境构建及群组评价方法,按照群组评价中可能的权力来源,将权力量化为能够通过评价参与者之间主观判断和根据群组评价网络结构表示的权力关系。将评价规则导向转化为一种群组评价的结构性安排。讨论了具有评价规则导向的局部评价环境构建及群组评价方法,将评价规则划分为规范评价规则和自主评价规则,讨论在评价过程中可能存在的评价规则组合,寻找能够被诱导的评价规则及其组成形式,给出了具有规则导向的群组评价方法。

（3）局部评价环境结构分析及群组评价方法研究。提出了区间数密度加权评价算子和平面密度加权评价算子,讨论了在局部评价环境下两种算子对群组评价信息的集结方法。定义评价参与者偏好信息相容性测度和评价群体偏好判断网络结构图,根据能够使网络结构达到稳定的控制条件设置定向反馈的节点及调节阈值,允许相应的评价参与者进行个体信息调整,建立、加强或取消评价参与者之间的信息沟通(表现为评价信息网络图中节点之间边长的改变,节点之间的加边或减边),达到促进评价参与者策略和评价偏好关系网络结构正向演化的目的,为进一步的信息集结提供依据。评价参与者可以根据反馈建议选择不同的策略及策略组合,根据偏好信息调整参考值也可以选择不同步长搜寻个体评价参与者的最优策略。研究了局部评价环境稳定条件下群组意见的分布,定义了群组意见的核心区域、意见分布的序列,讨论了单一核心区域及非单一核心区域的局部评价环境下群组评价方法,根据评价参与者对群组评价效率、公平及满意的不同要求,讨论了相应的群组评价方法。

（4）通过将节点结构信息与节点属性信息融合,应用第 5 章开发平面密度加权平均算子,通过对评价群体类型具有一贯性或可变性区分,定义了评价群体的合作型协同和竞争型协同,通过相应的群组评价双目标协同优化模型讨论局部评价环境下群组评价方法。构建以评价参与者为节点,评价参与者的偏好相似性为联结的局部评价环境,参与者之间的交互协商过程体现为局部评价环境网络结构的变化,参与者通过自身的网络结构位置判断影响力范围及对群体意见的影响程度，了解群体协商状况及群体进一步协商的可能性，提高群组评价的必要性和可能性。将评价群体网络结构信息与评价参与者偏好信息进行有效融合，构建局部评价环境的群组评价状态测评指标，可以跟随协商进程根据评价群体网络结构整合状况及联结状态对群组评价进行实时测评，辅助评价参与者对群组评价状况实时掌握并做出评价。

6.2 进一步的研究方向

面向群组评价问题的局部评价环境研究是综合评价理论与方法，尤其是群组评价理论与方法研究的新视角，本书的研究只分析了其中部分内容，还有很多问题能够在本书模型和方法的基础上进行扩展。进一步的研究将从以下几个方面进行讨论。

(1) 形成系统完整的理论体系。群组评价问题广泛存在于社会生活的各个方面，而局部评价环境本质上不仅是群组评价问题发生、变化和得以解决的局部环境要素，更是群组评价问题本身的基本构成因素之一。局部评价环境是广义评价环境和评价问题本身连接的桥梁，除了本书讨论的局部评价环境构建方法外，还应建立起考虑诸多因素的、系统完整的模型和理论，研究具有自适应调节机制的局部评价环境构建方法。

(2) 群组评价信息集结标准研究。本书在局部评价环境下讨论了群组评价信息集结标准，即群组评价网络结构稳定状态，而非一般群组评价问题所采用的群体一致性标准。由于评价信息集结标准直接决定了群组评价方法设计和评价问题的解决状况，因此探讨更具有柔性的信息集结标准对于群组评价方法应用的广泛性具有重要的意义。

参 考 文 献

[1] 卢梭. 社会契约论[M]. 李平沤,译. 北京:商务印书馆,2011.

[2] John Locke. Concerning civil government[M]. 上海:上海世界图书出版公司,2011.

[3] Emile Durkheim. The division of labor in society[M]. New York: Macmillan Publishers Ltd,1984.

[4] 艾米·R·波蒂特. 共同合作:集体行为、公共资源与实践中的多元方法[M]. 路蒙佳,译. 北京:中国人民大学出版社,2011.

[5] Frederic P Miller, Agnes F Vandome. Complex Network[M]. Berkeley: Alphascript Publishing, 2010.

[6] 米勒. 全球正义研究丛书:民族责任与全球正义[M]. 李广博,译. 重庆:重庆出版社,2014.

[7] Kurt Annen. Social capital, inclusive networks, and economic performance[J]. Journal of Economic Behavior & Organization, 2003, 50(4):449 -463.

[8] Fridrich A Hayek. The fatal conceit: the errors of socialism [M]. Chicago: University of Chicago Press,1988.

[9] 哈耶克. 个人主义与经济秩序[M]. 邓正来,译. 上海:复旦大学出版社,2012.

[10] Eric D Kolaczyk. Statistical analysis of network data[M]. New York: Springer, 2009.

[11] Mika Tuunanen. New developments in the theory of network[M]. Heidelberg: Springer,2011.

[12] 郭亚军. 综合评价理论、方法及应用[M]. 北京:科学出版社,2007.

[13] 霍布斯. 利维坦[M]. 王炜,译. 北京:中国社会科学出版社,2007.

[14] John Rawls. A theory of justice[M]. Cambridge, Massachusetts: Belknap Press of Harvard University Press, 1971.

[15] Frank Knight. Cost of production and price over the long and short periods[J]. The Journal of Political Economy, 1921, 29(4): 304 -335.

[16] Frank Knight. The ethics of competition[J]. Quarterly Journal of Economics,1923,37: 579 -624.

[17] George J Stigler. Chicago studies in political economy [M]. Chicago: The University of Chicago Press,1988.

[18] Kenneth J Arrow. Social Choice and Individual Values[M]. New Haven: Yale University Press; 3rd Revised edition ,2012.

[19] Kenneth J Arrow, Amartya K Sen. Handbook of social choice and welfare[M]. North - Holland, Elsevier, 2002.

[20] 汪丁丁. 新政治经济学讲义[M]. 上海:上海人民出版社,2013.

[21] 布伦南. 宪政经济学[M]. 冯克利,等译. 北京:中国社会科学出版社,2012.

[22] John Harsanyi. Essays on Ethics, Social Behavior, and Scientific Explanation. Theory and Decision Library [M]. Dordrecht: Springer, 1976.

[23] John Harsanyi. Rational Behavior and Bargaining Equilibrium in Games and Social Situations[M]. Cambridge: Cambridge University Press,1977.

[24] H Peyton Young. The possible and impossible in multi - agent learning[J]. Artificial Intelligence, 2007, 171(7): 429 - 433.

[25] H Peyton Young. Commentary: john nash and evolutionary game theory[J]. Games and Economic Behavior,2011,71(1): 12 - 13.

[26] H Peyton Young. Learning by trial and error[J]. Games and Economic Behavior, 2009, 65(2): 626 - 643.

[27] H Peyton Young. Handbook of game theory with economic applications[M]. Elsevier, 2015:327 - 380.

[28] 克罗齐耶. 行动者与系统[M]. 李有梅,译. 上海:上海人民出版社,2007.

[29] 布劳. 社会生活中的交换与权力[M]. 李国武,译. 北京:商务印书馆,2008.

[30] Leon Festinger. A theory of cognitive dissonance[M]. Palo Alto: Stanford University Press, 1992.

[31] Albert Hirschman. Essays in trespassing: economics to politics and beyond[M]. Cambridge: Cambridge University Press,1981.

[32] 赫希曼. 转变参与:私人利益与公共行动[M]. 李增刚,译. 上海:上海人民出版社,2008.

[33] Albert Hirschman. The essential hirschman[M]. Princeton:Princeton University Press, 2013.

[34] George Akerlof. Explorations in pragmatic economics[M]. Oxford: Oxford University Press,2005.

[35] 阿克洛夫. 经济学的新疆域:心理学、社会学与人类学视角[M]. 高翔,译. 上海:上海财经大学出版社,2014.

[36] 阿克洛夫. 现实主义经济学之路[M]. 北京:中国人民大学出版社,2013.

[37] 孔德. 论实证精神[M]. 黄建华,译. 南京:译林出版社,2011.

[38] 怀特海. 过程与实在[M]. 李步楼,译. 北京:商务印书馆. 2011.

[39] 奈特. 制度与社会冲突[M]. 周伟林,译. 上海:上海人民出版社,2009.

[40] 李佃来. 公共领域与生活世界:哈贝马斯市民社会理论研究[M]. 北京:人民出版社,2006.

[41] Juergen Habermas. The theory of communicative action:volume1: reason and the rationalization of society [M]. Thomas Mccarthy translate. Boston:Beacon Press,1985.

[42] Amartya K Sen. Rationality and freedom[M]. Cambridge: The Belknap Press,2004.

[43] Amartya K Sen. The arrow impossibility theorem[M]. New York: Columbia University Press,2014.

[44] Amartya K Sen, Prasanta K Pattanaik. Necessary and sufficient conditions for rational choice under majority decision[J]. Journal of Economic Theory, 1969,1(2): 178 - 202.

[45] Mitsuhiro Nakamura, Hisashi Ohtsuki. Indirect reciprocity in three types of social dilemmas[J]. Journal of Theoretical Biology, 2014, 355(21): 117 - 127.

[46] Jeffrey Carpenter, Samuel Bowles, Herbert Gintis, et al. Strong reciprocity and team production: theory and evidence[J]. Journal of Economic Behavior & Organization, 2009,71(2): 221 - 232.

[47] Kaisa Herne, Olli Lappalainen, Elina Kestila - Kekkonen. Experimental comparison of direct, general, and indirect reciprocity[J]. The Journal of Socio - Economics, 2013,45: 38 - 46.

[48] Herbert Gintis. Strong reciprocity and human sociality[J]. Journal of Theoretical Biology, 2000,206(2): 169 - 179.

[49] 史密斯. 经济学中的理性[M]. 李克强,译. 北京:中国人民大学出版社,2013.

[50] Vernon L Smith. Papers in experimental economics[M]. Cambridge: Cambridge University Press,2006.

[51] 陈珽. 决策分析[M]. 北京:科学出版社, 1987.

[52] Gong Z W, Forrest J, Zhao Y, el at. The optimal group consensus deviation measure for multiplicative

preference relations [J]. Expert Systems with Applications, 2012, 39 (14): 1548 - 1555.

[53] Martl'nez L, Herrera F. An overview on the 2 - tuple linguistic model for computing with words in decision making: Extensions, applications and challenges [J]. Information Sciences, 2012, 207 (10): 1 - 18.

[54] Cheng H, Yang S X, Cao J N. Dynamic genetic algorithms for the dynamic load balanced clustering problem in mobile ad hoc networks [J]. Expert Systems with Applications, 2013, 40 (4): 1381 - 1392.

[55] Delcroixa V, Sedkic K, Lepoutrea F. A Bayesian network for recurrent multi - criteria and multi - attribute decision problems: Choosing a manual wheelchair [J]. Expert Systems with Applications, 2013, 40 (7): 2541 - 2551.

[56] Singh R K, Benyoucef L. A consensus based group decision making methodology for strategic selection problems of supply chain coordination [J]. Engineering Applications of Artificial Intelligence, 2013, 26 (1): 122 - 134.

[57] Tavana M, Khalili - Damghani K, Abtahi A. A hybrid fuzzy group decision support framework for advanced - technology prioritization at NASA [J]. Expert Systems with Applications, 2013, 40 (2): 480 - 491.

[58] Ventresca M, Aleman D. Evaluation of strategies to mitigate contagion spread using social network characteristics [J]. Social Network, 2013, 35: 75 - 88.

[59] Perez I J, Cabrerizo F J, Alonso S, el at. A New Consensus Model for Group Decision Making Problems with non - homogeneous experts [J]. IEEE Trans. On systems, man, and cybernetics: systems, 2013, 13 (4): 2168 - 2216.

[60] Perez I J, Wikstrom R, Meaei J, el at. A new consensus model for group decision making using fuzzy ontology [J]. Soft compute, 2013, 17: 1617 - 1627.

[61] 威尔达夫斯基. 预算比较理论[M]. 苟燕南,译. 上海:上海财经大学出版社,2009.

[62] Aaron Wildavsky. Culture and social theory[M]. New Brunswick: Rutgers University Press, 1996.

[63] Aaron Wildavsky. The revolt against the masses: and other essays on politics and public policy[M]. New Jersey: Transaction Publishers, 2002.

[64] Daron Acemoglu. Introduction to economic growth[J]. Journal of Economic Theory, 2012, 147(2): 545 - 550.

[65] Daron Acemoglu. Introduction to modern economic growth [M]. Princeton: Princeton University Press, 2008.

[66] Daron Acemoglu, Mikhail Golosov, Aleh Tsyvinski. Power fluctuations and political economy[J]. Journal of Economic Theory, 2011, 146(3): 1009 - 1041.

[67] Daron Acemoglu, Asuman Ozdaglar, Ali ParandehGheibi. Spread of (mis) information in social networks [J]. Games and Economic Behavior, 2010, 70(2): 194 - 227.

[68] Daron Acemoglu, Simon Johnson, James A Robinson, et al. Reevaluating the modernization hypothesis [J]. Journal of Monetary Economics, 2008, 55(1): 159 - 189.

[69] Peter E Earl, Stephen F Frowen. Economics as an art of thought: essays in memory of G L S shackle[M]. London: Routledge, 1995.

[70] Duncan Black. The theory of committees and elections [M]. Cambridge: Cambridge University Press, 1958.

[71] Duncan Black. On arrow ' s impossibility theorem [J]. Journal of Law and Economics, 1963, 12: 227 - 248.

[72] John von Neumann, Oskar Morgenstern. Theory of games and economic behavior[M]. Princeton:Princeton University Press, 1944.

[73] Howard Raiffa, Robert Schlaifer. Applied statistical decision theory[M]. New Jersey: John Wiley & Sons Inc,2000.

[74] John W Pratt, Howard Raiffa. Introduction to statistical decision theory [M]. Cambridge: MIT Press,2008.

[75] Lucien Le Cam. Asymptotic method in statistical decision theory[M]. New York:Springer – Verlag ,1986.

[76] Paul K Yoon, Ching – Lai Hwang. Multiple attribute decision making: an introduction[M]. Thousand Oaks: SAGE Publications,1995.

[77] Geraedine DeSanctis, Brent R Gallupe. Group decision support systems: a new frontier [J]. Data base, 1985, 16(2): 3 – 10.

[78] 邱菀华. 管理决策与应用熵学[M]. 北京:机械工业出版社, 2002.

[79] 李向军,李华. AHP 中复合判断矩阵的一致性研究[J]. 西安联合大学学报,2003,6(4):74 – 77.

[80] 郭春香,郭耀煌. 属性具有不同形式偏好信息的群决策方法[J]. 系统工程与电子技术,2005, 27(1): 63 – 66.

[81] 徐玖平,李军. 多目标决策的理论与方法[M]. 北京:清华大学出版社, 2005.

[82] 徐玖平,陈建中. 群决策理论与方法及实现[M]. 北京:清华大学出版社,2009.

[83] 陈晓红等. 复杂大群体决策方法及应用[M]. 北京:科学出版社,2009.

[84] Solymosi T, Dombi J. A method for determining the weights of criteria: the centralized weights[J]. European Journal of Operational Research, 1986, 26(1):35 – 41.

[85] Olson D L, Dorai V K. Implementation of the centroid method of Solymosi and Dombi[J]. European Journal of Operational Research, 1992, 60:117 – 129.

[86] Edwards W, Barron F H. Smarts and smarter: improved simple methods for multiattribute utility measurement[J]. Organizational Behavior and Human Decision Processes, 1994, 60: 252 – 266.

[87] Deborah H G, Elizabeth A, Mannix K Y, et al. Group composition and decision making: how member familiarity and information distribution affect process and performance [J]. Organizational behavior and human decision processes, 2006, 67(1): 1 – 15.

[88] Bonnie F D, Robert L S. The influence of group decision support systems on contribution and commitment levels in multicultural and culturally homogeneous decision – making groups [J]. Journal of computers in human behavior, 1998, 14(1): 147 – 162.

[89] Utpal B, David B P. The effects of integrating cognitive feedback and multi – attribute utility based multicriteria decision making methods in GDSS [J]. Group decision and negotiation, 1998, 8: 157 – 182.

[90] Kimberly C G, Ike M, Mark AP. Analysis of intraday herding behavior among the sector ETFs[J]. Journal of empirical finance, 2004, 11: 681 – 694.

[91] Calvo G, Mendoza E. Rational herd behavior and globalization of securities markets [J]. Journal of international economics, 2000, 51: 79 – 113.

[92] Satty T L. The analytic hierarchy process[M]. New York: McGraw – Hill, 1980.

[93] Zeeny M. Mutiple criteria decision making[M]. New York: McGraw – Hill, 1982.

[94] Denis Mu˘si′. Patience in group decision – making with emotional agents [J]. Transition in Practice Application Of Agent & Multiagent Syst. 2013, 221:1630 – 170.

[95] Keeney R L. Foundations for Group Decision Analysis [J]. Decision Analysis, 2013, 10 (2): 103 – 120.

[96] Adlakha S, Johari R. Mean field equilibrium in dynamic games with strategic complementarities [J]. Operations Research,2013,61(4): 71 – 989.

[97] Cheng H,Yang S X,Cao J N. Dynamic genetic algorithms for the dynamic load balanced clustering problem in mobile ad hoc networks [J]. Expert Systems with Applications, 2013, 40 (4): 1381 – 1392.

[98] Delcroixa V, Sedkic K, Lepoutrea F. A Bayesian network for recurrent multi – criteria and multi – attribute decision problems: Choosing a manual wheelchair [J]. Expert Systems with Applications, 2013, 40 (7): 2541 – 2551.

[99] Fu C, Yang S l. An evidential reasoning based consensus model for multiple attribute group decision analysis problems with interval – valued group consensus requirements [J]. European Journal of Operational Research, 2012, 223 (1): 167 – 176.

[100] Garcl'a J M T, Moral M J, Martínez M A. el at. A consensus model for group decision making problems with linguistic interval fuzzy preference relations [J]. Expert Systems with Applications, 2012, 39 (11): 10022 – 10030.

[101] Herrera – Viedma E, Cabrerizo F J, Kacprzyk J. el at. A review of soft consensus models in a fuzzy environment [J]. Information Fusion, 2014,17: 4 – 13.

[102] Peter C Fishburn. The foundations of expected utility [M]. Dordrecht: Kluwer Academic Publishers,1982.

[103] Steven J Brams, William V Gehrlein. The mathematics of preference, choice and order: essays in honor of Peter C Fishburn[M]. Berlin: Springer – Verlag,2009.

[104] Hephaestus Books. Articles on social choice theory, including: arrow's impossibility theorem, social welfare function, independence of irrelevant alternatives, Gibbard – satterthwaite theorem, Mechanism design, May's theorem, Liberal paradox, Social choice and individual values[M]. New York: Hephaestus Books, 2011.

[105] Hephaestus Books. Articles on economics theorems, including: Arrow's impossibility theorem, Modigliani "Miller theorem, Coase theorem, Fisher separation theorem, Stolpe[M]. New York: Hephaestus Books, 2011.

[106] Hephaestus Books. Articles on economics paradoxes, including: Arrow's impossibility theorem, Giffen Good, St. Petersburg paradox, Bertrand paradox, Jevons paradox, Edgeworth paradox, Ellsberg paradox, Paradox of thrift, productivity paradox, leontief paradox[M]. New York: Hephaestus Books, 2011.

[107] Hephaestus Books. Articles on voting systems, including: Gerrymandering, Proportional representation, Range voting, Election threshold, Arrow's impossibility theorem, Primary election, Additional member system, disaproval voting, Random ballot, Jenkins Commission, Blackalling[M]. New York: Hephaestus Books, 2011.

[108] Hephaestus Books. Articles on Kantianism, including: Arthur Schopenhauer, Immanuel Kant, Robert Nozick, Georg Simmel, John Rawls, Thomas Nagel, Christine Korsgaard, John Mcdowell, P F Strawson, Friedrich Albert Lange, Karl Jaspers, Leonard Nelson, Wilfrid Sellars, Hans Vaihinger[M]. New York: Hephaestus Books, 2011.

[109] 诺齐克. 合理性的本质[M]. 葛四友,译. 上海:上海译文出版社,2012.

[110] 诺齐克. 无政府、国家和乌托邦[M]. 姚大志,译. 北京:中国社会科学出版社,2008.

[111] Daron Acemoglu, George Egorov, Konstantin Sonin. Dynamics and stability of constitutions, coalitions, and clubs[J]. American Economic Review, 2012, 102(4): 1446 - 1476.

[112] Alessio Ishizaka, Philippe Nemery. Multi - criteria decision analysis[M]. Chichester:John Wiley & Sons Inc,2013.

[113] John Broome. Weighing goods: equality, uncertainty and time[M]. Oxford: Wiley - Blackwell; Reprint, 1995.

[114] James O Berger. Statistical decision theory and Bayesian analysis [M]. Berlin/Heidelberg: Springer, 2004.

[115] 勒庞. 乌合之众:大众心理研究[M]. 冯克利,译. 北京:中央编译出版社,2004.

[116] Hunter Crowther - Heyck. Herbert A Simon: the bounds of reason in modern America[M]. Baltimore: Johns Hopkins University Press, 2005.

[117] Max Weber. Economy and Society[M]. Guenther Roth edited. California: University of California Press; Revised edition, 2013.

[118] Daniel Kahneman, Amos Tversky. Choices, Values, and Frames[M]. Cambridge:Cambridge University Press, 2000.

[119] John W Payne,James R Bettman. The adaptive decision maker[M]. Cambridge:Cambridge University Press University Press,1993.

[120] Irving L Janis. Group Think[M]. Boston: Houghton Mifflin (Academic),2nd Revised edition, 1982.

[121] Mark P Zanna. Advances in experimental social psychology,Volume37[M]. Academic Press, 2005.

[122] 席酉民,王亚刚. 管理研究[M]. 北京:机械工业出版社,2013.

[123] Sushil Bikhchandani, Chi - Fu Huang. The economics of treasury securities markets[M]. Charleston: Nabu Press, 2011.

[124] 波蒂特,詹森,奥斯特罗姆. 共同合作:集体行为、公共资源与实践中的多元方法[M]. 北京:中国人民大学出版社,2013.

[125] 董玉成,徐寅峰,张桂清. 群体思维收敛性定量验证[J]. 系统工程理论与实践,2006, 26(3): 107 - 111.

[126] Mata F, Martinez L, Herrera - Viedma E. An adaptive consensus support model for group decision - making problems in a multigranular fuzzy linguistic context [J]. IEEE Transactions. On Fuzzy Systems, 2009, (17)2: 279 - 290.

[127] Herrera F, Herrera - Viedma E, Martínez L. A Fuzzy Linguistic Methodology to Deal with Unbalanced Linguistic Term Sets [J]. IEEE Transactions. On Fuzzy Systems, 2008, 16(2): 354 - 370.

[128] Herrera - Viedma E, Alonso S, Chiclana F, et al. A consensus model for group decision making with incomplete fuzzy preference relations [J]. IEEE Transactions, on fuzzy systems, 2008,15(5):863 - 877.

[129] Benitez J, Delgado - Galvan X, Izquierdo J, et al. Combining numerical and linguistic information in group decision making[J]. Information Sciences, 1998,107(1 - 4): 177 - 194.

[130] 徐泽水. 基于语言信息的决策理论与方法[M]. 北京:科学出版社,2008.

[131] 王洪利,冯玉强. 基于云模型具有语言评价信息的多属性群决策研究[J]. 控制与决策,2005,20(6):679 - 681.

[132] 姜艳萍,樊治平. 基于判断矩阵的决策理论与方法[M]. 北京:科学出版社,2008.

[133] Tetsuzo Tanino. Fuzzy preference ordering in group decision making[J]. Fuzzy Sets and Systems,1984,

12(2): 117 - 131.

[134] Hwang C L, Yoon K. Multiple attribute decision making: methods and applications [M]. New York: Springer Verlag, 1981.

[135] Janusz Kacprzyk, Mario Fedrizzi, Hannu Nurmi. Group decision making and consensus under fuzzy preferences and fuzzy majority[J]. Fuzzy Sets and Systems, 1992, 49(1): 299 - 314.

[136] Janusz Kacprzyk. Group decison making with a fuzzy linguistic majority[J]. Fuzzy Sets and Systems, 1986, 18(2): 105 - 118.

[137] Motohide Umano, Masaharu Mizumoto, Kokichi Tanka. System: a fuzzy - set manipilation system[J]. Information Sciences, 1978,14(2): 115 - 159.

[138] A . İÖlçer, A. Y. Odabaşi. A new fuzzy multiple attributive group decision making methodology and its application to propulsion/manoeuvring system selection problem[J]. European Journal of Operational Research, 2005, 166(1): 93 - 114.

[139] 程启月,邱菀华. 群决策与个体决策的一致性分析[J]. 中国管理科学,2001,5:33 - 38.

[140] 李登封. 复杂模糊系统多层次多目标多人决策理论模型方法与应用研究[D]. 大连理工大学,1995.

[141] 陈守煜. 可变模糊集量变与质变判据模式及其应用[J]. 系统工程与电子技术,2008,10:1879 - 1882.

[142] 周珍,吴祈宗,刘福祥. 三角模糊数互补判断矩阵的一种排序方法及其在项目投资决策中的应用[J]. 数学的实践与认识,2005,35(11):74 - 77.

[143] Ronald R Yager. OWA Aggregation Over a Continuous Interval Argument With Applications to Decision Making [J]. IEEE Transactions on Systems, Man, and cybernetics - part B: cybernetics, 2004, 34(5): 1952 - 1963.

[144] Ronald R Yager. On ordered weighted averaging aggregation operator in multicriteria decision making [J]. IEEE Trans System Man Cybernetics, 1988, 18: 183 - 190.

[145] Ronald R Yager. Families of OWA operators [J]. Fuzzy Sets System, 1993, 59: 125 - 148.

[146] Ronald R Yager. Applications and extensions of OWA aggregations [J]. International Journal of Man - Machines studies, 1992, 37: 103 - 132.

[147] Zeshui Xu. Uncertain linguistic aggregation operators based approach to multiple attribute group decision making under uncertain linguistic environment[J]. Information Sciences, 2004, 168(1 - 4): 171 - 184.

[148] Zeshui Xu. A method based on linguistic aggregation operators for group decision making with linguistic preference relations[J]. Information Sciences, 2004, 166(1 - 4): 19 - 30.

[149] 王坚强. 信息不完全的多准则层次分类方法研究[J]. 控制与决策,2004,19(11):1237 - 1240.

[150] 何亚群,胡寿松. 不完全信息的多属性粗糙决策分析方法[J]. 系统工程学报,2004,19(2):117 - 120.

[151] 黄兵,周献中,张蓉蓉. 基于信息量不完备信息系统属性约简[J]. 系统工程理论与实践,2005(4):55 - 60.

[152] Johsen R. Current user approaches to groupware// Jehansen R, Charles J, Mitlman R, Safto P. Groupware: Computer support for business teams [M]. New York: Free Press, 1988.

[153] 诸葛海,施晓清,许冬生,等. 面向问题的描述语言及其支撑系统 POLTRANS[J]. 系统工程与电子技术,1996,11(6):34 - 39.

[154] Giampiero E. G Beroggi. Visual – interactive decision modeling in policy management: Bridging the gap between analytic and conceptual decision modeling [J]. European Journal of Operational Research, 2001, 128(2): 338 – 350.

[155] 侯芳,于兆吉,杜金龙. 面向群组评价的组合评价规则构建[J]. 管理科学与工程,2014,3: 45 – 56.

[156] 郭亚军,侯芳. 面向评价局部环境的导向性群组评价方法研究[J]. 管理科学学报,2013,16(2): 12 – 21.

[157] 侯芳,郭亚军. 面向评价局部环境的群组评价长效机制分析[J]. 中国管理科学,2013,21(2): 137 – 143.

[158] 侯芳. 具有结构权力导向的群组评价方法研究[J]. 管理科学与工程,2013, 2:13 – 21.

[159] 侯芳,郭亚军,于兆吉. 评价关系转化及其在群组评价中的应用[J]. 系统管理学报,2012,21(3): 371 – 377.

[160] 侯芳,郭亚军. 基于局部评价环境的群组评价状态测评[J]. 运筹与管理,2012, 21(2):227 – 233.

[161] 侯芳,郭亚军. 基于评价局部环境的双目标协同优化群组评价方法[J]. 系统工程学报,2012, 27(3):407 – 414.

[162] 侯芳,郭亚军,易平涛. 具有不同偏好网络结构的群体评价信息集结方法[J]. 管理学报,2012, 9(5): 749 – 752.

[163] 侯芳,郭亚军,于振明. 面向决策局部环境的群决策方法[J]. 系统工程与电子技术,2010, 32(8): 1680 – 1684.

[164] 侯芳,郭亚军. 区间数密度中间算子在多属性决策中的应用[J]. 东北大学学报(自然科学版), 2008, 29(10):1509 – 1516.

[165] 侯芳. 面向群组评价问题的评价局部环境理论与方法研究[D]. 东北大学,2012.

[166] Hannah Arendt. Responsibility and judgment[M]. New York: Schocken, 2005.

[167] 伽达默尔. 诠释学 真理与方法[M]. 洪汉鼎,译. 北京:商务印书馆,2010.

[168] Benedetto Croce. The philosophy of Giambattista Vico [M]. Piscataway Hills: Transaction Publishers, 2001.

[169] Henri Bergson. Time and free will: an essay on the immediate data of consciousness[M]. New York: Dover Publications,2001.

[170] Immanuel Kant. Critique of practical reason[M]. Abbott Thomas Kingsmill translate. New York:Dover Publications,2004.

[171] John F Rundell. Aesthetics and modernity: essays by Agnes Heller [M]. Lanham: Lexington Books,2010.

[172] Islam R, Biswal M P, Alam S S. Preference programming and inconsistent interval judgments[J]. European Journal of Operational Research, 1997, 97(1): 53 – 62.

[173] Hsi – Mei Hsu, Chen – Tung Chen. Aggregation of fuzzy opinions under group decision making[J]. Fuzzy Sets and Systems,1996, 79(3): 279 – 285.

[174] Takehiro Inohara. On consistent coalitions in group decision making with flexible decision makers[J]. Applied Mathematics and Computation, 2000, 109(2 – 3): 101 – 119.

[175] Hsu – Shih Shih, Chih – Hung Wang, E. S. Lee. A multiattribute GDSS for aiding problem – solving[J]. Mathematical and Computer modelling,2004, 39(11 – 12): 1397 – 1412.

[176] Jadbabaie Ali, Pooya Molavi, Alvaro Sandroni. Non – Bayesian social learning[J]. Games and Economic

Behavior,2012, 76(1): 210 -225.

[177] Pablo A. Parrilo, Ali Jadbabaie. Approximation of the joint spectral radius using sum of squares[J]. Linear Algebra and its Applications, 2008, 428(10): 2385 -2402.

[178] Fenglan Sun, Zhi - Hong Guan, Xi - Sheng Zhan, et al. Consensus of second - order and high - order discrete - time multi - agent systems with random network[J]. Nonlinear Analysis: Real World Applications, 2012,13(5): 1979 -1990.

[179] John N Tsitsiklis. NP - Hardness of checking the unichain condition in average cost MDPs[J]. Operations Research Letters, 2007, 35(3): 319 -323.

[180] Ramesh Johari, Shie Mannor, John N. Tsitsiklis. A contract - based model for directed network formation [J]. Games and Economic Behavior, 2006, 56(2): 201 -224.

[181] Shie Mannor, John N. Tsitsiklis. Algorithmic aspects of mean - variance optimization in Markov decision processes[J]. European Journal of Operational Research, 2013, 231(3): 645 -653.

[182] Li Zhiqiang, Yu F Richard, Huang Minyi. A Distributed Consensus - Based Cooperative Spectrum - Sensing Scheme in Cognitive Radios [J]. IEEE Transactions, on vehicular technology, 2010, 59(1): 383 -393.

[183] 安利平,陈增强,袁著祉. 基于粗集理论的多属性决策分析[J]. 控制与决策,2005,20(3): 294 -298.

[184] 江文奇,华中生. 一种决策者判断一致性的聚类方法[J]. 中国管理科学,2005,13(2):35 -39.

[185] 汪小帆,李翔,陈关荣. 网络科学导论[M]. 北京:高等教育出版社,2012.

[186] Parreiras R O, Ekel P Ya, Martini J S C, et al. A flexible consensus scheme for multicriteria group decision making under linguistic assessments[J]. Information Sciences, 2010, 180(7): 1075 -1089.

[187] I. J. Pérez, F. J. Cabrerizo, E. Herrera - Viedma. Group decision making problems in a linguistic and dynamic context[J]. Experts Systems with Applications, 2010,37(5): 3784 -3791.

[188] D. Ben - Arieh, T. Easton. Multi - criteria group consensus under linear cost opinion elasticity[J]. Decision Support Systems, 2007, 43(3): 713 -721.

[189] Lopez J, Scott J. Social Structure [M]. The McGraw - Hill Companies Press, 2007.

[190] Dahrendorf R. Trust and Civil Society[M]. Basingstoke: Palgrave USA, 2003.

[191] Wasserman S, Faust K, Lacobucci D. Social Network Analysis: methods and applications[M]. Cambridge: Cambridge University Press, 1994.

[192] Muller S. Social Network Analysis[M]. Deutschland: Grin Verlag, 2009.

[193] Wasserman S, Galaskiewicz J. Advances in social network analysis: research in the social and behavioral sciences[M]. London: SAGE Publications Inc, 1994.

[194] Opsahl T, Panzarasa P. Clustering in Weighted Networks [J]. Social networks, 2009(31):155 -163.

[195] Kovacs, B. A generalized model of relational similarity [J]. Social networks, 2010(32): 197 -211.

[196] Kossinets G, Watts D J. Empirical analysis of an evolving social network [J]. Science, 2006(311): 88 -90.

[197] Bramoulle Y, Kranton R. Public goods in networks [J]. Journal of economic theory, 2007 135(1): 478 -494.

[198] Bramoulle Y, Kranton R. Risk sharing networks [J]. Journal of economic behavior & organization, 2007, 64(3 -4): 275 -294.

[199] Denrell J, Kovacs B. Selective sampling of empirical settings in organizational studies [J]. Administrative Science Quarterly, 2008, 53(1): 109 -144.

[200] Pattison P. Social network [J]. American journal of primatology, 2011, 7: 1 -26.

[201] Heaney C A, Israel B A. Social network and social support [J]. Health behavior and health education theory research and practice, 2008: 189 -210.

[202] Amichai - Hamburger Y, Vinitzky G. Social network use and personality [J]. Computers in human behavior, 2010, 26(6): 1289 -1295.

[203] Freeman Linton C. Centrality in social networks: conceptual clarification [J]. Social network, 1979,1: 215 -239.

[204] Freeman Linton C. Visualizing social networks [J]. Journal of social structure. Electronic journal, 2000, 1.

[205] Burt R S. Structural holes: the social structure of competition [M]. Harvard University Press,1992.

[206] Beriger R L. Career attributes and network structure: a block model study of a biomedical research specially [J]. American sociological review,1976,41: 117 -135.

[207] Snyder D, Kick E L. Structural position in the world system and economic grouth,1955 -1970: A multiple - network analysis of transnational interactions[J]. American Journal of Sociology, 1979, 84: 1096 -1126.

[208] Knoke D, Kuklinski J H. Network analysis [M]. Beverly Hills, Calif: Sage, 1982.

[209] Granoverter M. Economic action and social structure: the problem of embeddedness [J]. American Journal of sociology , 1985(91): 479 -490.

[210] Bandiera O, Barankay I, Rasul I. Social capital in the workplace: evidence on its formation and consequences[J]. Labor Economics, 2008, 15(4): 724 -748.

[211] Krackhardt D. Predicting with networks: Non - parametric multiple regression analysis of dyadic data [J]. Social network, 1988, 10: 171 -186.

[212] Krackhardt D. Graph theoretical dimensions of informal organizations [J]. Computational organizational theory, Hillsdale, NJ: Lawrence Erlbaum Associaties, Inc,1994: 89 -111.

[213] Djebbari H, Smith J. Heterogeneous impacts in PROGRESA [J]. Journal of Econometrics, 2008, 145(1 -2): 64 -80.

[214] Bramoullé Y, Djebbari H, Fortin B. Identification of peer effects through social networks[J]. Journal of Econometrics, 2009, 150(1): 41 -55.

[215] Calvo - Armengol A, Jackson M O. Networks in labor markets: wage dynamics and inequality[J]. Journal of economic theory. 2007(132): 27 -46.

[216] Fudenberg D, Tirole J. 博弈论[M]. 北京:中国人民大学出版社,2002.

[217] Ballester C, Calvó - Armengol A. Interactions with hidden complementarties[J]. Regional Science and Urban Economics, 2010, 40(6): 397 -406.

[218] Rogers L E. Relational communication: an interactional perspective to the study of process and form[M]. Mahwah: Lawrence Erlbaum Associates Inc,2003.

[219] Simpson W. QAP. http//fmwww. bc. edu/RePEc/nasug2001/simpson. pdf.

[220] Brandes U. On variants of shortest - path betweenness centrality and their generic computation [J]. Social network ,2008(30): 136 -145.

[221] Breiger R L, Schoon E, Melamed D, et al. Comparative configurational analysis as a two – mode network problem: a study of terrorist group engagement in the drug trade[J]. Social Networks, 2014, 36: 23 – 39.

[222] Breiger R L, Boorman S A, Arabie P. An algorithm for clustering relational data with applications to social network analysis and comparison with multidimensional scaling[J]. Journal of Mathematical Psychology, 1975, 12(3): 328 – 383.

[223] Breiger R L. Introduction to special issue: ethical dilemmas in social network research[J]. Social Networks, 2005, 27(2): 89 – 93.

[224] 刘军. 法村社会支持网络——一个整体研究的视角 [M]. 北京: 社会科学文献出版社, 2006.

[225] Homan K J, Tylka T L. Appearance – based exercise motivation moderates the relationshipbetween exercise frequency and positive body image[J]. Body Image, 2014, 11(2): 101 – 108.

[226] 林润辉, 张红娟, 范建红. 基于网络组织的协作创新研究综述[J]. 管理评论, 2013, 31 – 46.

[227] 汪丁丁. 行为经济学讲义[M]. 上海:上海人民出版社, 2011.

[228] John R, Searle. Intentionality: An Essay in the Philosophy of Mind [M]. New York: Cambridge University Press, 1983: 107.

[229] 孙浔. 走向技术民主和文化多元——安德鲁·芬伯格技术哲学研究[D], 复旦大学, 2008: 23, 41.

[230] Barry Wellman. Networks in the global village: life in contemporary communities[M]. Boulder: Westview Press, 1999.

[231] 朱春艳, 陈凡. 欧美当代技术哲学的"经验转向":内涵、依据和存在的问题 [J], 东北大学学报(社会科学版), 2005, 7 (2): 79 – 83.

[232] Zadeh L A. Stochastic finite – state systems in control theory[J]. Information Sciences, 2013, 251(1): 1 – 9.

[233] Zadeh L A. Toward extended fuzzy logic—a first step[J]. Fuzzy Sets and Systems, 2009, 160(21): 3175 – 3181.

[234] Zadeh L A. Fuzzy sets as a basis for a theory of possibility[J]. Fuzzy Sets and Systems, 1999, 100: 9 – 34.

[235] Zadeh L A. Generalized theory of uncertainty – principle concepts and ideas[J]. Computational Statistics & Data Analysis, 2006, 51(1): 15 – 46.

[236] Gerard Debreu. Mathematical economics: twenty papers of Gerard Debreu[M]. Cambridge: Cambridge University Press, 1986.

[237] Frederick Winslow Taylor. Scientific Management[M]. London: Routledge, 2003.

[238] 顾吉环, 等. 钱学森文集[M]. 北京:国防工业出版社, 2012.

[239] 华罗庚. 华罗庚文集[M]. 北京:科学出版社, 2010.

[240] Pasi G, Yager R R. A Majority Guided Aggregation Operator in Group Decision Making [M]. Berlin/Heidelberg: Springer, 2011.

[241] Balazs Kovacs. A generalized model of relational similarity [J]. Social Networks, 2010, 32 (2): 197 – 211.

[242] Kurt Lewin. Field theory in social science: selected theoretical papers [M]. London: Greenwood Press, 1975.

[243] 勒温. 拓扑心理学原理[M]. 竺培梁, 译. 北京:北京大学出版社, 2011.

[244] Yue B B, Peng Z M. A validation study of α – stable distribution characteristic for seismic data[J]. Sig-

nal Processing, 2015, 106: 1 -9.

[245] Pele D T. A SAS approach for estimating the parameters of anα - stable distribution [J]. Procedia Economics and Finance, 2014, 10: 68 -77.

[246] Mohammadi M, Mohammadpour A. Estimating and parameters of an α - stable distribution using the existence of moments of order statistics[J]. Statistics & Probability Letters, 2014, 90: 78 -84.

[247] Beaulieu M C, Dufour J M , Khalaf L. Exact confidence sets and goodness - of - fit methods for stable distributions[J]. Journal of Econometrics, 2014, 181(1): 3 -14.

[248] Küchler U, Tappe S. Tempered stable distributions and processes[J]. Stochastic Processes and their Applications, 2013, 123(12): 4256 -4293.

[249] Easley D, Kiefer N M, O'Hara M. The information content of the trading process[J]. Journal of Empirical Finance, 1997, 4(2 -3): 159 -186.

[250] Katori M. Determinantal martingales and noncolliding diffusion processes[J]. Stochastic Processes and their Applications, 2014, 124(11): 3724 -3768.

[251] Kramkov D, Predoiu S. Integral representation of martingales motivated by the problem of endogenous completeness in financial economics[J]. Stochastic Processes and their Applications, 2014, 124(1): 81 -100.

[252] Osękowski A. A weak - type inequality for the martingale square function[J]. Statistics & Probability Letters, 2014, 95: 139 -143.

[253] Claude Berge. Topological Spaces: Including a Treatment of Multi - Valued Functions, Vector Spaces and Convexity[M]. New York: Dover Publications, 2010.

[254] 易平涛,郭亚军. 广义实型密度加权评价中间算子及应用[J]. 系统工程学报,2010,(25)2:192 -202.

[255] 易平涛,郭亚军. 多源密度集结算子及其性质分析[J]. 系统管理学报,2008,(17)4:401 -408.

[256] Colebatch H K. The work of policy: an international survey[M]. Lanham:Lexington Books, 2005.

[257] Bourdieu P, Wacquant L. An invitation to reflexive sociology[M]. Cambridge: Polity, 1992.

[258] Schaffer U. Management accounting & control scales handbook [M]. Deutscher Universitats - Verlag, 2007.

[259] Bramoulle Y. Anti - coordination and social interactions[J]. Games and Economic Behavior, 2007, 58(1): 30 -49.

[260] Belhaj M, Bramoulle Y, Dero an F. Network games under strategic complementarities [J]. Games and Economic Behavior, 2014, 88: 310 -319.

[261] Bramoulle Y, Kranton R. Public goods in networks[J]. Journal of Economic Theory, 2007, 135(1): 478 -494.

[262] Kabanov Y, Liptser R S. From stochastic calculus to mathematical finance: the Shiryaev festschrift[M]. Berlin:Springer - Verlag, 2010.

[263] Feinberg E A , Mandava M, Shiryaev A N. On solutions of Kolmogorov's equations for nonhomogeneous jump Markov processes [J]. Journal of Mathematical Analysis and Applications, 2014, 411 (1): 261 -270.

[264] Szekli R. Stochastic ordering and dependence in applied probability[M]. New York: Springer - Verlag, 1995.

[265] 马克斯 韦伯. 经济与历史:支配的类型[M]. 康乐,译. 桂林:广西师范大学出版社,2010.

[266] 别林斯里. 概率与测度[M]. 北京:世界图书出版公司,2007.

[267] Aliprantis C D, Border K C. Infinite dimensional analysis: a hitchhiker' s guide[M]. Berlin: Springer – Verlag, 2006.

[268] Chen D F, Schudeleit T, Posselt G, et al. A state – of – the – art review and evaluation of tools for factory sustainability assessment[J]. Procedia CIRP, 2013, 9: 85 –90.

[269] Michael L F, Noor Z Z, Figueroa M J. Review of urban sustainability indicators assessment – case study between Asian countries[J]. Habitat International, 2014, 44: 491 –500.

[270] Pitrėnaitė –Žilėnienė B, Mikulskienė B. Bridging Political, Managerial and Legislative Components of-Sustainability Strategy with Business Demands[J]. Procedia – Social and Behavioral Sciences, 2014, 150 (15): 950 –957.

[271] Hansen M T, Birkinshaw J. The innovation value chain [J]. Harvard Business Review,2007,85(6): 121 –130.

[272] Roper S, Du J, Love J H. Modeling the innovation value chain [J]. Research Policy, 2008, 37(6/7): 961 –977.

[273] 王焕祥,黄美花. 中国地方政府创新可持续性问题研究[J]. 上海行政学院学报,2007,6(11): 20 –27.

[274] 韩福国,翟帅伟,吕晓健. 中国地方政府创新持续力研究[J]. 公共行政评论,2009,2:152 –169.

[275] 包国宪,孙斐. 演化范式下中国地方政府创新可持续性研究[J]. 公共管理学报,2011, 8(1): 104 –113.

[276] 肖仁桥,钱丽,陈忠卫. 中国高技术产业创新效率及其影响因素研究[J]. 管理科学,2012, 25(5): 85 –98.

[277] 饶扬德. 市场、技术及管理三维创新协同机制研究[J]. 科学管理研究,2008,26(4):46 –49.

[278] 陈萍萍. 企业集团战略协同系统研究[J]. 科学决策,2011(10):66 –77.

[279] 李志强,赵卫军. 企业技术创新与商业模式创新的协同研究[J]. 中国软科学,2012,262(10): 117 –124.

[280] 博塞克斯. 凸优化理论[M]. 北京:清华大学出版社,2011.

[281] Borwein J M, Lewis A S. Convex analysis and nonlinear optimization: theory and examples[M]. New York: Springer – Verlag, 2005.

[282] 沃瑟曼,福斯特. 社会网络分析:方法与应用[M]. 北京:中国人民大学出版社,2012.

[283] Kuper A. The social anthropology of Radcliffe Brown[M]. London:Routledge, 2004.

[284] 达尔. 论政治平[M]. 谢岳,译. 上海:上海人民出版社,2010.

[285] 费埃德伯格. 权力与规则:组织行动的动力[M]. 张月,译. 上海:格致出版社,上海人民出版社,2008.

[286] 弗里斯比. 现代性的碎片:齐美尔、克拉考尔和本雅明作品中的现代性理论[M]. 卢晖临,译. 北京:商务印书馆,2013.

[287] 罗必良. 新制度经济学[M]. 太原:山西经济出版社,2005.

[288] 张五常. 经济解释卷四:制度的选择[M]. 北京:中信出版社,2014.

[289] Menard C, Shirley M M. Handbook of new institutional economics [M]. Berlin: Springer – Verlag, 2008.

[290] 王众托. 元决策:支持决策科学化与民主化的手段[J]. 管理学报,2007,14(2):127 - 134.

[291] Kottemann J E, Remus B R. Complexity assessment: a design and management tool for information system development[J]. Information Systems, 1983,8(3): 195 - 206.

[292] Davis F D, Kottemann J E. Determinants of decision rule use in a production planning task[J]. Organizational Behavior and Human Decision Processes, 1995, 63(2): 145 - 157.

[293] Keeney R L, Nau R. A theorem for Bayesian group decisions [J]. Risk uncertainty, 2011, 43(1): 1 - 17.

[294] Keeney R L. Foundations for Group Decision Analysis [J]. Decision Analysis, 2013, 10(2): 103 - 120.

[295] Keeney R L. Value - focused thinking: identifying decision opportunities and creating alternatives[J]. European Journal of Operational Research, 1996, 92(3): 537 - 549.

[296] Keeney R L. Structuring public utility functions[J]. Operations Research Letters, 1984, 3(1): 1 - 4.

[297] Keeney R L, Möhring R H, Otway H, et al. Design aspects of advanced decision support systems[J]. Decision support Systems, 1988,4(4): 381 - 385.

[298] Denis Muˇsi′. Patience in group decision - making with emotional agents[J]. Trans. in Prac. Appl. Of Agent & Multiagent Syst. 2013, 221:1630 - 170.

[299] Pratt J W, Raiffa H, Schlaifer R. The foundations of decision under uncertainty: An elementary exposition [J]. Amer. Statist. Assoc. 1964, 59(306): 353 - 375.

[300] Perez I J, Wikstrom R, Meaei J, et al. A new consensus model for group decision making using fuzzy ontology [J]. Soft compute, 2013, 17:1617 - 1627.

[301] Perez I J, Cabrerizo F J, Alonso S, et al. A New Consensus Model for Group Decision Making Problems with non - homogeneous experts [J]. IEEE Trans. On systems, man, and cybernetics: systems, 2013, 2168 - 2216.

[302] Harsanyi J C. Cardinal welfare, individualistic ethics, and interpersonal comparisons of utility [J]. Political economy. 1955, 63(4): 309 - 321.

[303] Selten R. Rational interaction: essays in honor of John C. Harsanyi[M]. Berlin: Springer - Verlag.

[304] Mongin P. The paradox of the Bayesian experts and state - dependent utility theory [J]. Math. Econom. 1998, 29(3):331 - 361.

[305] Sigmund K, Nowak M A. Evolutionary game theory[J]. Current Biology, 1999, 9(14,15): 503 - 505.

[306] Li Zhiqiang, Yu F Richard, Huang Minyi. A Distributed Consensus - Based Cooperative Spectrum - Sensing Scheme in Cognitive Radios [J]. IEEE Trans. On vehicular technology, 2010, 59(1): 383 - 393.

[307] Yager R R, Filev D P. Induced ordered weighted averaging operators [J]. IEEE Transactions on Systems Man and Cybernetics, 1999, 29(2): 141 - 150.

[308] Yager R R. On mean type aggregation [J]. IEEE Transactions on Systems Man and Cybernetics, 1996, 26(2): 209 - 220.

[309] Yager R R. On the evaluation of uncertain course of action [J]. Fuzzy Optimization Decision making 2002(1): 13 - 41.

[310] Yager R R. A procedure for ordering fuzzy subsets of the unit interval [J]. Information science, 1981, 24:143 - 161.

[311] Yager R R, Kacprzyk J, Beliakov G. Recent developments in the ordered weighted averaging operators: theory and practice[M]. Berlin: Springer – Verlag, 2011.

[312] Czarnowski I. Prototype selection algorithms for distributed learning[J]. Pattern Recognition, 2010, 43(6): 2292 – 2300.

[313] Czarnowski I , Jędrzejowicz P. An agent – based framework for distributed learning[J]. Engineering Applications of Artificial Intelligence, 2011, 24(1): 93 – 102.

[314] Quteishat A, Lim C P, Tweedale J, et al. A neural network – based multi – agent classifier system[J]. Neurocomputing, 2009, 72(7 – 9): 1639 – 1647.

[315] Hirota K, Pedrycz W. Characterization of fuzzy clustering algorithms in terms of entropy of probabilistic sets[J]. Pattern Recognition Letters, 1984, 2(4): 213 – 216.

[316] Pedrycz W , Hirota K. A consensus – driven fuzzy clustering[J]. Pattern Recognition Letters, 2008, 29(9): 1333 – 1343.

[317] Pedrycz W , Hirota K. Forming consensus in the networks of knowledge[J]. Engineering Applications of Artificial Intelligence, 2007, 20(5): 657 – 666.